Balliet/Kliebisch · Vorsicht, Klassenzimmer!

Wir danken Frank Ludden für die engagierte und konstruktive Durchsicht des Manuskripts.

Mathias Balliet/Udo Kliebisch

Vorsicht, Klassenzimmer!

Erste Hilfe für 23 Notfälle

Beltz Verlag · Weinheim und Basel

Mathias Balliet ist Studienrat, psychologisch ausgebildeter Beratungslehrer (zertifiziert), Lehrbeauftragter an der Ruhr-Universität Bochum und Fachmoderator der Bezirksregierung Arnsberg für das Fach Philosophie.

Dr. Udo Kliebisch ist Studiendirektor, Fachleiter im Kernseminar am ZfsL Dortmund (Seminar Gymnasien/Gesamtschulen), Systemischer Coach (WIBK-zertifiziert nach Richtlinien DBVC) und KODE®-Kompetenz-Trainer (ACT-zertifiziert).

Dieses Buch ist auch als E-Book erhältlich (ISBN: 978-3-407-29404-3).

Das Werk und seine Teile sind urheberrechtlich geschützt.
Jede Nutzung in anderen als den gesetzlich zugelassenen Fällen
bedarf der vorherigen schriftlichen Einwilligung des Verlages.
Hinweis zu § 52a UrhG: Weder das Werk noch seine Teile dürfen
ohne eine solche Einwilligung eingescannt und in ein Netzwerk
eingestellt werden. Dies gilt auch für Intranets von Schulen
und sonstigen Bildungseinrichtungen.

Lektorat: Dr. Erik Zyber

© 2015 Beltz Verlag · Weinheim und Basel
www.beltz.de
Herstellung und Satz: Michael Matl
Illustrationen: Jonathan Bachmann
Druck und Bindung: Beltz Bad Langensalza GmbH, Bad Langensalza
Umschlaggestaltung: Jonathan Bachmann
Printed in Germany

ISBN 978-3-407-62932-6

Inhaltsverzeichnis

Schutzfaktor 23 – damit im Unterricht nichts anbrennt...
    Ein Vorwort von Wolfgang Endres   7
Willkommen in der Lustfraktion   9
Der P-T-P-Clou   13

Teil I:
Kongruent Lehrer sein:
Im System Schule ankommen und sich entfalten

1. Eigene Kompetenzen klären und entwickeln   18
2. Die eigene Rolle im System klären   25
3. Lehrerrolle klären   32
4. Schüler erziehen   38
5. Aufsicht führen   45
6. Datenschutz beachten   52
7. Sich selbst managen   63
8. Klassenlehrer sein   74

Teil II:
Engagiert unterrichten:
Schüler herausfordern und unterstützen

9. Im Unterricht selbstbewusst auftreten   88
10. Unterricht langfristig planen   94
11. Regeln und Rituale einführen   101
12. Unterrichtseinstiege gestalten   108
13. Schüler zum Denken und Urteilen bringen   114
14. Schüler herausfordern   122
15. Gerecht benoten   131
16. Copyright beachten   137

**Teil III:
Professionell kommunizieren:
Eltern und Schüler beraten und mit Kollegen zusammenarbeiten**

17. Unterrichtsgespräche moderieren	146
18. Schülern Rückmeldung geben	155
19. Schüler mit Lernschwächen beraten	162
20. Schüler loben und ermutigen	170
21. Im Team arbeiten	178
22. Eltern informieren	188
23. Small Talk	201
Literatur	206

Schutzfaktor 23 – damit im Unterricht nichts anbrennt ...

Ein Vorwort von Wolfgang Endres

Kennen Sie Kolleginnen wie Frau Klartext und Frau Singsang? Oder Kollegen wie Herrn Weitblick und Herrn von Gestern? Wahrscheinlich schon. Denn sie sind in (fast) jedem Kollegium zu finden. In »Vorsicht, Klassenzimmer!« begegnen Sie einer ganzen Reihe dieser liebenswürdigen, schrulligen oder anstrengenden Kollegen. Schon ihre Namen sind Programm: Kurzfrist, Tiefgang, Stückwerk, Zögerlich, Durchmarsch, Achliebernicht.

Geradezu kabarettistisch servieren die Autoren ein kurzes Szenario zum Einstieg in die unterschiedlichsten Situationen des Schulalltags. Solche Szenen kann nur erfinden, wer den Schulbetrieb durch und durch kennt – und Udo Kliebisch wie auch sein junger Kollege Mathias Balliet kennen die Schule nicht erst seit gestern. Mit ihren Erfahrungen als Beratungslehrer und Referenten in der Lehrerfortbildung schauen sie in den heutigen Schulalltag und haben dabei die Schule von morgen im Blick.

Aus diesen Erkenntnissen entwickeln sie handfeste Anregungen für die Praxis. Dass dazu auch eine Portion Theorie gehört, verbinden sie schon mit ihrem Draht zur Philosophie, der Liebe zur Wissenschaft. So sind griffige Konzepte entstanden, Lerngedanken zum Anpacken. Diese Struktur wenden sie in jedem Kapitel an: P–T–P = Praxis – Theorie – Praxis. Die Theorie ist das Bindeglied, sie hält die Praxisteile zusammen. Mehr noch, ähnlich wie beim Einmaleins könnte die Theorie wie das Malzeichen dazwischen stehen, sie multipliziert die Praxis.

Zu dieser Praxis gehören weite Themenfelder wie Schülermotivation, Klassenführung und Lehrergesundheit. Aber auch Anregungen zum kleinen Einmaleins des Moderierens und der Gesprächsführung bis hin zur Pausenaufsicht und einem Exkurs in den Datenschutz. Da dürften auch »alte Hasen« manche Überraschung entdecken. Etwa in den kurzen und klaren Antworten auf Fragen zum Copyright bei Video- und Musikeinspielungen im Unterricht. Das Gleiche gilt bei komplexeren Themen wie dem Classroom- und Disziplinmanagement. Da gibt es einen kurzen Impuls für den Lehrer, der vor der Klasse steht. Mit einem einzigen Satz ist alles gesagt: »Ein *Blick* sagt mehr als tausend Worte.« In diesem Satz steckt die Anregung, Schülerinnen und Schüler, insbesondere die sogenannten schwierigen, mit frischem Blick neu zu sehen – diese Kinder und Jugendlichen ohne Worte spüren zu lassen, wie sie mit *neuen* Augen *neu* gesehen werden.

Das Buch zeigt anhand von Situationen aus dem Schulalltag, wie Lehrer eine Balance zwischen Empathie und Führung finden. Lehrer, die ihren Schülern mit hoher Leistungserwartung begegnen und sie beim Erreichen ihrer Ziele unterstützen, befördern damit eine positive Wechselwirkung: Motivierte(re) Schüler stärken die Motivation der Motivatoren.

Die Szenen sind so lebendig beschrieben, dass Sie schon beim Lesen ein inneres Mitschwingen empfinden, einen »Pacing-Effekt« zwischen Autor und Leser. Nur stellenweise kommen diese engagierten Lehrer in ihrer Erzählfreude so in Fahrt, dass ihnen das Augenzwinkern etwas heftig gerät. Wenn Sie darüber hinwegsehen, vielleicht auch über die eine oder andere locker eingestreute rhetorische Frage, so finden Sie sich in vielen der 23 Situationen in Ihrem Schulalltag wieder. Das müssen nicht immer Notsituationen sein. Aber trotzdem ist es gut, einen Erste-Hilfe-Koffer zu haben – zur Sicherheit. Und den haben Sie mit diesem Buch – mit Sicherheit.

Wolfgang Endres, *Studienhaus St. Blasien, Referent in der Lehrerfortbildung, Autor zahlreicher Unterrichtswerke zur Lernmethodik, Mitbegründer und Koordinator der BeltzForum-Bildungskongresse.*

Willkommen in der Lustfraktion

Alles, wozu man keine Lust hat, ist Arbeit.
Alles, wozu man Lust hat, ist Beruf.
(Karl Lagerfeld)

Die Uhr zeigt fünf vor acht, der Tag in der Schule fängt an. Kollege Papierflut steht wie immer am Kopierer; Kollege Smiley flirtet mit Conny, die von acht bis eins das Sekretariat in Schuss hält. Herr Haschmich vom Lehrerrat belagert den Schulleiter mit den neuesten Fällen aus der Psychoecke. Die Sekretärin stürzt auf Sie zu: »Frau Dreh-am-Rad will Sie unbedingt sprechen.« Sie ahnen Schlimmes: Ihr Besuch bei der Maniküre muss heute wohl ausfallen; statt Freistunden heißt es Vertretung schieben. »Na klasse«, denken Sie, und am liebsten würden Sie gleich wieder kehrtmachen und sich krankmelden. Schön, wenn alles so rundläuft und einem das Lehrerdasein so richtig Spaß macht. Karl Lagerfeld bringt's auf den Punkt: »Alles, wozu man keine Lust hat, ist Arbeit. Alles, wozu man Lust hat, ist Beruf.«

Wozu gehören Sie? Zur Lustfraktion? Oder wohl doch eher zur Lastfraktion? Sie wissen doch: Wenn Sie Ihren Beruf als Last erleben, fallen Sie bald dem System zur Last und wir müssen Ihre Arbeit übernehmen. Glauben Sie nicht? Ihre Schuld! »Ich halte durch«, sagen Sie. Bestimmt – aber nur bis zum Umfallen. Lassen Sie es nicht so weit kommen. Klar, wir wissen nicht, was Ihnen Ihre Tante Klara jetzt empfiehlt, wir empfehlen Ihnen das Einmaleins bis 23. 23 typische Situationen des Schulalltags und weit mehr als 23 tolle Möglichkeiten, damit umzugehen. Warum gerade 23 Situationen? Niemand weiß das so genau. Aber warum passen die Nachrichten eines ganzen Tages in gerade mal fünfzehn Minuten Tagesschau? Wir wissen es auch nicht. Und warum typisch? Weil Sie sie alle kennen. Und was Sie vielleicht noch nicht kennen, das werden Sie rasch kennenlernen. Manchem alten Hasen mögen dabei manche unserer Situationen ein bisschen unzeitgemäß vorkommen. Zwei Jahrzehnte im Dienst, und jetzt die eigene Rolle im System reflektieren? Fünf Leistungskurse und zig Grundkurse durchgestanden, und jetzt über gerechte Benotung nachdenken? Kann ich schon. Brauch ich nicht. Mag sein. Aber warum um alles in der Welt lesen Sie hier überhaupt weiter?

Lehrer sind zielorientiert. Das ist die positive Sicht. Kritiker sagen dazu etwas abfällig: Lehrer sind Praktiker. Warum klingt das nur so wie der Name dieses Baumarktes? Die gute Nachricht: Praxis wichtig zu finden, macht Sinn. Lehrer müssen täglich viele Entscheidungen treffen, ähnlich wie Piloten, nur dass die dafür viel mehr Geld bekommen. Viele der vielen Entscheidungen treffen Lehrer aus dem Bauch heraus, sei es nun aus dem hohlen Bauch heraus oder mit der sprichwörtlichen emotionalen Intelligenz, die wir alle haben. Das ist so etwas wie der gesunde Menschenverstand, gewürzt mit einer Prise Erfahrung. Damit Ihr Bauch nicht noch hohler wird und Sie nicht nur auf den Menschenverstand angewiesen sind, rüsten wir da und dort mit etwas Theorie nach. Schließlich ist der eigene Verstand ja auch etwas wert, wie Immanuel Kant uns beigebracht hat.

Und für die Zweifler und all diejenigen, denen Theorie lediglich wie eine Umleitung vorkommt: Theorie und Praxis sind sich gar nicht so fern, wie mancher meint. »Es gibt nichts Praktischeres als eine gute Theorie«, bringt Kant die Sache auf den Punkt. Schließlich hilft jede Theorie, die Praxis noch besser zu bewältigen – zumindest, wenn wir Glück haben. Tut Ihre Theorie das nicht? Dann wird's Zeit zum Ausmisten und Neudenken. Oder sollten Sie vielleicht seit Jahren nichts mehr für Ihren Theoriebestand getan haben? Na ja, zwanzig Jahre alte Autos müssen zwar nicht auseinanderfallen, technisch betrachtet sind sie aber sicher hinter dem Mond. Aber gut: Die Rückseite des Mondes hat auch ihre Vorzüge, wie wir seit 1969 wissen.

23 typische Situationen – wir haben sie in drei Blöcke aufgeteilt: (1) Ich und das System, (2) Unterrichten als Kerngeschäft jedes Lehrers und (3) Kommunikation mit Schülern, Eltern und Kollegen. Wir wissen schon: Da gibt es tausendundeine Überschneidungen. Mit der Einteilung wollen wir ein paar Akzente setzen – Akzente, die sich bewusst abgrenzen von anderen Übersichten. Gängig ist zum Beispiel in der Lehrerausbildung eine Aufteilung in Handlungsfelder (siehe MSW NRW 2011, Anlage 1, und KMK 2004). Dabei lassen sich Handlungsfelder nicht eindeutig voneinander abgrenzen. Wie

denn auch? Wenn Sie beraten, sind Sie immer noch Unterrichtender, und wenn Sie eine Note geben, sind Sie immer noch Kollege, der mit anderen Kollegen zusammenarbeitet.

Nicht lang ist's her, da sprach man in diesem Zusammenhang noch von Lehrerfunktionen. Wohl dem, der Böses dabei denkt. Sprachlich Böses – versteht sich! Oder sollte der Lehrer wirklich so funktionieren wie ein Motor? Nein, das können wir nicht glauben. Handlungsfelder hört sich da schon viel besser an. Und da die Felder bekanntlich weit sind, wie schon Fontane wusste, gibt's auch viel zu tun, und es gibt viel Spielraum. Das alles erhöht beim Durchschnittslehrer nicht unbedingt das Lustgefühl, sondern weckt den Verdacht auf Neues. Ja, das ist schon richtig. Denn im gleichen langen Atemzug wurden dann auch Standards und Kompetenzen eingeführt. Sie konkretisieren, was der Lehrer im jeweiligen Handlungsfeld so alles können soll. Und wenn Sie nicht gerade in der Ausbildung stecken, müssen Sie das alles schon längst beherrschen. Sicher wissen Sie daher, wie Sie mit Stress umgehen und ökonomisch arbeiten. Sie erkennen auf Anhieb die Begabungen Ihrer Schüler, nutzen moderne Medien, und natürlich können Sie Schüler beraten, nicht nur aus dem hohlen Bauch heraus, sondern auf der Grundlage von Modellen, die Sie sich angeeignet und natürlich x-fach in der Praxis ausprobiert haben. Wir wissen: Sie sind ein toller Lehrer; sonst hätten Sie dieses Buch ja nicht gekauft.

Man lernt nie aus. Gut, wenn Sie das nicht nur sagen, nachdem das Kind mal wieder im Brunnen liegt oder die Kuh vom Eis ist. Gut, wenn Sie »Selbst-Entwicklung« als etwas verstehen, das nie zu Ende ist, das ein (Berufs-)Leben lang andauert. Haben Sie keine Sorge: Sie sind nicht erst Sie selbst, nachdem Sie sich entwickelt haben. Sie sind immer Sie selbst. Aber Sie können sich über das, was Sie sind und können, erst dann bewusst sein, wenn Sie Ihre Ressourcen entdecken, nutzen und entwickeln. Also frei nach Nietzsche: »Werde der, der du bist.« Oder anders: Werde dir bewusst, was du alles kannst. Erst bewusstes Verstehen der eigenen Person ermöglicht bewusstes Handeln. Und das wollen wir doch, wenn wir Lehrer sind. Nicht einfach nur intuitiv, nicht einfach nur gesunder Menschenverstand, sondern bewusstes und zielgerichtetes Handeln. Das haben unsere Kinder und Jugendlichen verdient, das haben auch Lehramtsanwärter verdient, wenn wir sie ausbilden. Oder möchten Sie von einem Zahnarzt oder Chirurgen einfach mal so nach gesundem Menschenverstand behandelt werden? Das klappt doch wohl nur bei Karl May, oder?

Unsere Erste Hilfe für den Schulalltag ordnet Alltagsprobleme, die Lehrer bewältigen müssen, drei Handlungsfeldern zu. Immer geht es dabei um ganz konkrete Situationen, Praxissituationen, in die Sie jeden Tag hineingeraten können. Sie müssen handeln, in vielen Fällen sofort! Sie werden handeln. Aber wie professionell? Das hängt davon ab, welche Lösungen Sie kennen und wie gut Sie diese Lösungen durchdacht haben. Unsere Lösungen sind nicht *die* Lösungen, es sind *mögliche* Lösungen. Es sind Anregungen auf einem Weg zu immer mehr Professionalisierung. Was wir uns wünschen? Sie als aktiven Leser. Wir möchten Sie zum Mitdenken ermutigen, zum Um-die-Ecke-Denken, manchmal zum Anders-Denken, vielleicht auch da und dort zum Neu-Denken oder ganz einfach zum Wieder-mal-Denken. Und wir möchten Sie zum Handeln ermutigen. Was nutzen Alternativen, wenn Sie niemand nutzt? Es ist wie eine Party, die alle wollen, zu der aber niemand hingeht. Sie wissen doch: Ihre Party dauert noch etwas. Sie haben noch ein paar Dienstjahre vor sich. Was? Noch ein paar Jahrzehnte? Dann erst recht: Es ist nie zu spät, die eigene Zukunft zu gestalten. Willkommen in der Lustfraktion!

Der P–T–P-Clou

> *Der Bankraub ist eine Initiative von Dilettanten.*
> *Profis gründen eine Bank.*
> *(Bertolt Brecht)*

Nein, Sie dürfen Schüler weder ohrfeigen noch ihnen Strafarbeiten aufgeben. YouTube-Filme dürfen Sie Schülern aber zeigen, und Eltern beraten müssen Sie sogar. Alles klar? Dann brauchen Sie jetzt nicht weiterzulesen. Am besten lassen Sie sich in der Buchhandlung das Geld zurückgeben, das Sie für unsere Erste Hilfe für den Schulalltag bezahlt haben. Das wollen Sie nicht? Gut so. Denn Wissen allein genügt nicht. Wer sagt Ihnen eigentlich, dass Sie dies dürfen, jenes aber nicht? Und: Wie genau machen Sie das, was Sie machen müssen? Wie sinnvoll ist es, die Dinge so zu erledigen, wie Sie das tun? Gibt es vielleicht Alternativen? Und: Welche Vision von Unterricht und von sich als Lehrer haben Sie eigentlich? Was sollen Schüler in dreißig Jahren über Sie sagen? Doch nicht jede Antwort parat? Unsicher geworden? Das gefällt uns. Dann sind Sie hier richtig.

P–T–P? Sie rätseln noch, was das wohl bedeutet? Bleiben Sie ruhig, den Telefonjoker brauchen Sie jetzt nicht. *Praxis – Theorie – Praxis* ist die Lösung. 23 Situationen aus dem Schulalltag haben wir für Sie parat. Und damit es schön leicht bleibt: Jedes Kapitel hat dieselbe Struktur, eben P–T–P.

Wir holen Sie dort ab, wo Sie sitzen – gedanklich sitzen. Am Anfang jedes Kapitels gibt's eine schöne Situation aus dem Alltag. Mal ist da Kollege von Gestern im Einsatz, mal der Kollege Tutnichtviel. Sie werden Freude an der Erfahrung haben, die unsere Helden Ihnen vermitteln. Klar, alles ein wenig mit Augenzwinkern und einem Lächeln auf den Lippen. Aber doch irgendwie auch wieder bierernst. Schließlich geht es um Sie. Und wir werden uns hüten, Sie nicht ernst zu nehmen. Sie werden überrascht sein, wie gut Sie sich in den Praxissituationen wiedererkennen werden.

Das sollten Sie wissen

Wir nehmen Sie mit auf eine Reise – auf eine Reise in die Theorie. Gewiss, das ist weder eine Reise nach Hawaii noch nach Thailand. Oder mögen Sie Hawaii und Thailand nicht? Aber: In jedem Fall sparen Sie bei uns viel Geld, und Sie können trotzdem eine Menge lernen. Worauf müssen Sie achten? Was sollten Sie wissen, um die Situation vom Anfang des Kapitels erfolgreich zu meistern? Hier erfahren Sie es. Theorie schützt zwar nicht vor Nebenwirkungen, sie schützt weder vor Versagen noch vor dem Scheitern. Dafür ist es aber so wie mit den Medikamenten: In der Regel wirken sie erst mal, und alles andere nimmt man der tollen Wirkung wegen einfach in Kauf. Es geht also immer ums Ziel; dann wird Entscheiden meist ganz einfach. Wofür tun Sie etwas? Also: eine Bank ausrauben oder doch lieber eine gründen? Eben: Profi oder Dilettant?

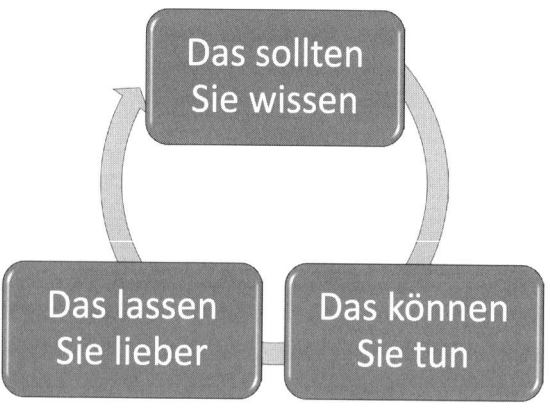

Das können Sie tun

Wir machen Sie zum Täter – zum Täter in eigener Sache. Wie können Sie handeln, um die problematische Praxissituation professionell zu bewältigen? Wir möchten Sie anstiften zum Handeln. Wissen ist nicht Kompetenz. Und wissen, wie's geht, hat mit Kompetenz auch noch nichts zu tun. Wissen, wie's geht, handeln wollen und dann auch tatsächlich handeln, und zwar verantwortlich handeln – das erst macht Sie kompetent und professionell. Da wollen Sie hinkommen? Das freut uns. In diesem Abschnitt geben wir Ihnen Tipps, die Ihnen den Weg zum kompetenten Profi leichter machen können. Die Betonung liegt hier auf »können«, so *können* Sie handeln. Anregungen möchten wir Ihnen geben, keine Patentrezepte. Sie müssen herausfinden, was davon für Sie in Ihrer ganz persönlichen Situation wie nützlich ist. Dazu müssen Sie ausprobieren, was wir Ihnen vorschlagen. Dumm nur, dass wir Ihnen stets mehr als eine Handlungsoption anbieten. Sie müssen sich entscheiden. Das werden Sie doch schaffen, oder?

Das lassen Sie lieber

Wir nehmen Sie in Schutz – in Schutz vor Ihrem eigenen Ehrgeiz und dem Irrglauben, alles geht und alles geht sofort. Worauf sollten Sie unbedingt achten, wenn Sie in einer typischen Schulsituation handeln müssen? Sie wissen doch: Es gibt nicht die eine Lösung. Aber: Es gibt immer neue Fragen, Folgen und noch viel mehr zu beachten, als man zunächst glauben mag. Die Lage von Stromschnellen und Eisbergen sollten Sie kennen, wenn Sie das Schiff Ihrer beruflichen Aktivitäten nicht zur Titanic machen wollen. Teil 3 jedes Kapitels warnt Sie daher vor Fettnäpfchen und anderen Fallstricken, und manchmal auch nur vor Ihren eigenen Wunschvorstellungen.

Teil I:

Kongruent Lehrer sein:
Im System Schule ankommen und sich entfalten

1. Eigene Kompetenzen klären und entwickeln

Kennen Sie den? Bestimmt kennen Sie den. Diesen Kollegen, den alle meiden. Herr Achliebernicht ist durchaus pflichtbewusst: Er ist pünktlich, er geht pünktlich und macht seinen Unterricht, nicht gerade wie im Bilderbuch, aber immer so, dass seine Schüler mit ziemlicher Freude dabei sind. Trotzdem: Mit den Kollegen wird er einfach nicht warm. Klar, er mag keine Kollegiumsfeten und bleibt dann lieber zu Hause. Und Kollegiumsausflüge? Na ja, wenn es sich gar nicht vermeiden lässt, dann ist Achliebernicht dabei. Aber sonst? Besser nicht. Schulleiterin Hyperaktiv steigt gern mal mit Achliebernicht in den Ring: »Welche Aufgabe kann man dem übertragen, die er nicht gleich wieder ablehnt?« Irgendwie passt da so manches nicht zusammen. Und auch Achliebernicht fühlt sich dabei irgendwie, aber sicher nicht anerkannt und wohl.

Das sollten Sie wissen

Von sozialkommunikativer Kompetenz haben Sie bestimmt schon mal gehört, oder? Sie können gut Beziehungen zu Menschen aufbauen und auch unterhalten? Sie sind offen sinnvollen Ideen gegenüber, verständnisvoll und gesprächsbereit? Sie halten Kooperation für nützlich und können sich an Umstände anpassen, ohne sich gleich zu verbiegen? Dann sind Sie sicher ein Kandidat für das Team Sozialkompetenz. Und vielleicht denken Sie so wie viele: Solche Fähigkeiten hat man eben ... oder man hat sie eben nicht. Wenn Sie so denken, dann liegen Sie falsch. Und wenn Sie glauben, dass ein Mensch sich nicht entwickeln kann, dann liegen Sie wieder falsch. Schauen wir mal genauer hin: Was ist hier los mit dem Kollegen Achliebernicht? Sein Verhalten dem Kollegium gegenüber ist eher zurückgezogen; bestimmte Dinge mag er nicht, Kollegiumsfeten zum Beispiel. Muss man die denn mögen? Schade nur, wenn daraus Ablehnung bei den anderen wird und sich das soziale Klima abkühlt. Muss das sein? Nein, das muss nicht sein.

Wie kann man in einen solchen Prozess eingreifen? Dafür ist ein Kompetenzmodell nützlich. Wir schwören auf das KODE®-Konzept, das Volker Heyse und John Erpenbeck entwickelt haben. KODE® steht für *K*ompetenz, *D*iagnostik und *E*ntwicklung. KODE® ordnet jedes menschliche Verhalten in einen von vier Kompetenzbereichen ein: personale Kompetenz, Aktions- und Handlungskompetenz, Sach- und Methodenkompetenz und sozialkommunikative Kompetenz. Jeder Mensch hat von jeder der vier Kompetenzen etwas; das Maß der einzelnen Kompetenz ist aber bei Ihnen anders als bei uns. Ein valider Kompetenztest ermittelt, wie Sie so drauf sind. Was kommt dabei heraus? Ein Kompetenzprofil. Es zeigt die spezifische Ausprägung, die die vier Kompetenzbereiche bei einem Menschen haben. Manche Kompetenzen können viel zu intensiv ausgeprägt sein – eine beachtliche Gefahr!

Stellen Sie sich den Schulleiter als netten Herren mit einer besonders ausgeprägten Handlungskompetenz vor. Hansdampf in allen Gassen. Und schnell ist er, Herr Quick eben. Und das Kollegium? Das ächzt schon unter dem Tempo. Mancher im Kollegium hat nicht nur einen roten Kopf von der Geschwindigkeit, sondern auch die Faust in der Tasche. »Den muss man unbedingt bremsen, das geht doch so nicht, jede Woche wird hier was Neues ausprobiert, gemacht, verabschiedet«, raunt es da im Kollegium. Sie ahnen schon: Die tolle Handlungskompetenz von Schulleiter Quick geht ganz und gar nach hinten los. Eben eine tolle und totale Übertreibung. Auch Quick muss lernen, seine übrigen Kompetenzen zu stärken, um in manchen Situationen weniger engagiert zu wirken. Der Modellgedanke dahinter: Jeder Mensch hat praktisch die gleiche Summe von Kompetenzen, nur die Ausprägung der einzelnen Kompetenzen unterscheidet sich von Mensch zu Mensch.

Ein Beispiel sehen Sie hier: Herr Quick hat eine grandiose personale Kompetenz, mit seiner sozialkommunikativen Kompetenz und mit seiner Handlungskompetenz ist es dagegen nicht weit her. Ebenso wie bei Herrn Achliebernicht.

Einsicht zu gewinnen in sein Kompetenzprofil, das ist eine feine Sache, manchmal ernüchternd, manchmal erheiternd, immer aber sehr erhellend und vielleicht sogar zielführend. Jetzt weiß man nicht nur, woran es liegt, dass Kollegen und Schulleitung so reagieren, wie sie es tun. Jetzt weiß man eben auch, was man ändern muss. Klar, Kollege Achliebernicht ist schon ein harter Brocken. Was müsste er tun, damit es bei ihm runder läuft? Seine Aktions- und Handlungskompetenz und auch seine sozialkommunikative Kompetenz müsste er stärken. Ein schwieriges Unterfangen, etwas zu ändern, wenn die Handlungskompetenz selbst nicht gerade üppig entwickelt ist. Schließlich braucht man sie ja für die Veränderung. Achliebernicht steht wie Cäsar vor dem Rubikon: Soll ich oder soll ich nicht? Schaffe ich es überhaupt? Oder sollte ich aus Angst vor der Niederlage besser gleich umkehren? Genug gezweifelt: Wer etwas tun will, muss etwas tun. Die Motivation dazu kann nur durch das Ziel entstehen. Wofür mache ich das? Damit ich aktiver bin und mehr Anerkennung von meiner Schulleitung und meinen Kollegen bekomme. Und damit ich sozialkommunikativer wirke, damit mich meine Kollegen wertschätzen können und ich mich dann wohler fühle. Für das Ziel lohnt sich der Gang durch den Rubikon doch. Vor allem, wenn ich an die nächsten zwanzig Dienstjahre denke.

Das können Sie tun

Sie kennen Ihr Kompetenzprofil nicht und haben keinen KODE®-Test bei der Hand? Nun gut, den Test dürfen Sie ja auch nur dann durchführen, wenn Sie die entsprechende Qualifizierung haben. Dennoch können Sie auch ohne Testbogen eine Menge herausfinden. Wie wichtig sind Ihnen Wertvorstellungen (PK)? Wie initiativ sind Sie in der Schule (AHK)? Wie genau müssen Sie sich inhaltlich auf Ihren Unterricht vorbereiten, um sich sicher zu fühlen (FMK)? Und wie wichtig sind Ihnen in der Schule Teamarbeit und die Kooperation mit Ihren Kollegen (SKK)? Malen Sie einen Kreis an eine Tafel oder auf ein Flipchartblatt. Wie verteilen sich die vier Kompetenzbereiche in Ihrer Persönlichkeit? Nutzen Sie Ihre emotionale Intelligenz und teilen Sie den Kreis nach Ihrem Gefühl auf. Welche Kreissegmente sind auffallend groß, welche auffallend klein? Finden Sie Situationen in Ihrem Leben, an denen Sie sich die entsprechende Auffälligkeit veranschaulichen können. »Meine Schüler haben meine Unnachgiebigkeit nicht verstanden.« Herr Quick hat mir gesagt: »Sie könnten auch mal was tun.« Klären Sie, was Ihnen die Aufteilung Ihrer Kompetenzbereiche sagt. Wo übersteuern Sie? Welche Kombination von Kompetenzbereichen ist besonders hilfreich für Ihre Tätigkeit? Wo sind Sie mit Ihren Werten tief im Keller? Am Ende vom Lied stehen die Entwicklungsbereiche. Nennen Sie die Kompetenz, die Sie entwickeln möchten, vielleicht auch deshalb, weil Sie damit eine andere in ihrer dominanten Wirkung abschwächen möchten.

Sie sind eher »Passifist«? Soll heißen: Sie glauben an die heilende Wirkung des Nichtstuns? Die Einstellung mag auf den ersten Blick günstig sein. Doch vielleicht haben Sie jetzt erkannt, dass sie es keinesfalls sein muss. Wenn Sie etwas ändern wollen, tun Sie dies: Nehmen Sie sich Konkretes vor, zum Beispiel ab morgen täglich die Blumen zu gießen, ab übermorgen mit der Korrektur einer Klassenarbeit immer sofort zu beginnen oder am nächsten Montag das Gespräch mit Frau Hyperaktiv zu führen. Achtung: Kompetenzentwicklung heißt nicht, sich etwas zu verbieten. Also nicht: »Ich will mich nicht mehr aufregen«, sondern: »Ich mache ab morgen täglich Autogenes Training«. Legen Sie eine dreispaltige Datei an:

links das Datum, in der Mitte Ihre Ziele, und rechts schreiben Sie alles auf, was um die Ziele herum so passiert, auch Ihre Gedanken und Gefühle – und natürlich Ihre täglichen Erfolge!

Sie sind eher Aktivist? Für Sie ist jedes Tempo unter 180 einfach nur Stillstand? Klar, wenn Sie das richtige Auto haben und die passende Rennstrecke, dann geht das. Sonst aber fahren Sie bald auf einer leeren Rennstrecke. Sie wollen das nicht? Dann geht's da lang: Haben Sie Mitleid mit Ihrer Umgebung, versetzen Sie sich in die Lage Ihrer Mitstreiter. Sie wollen doch nicht, dass denen bei Ihrem Tempo noch schlecht wird. Und wer aus Angst vor Ihrem Tempo die Augen zumacht, verpasst noch die schöne Landschaft. Wäre doch schade! Fragen Sie daher nach, bevor Sie handeln: »Seid ihr einverstanden? Habt ihr noch Ideen?« Und: »Lasst uns das doch noch mal besprechen.« Hören Sie aktiv zu, statt immer neue Ideen zu streuen. Wichtig: Bedenkzeit geben. Nicht jeder entscheidet so schnell wie Sie.

Sie sind vielleicht ein Pedant. Nein, nein, das ist keine Leserbeschimpfung, sondern Ihr Selbsturteil. Detailverliebt und bloß nichts entscheiden, bevor nicht alles klar ist – doch wann ist es das schon? Wenn Sie so drauf sind, ist der Zug des Handelns manchmal schon längst abgefahren, bevor Sie überhaupt den Bahnhof sehen. Das ärgert Sie? Verständlich! Sie wollen lieber mitfahren? Einverstanden! Dann los: Lassen Sie Dinge einfach mal liegen, die weniger wichtig und überhaupt nicht dringend sind. Lassen Sie sich auffordern, endlich mal in die Pötte zu kommen, bei einer Mahnung zum Beispiel, sei es nun eine Rechnung, die noch nicht bezahlt ist, oder der Eintrag im Klassenbuch, an den Sie der Mittelstufenkoordinator erinnert. Genau ist genau genug! Das sollte Ihr Leitsatz werden. Am besten, Sie hängen sich den Spruch nicht nur ins Arbeitszimmer. Badezimmer, Schlafzimmer und Fernsehgeräte machen sich als Ort dafür auch ganz gut. Und nicht vergessen: Auch hier geht es um das Entwickeln einer Fähigkeit, nicht um das Bremsen einer anderen. Gut ist allerdings, dass das eine wunderbar mit dem anderen zusammenhängt.

Sie sind ein Individualist, so jedenfalls würden Sie es nennen. Andere sehen das anders: unangenehmer Zeitgenosse, kapselt sich ab, hält sich wohl für was Besseres. Hört sich nicht so gut an, oder?

Änderung gefällig? So geht's: Interessieren Sie sich für das, was andere machen. Sie müssen ja nicht gleich zum Fußballfan des heimischen Vereins werden, aber zu wissen, ob der noch in der Kreis- oder doch schon in der Bundesliga spielt, dürfte wohl auch Sie nicht überfordern. Und in der Schule? »Was macht denn deine neunte Klasse?« Oder: »Könnten wir vielleicht die Unterrichtsreihe gemeinsam planen?« Super Fragen gegen Isolation. Aber rechnen Sie damit, dass man Ihnen auch antwortet. Und dann bitte dranbleiben.

Sie haben schon immer davon geträumt, mal eine echte Führungsaufgabe zu übernehmen? Koordinator, Schulleiter, Fachleiter oder auch Beauftragter für einen Arbeitsbereich im Ministerium? Wunderbar! Mit dem passenden Kompetenzprofil sind Sie Ihrem Ziel schon einen guten Schritt näher. Welches Profil? Dieses: Drängen Sie nach vorn, kreieren Sie Ideen und setzen Sie diese um. Ein Schulfest muss her, vielleicht der Chor, den es noch nicht gibt, und ein neues Fahrtenprogramm wäre auch nicht schlecht. Aber Achtung: Vergessen Sie nicht Ihre sozialkommunikative Kompetenz. Führen heißt im Schulsystem immer auch kommunizieren. Und kommunizieren meint vor allem, ohne Bruchlandung zu kommunizieren. Sie wollen doch erfolgreich sein, oder? Also brauchen Sie Empathie. Nur dann nehmen Sie so viele Kollegen mit, dass Ihre Ideen nicht nur Seifenblasen bleiben.

Und noch eine spannende Idee: Manche Lehrer wollen tatsächlich gute Lehrer sein. Gibt es vielleicht das ideale Kompetenzprofil dafür? Suchen Sie nicht nach Idealen, das macht nur müde. Entdecken Sie sich selbst, all Ihre wunderbaren Fähigkeiten. Und schauen Sie nach, welche dieser Fähigkeiten Ihnen nutzen, gerade dort, wo Sie jetzt stehen. Sie entdecken auch ein paar Macken? Damit sind Sie nicht allein. Machen Sie sich auf den Weg. Kompetenzen haben, das ist das eine, sie konstruktiv zu entwickeln, das ist das andere. Vertrauen Sie auf Ihre Ressourcen. Sie werden staunen, was alles machbar ist.

Das lassen Sie lieber

Manche Probleme mit dem eigenen Kompetenzprofil entstehen durch eine Selbstsicht, die sich stark von der Fremdsicht anderer unterscheidet. Denken Sie daran: Ihre Sicht von sich selbst ist nicht objektiv. Lassen Sie sich auf die Sicht ein, die andere Menschen von Ihnen haben. Prüfen Sie: Was davon könnte wahr sein? Was davon kann mir nutzen? Erst Selbst- und Fremdsicht zusammen lassen eine Identität wachsen, die auch wirklich Ihre ist. Entwickeln Sie sich weiter, so gut Sie können. Und klar: Nehmen Sie ja nicht alles ernst, was andere Ihnen sagen oder von Ihnen denken. Mit einem Fähnlein im Winde wollen die wenigsten etwas zu tun haben.

Und umgekehrt: Natürlich beurteilen Sie andere Menschen immer auf Basis Ihres Selbstbildes. Das Selbstbild gibt uns den Maßstab, den wir auf andere projizieren. Das geht schneller, als wir glauben. Ein Urteil ist so schnell gefällt. Also Achtung: Drehen Sie das Rad des Urteilens zurück, wenn Sie merken, dass andere wieder mal unter Ihrem Urteil leiden. Sie wollen doch nicht, dass Ihnen Ihr Selbstbild einen Strich durch die Rechnung Ihrer Selbstentwicklung macht.

2. Die eigene Rolle im System klären

»Frau Adler, können Sie nicht mal ...« Ihr Schulleiter hält scheinbar große Stücke auf Sie. »Ach, Claudia, könntest du für mich mal die Aufsicht übernehmen? Das wäre einfach toll.« Ihre Kollegin Keinelust scheint Sie auch zu mögen, zumindest als Aushilfskraft. »Frau Adler, könnten Sie uns da noch mal ein paar Musterlösungen geben? Dann hätten wir's doch viel leichter bei der nächsten Klassenarbeit. Und überhaupt: Wenn Sie die Protokolle für die einzelnen Stunden schreiben würden, wäre das auch viel besser.« Super! Auch Ihre Schüler haben es verstanden: Wer Everybody's Darling ist, der ist wohl auch Everybody's Depp. Nur Sie haben Ihre Rolle im System noch nicht verstanden. Alle anderen schon...

Das sollten Sie wissen

Was ist ein System? Ein System ist eine Anordnung von einzelnen Bausteinen, die auf eine bestimmte Art miteinander in Beziehung stehen. Kompliziert? Nein. Ein Auto ist so ein System: Es besteht aus vielen Einzelteilen, die nach einem genauen Bauplan angeordnet sind. Das Auto wird zum Auto gerade durch diese Anordnung und dadurch, dass die Elemente miteinander in Beziehung stehen. Sie verstehen: Auch ein Mensch ist ein System, sogar ein offenes System: Offene Systeme stehen mit ihrer Umwelt in Wechselbeziehung. Menschen müssen zum Beispiel Nahrung zu sich nehmen; so greifen sie selbst in die Umwelt ein, zugleich aber wird ein Teil der Umwelt auch Teil des Menschen und beeinflusst so das System Mensch.

Die soziologische Systemtheorie betrachtet Menschen in ihrer sozialen Umgebung: Welche Menschen sind für ein System wichtig, welche nebensächlich, welche unverzichtbar? Welche Menschen spielen für das System eine spezifische Rolle, zum Beispiel als Führungsperson, als Mitläufer oder als Meinungsmacher? In welcher Beziehung stehen die Menschen in diesem System zueinander? Welche Einflüsse haben diese Beziehungen auf das Verhalten einzelner Menschen? Die Schule ist als Institution eben auch ein soziales System. Welche Menschen sind hier wichtig? In erster Linie: Lehrer, Schulleiter, Eltern und Schüler. Klar, auch der Hausmeister und die Reinigungskräfte. Für Sie als Lehrer sind die aber meist nicht sonderlich bedeutsam.

Auf den ersten Blick scheint die Sache überschaubar: vier Personengruppen, zu einer gehören Sie selbst. Doch so einfach ist das nicht: Jede Gruppe zerfällt in Untergruppen, selbst eine Schulleitung ist oft keine homogene Gruppe. Ein Lehrerkollegium zum Beispiel gliedert sich in Fachschaften, die Mitglieder der einen Fachschaft sind zugleich Mitglied in mindestens einer weiteren Fachschaft. Und Fachschaften gibt es so viele wie es Fächer gibt, die an einer Schule unterrichtet werden. Da mag die eine Gruppe die andere nicht, die eine Untergruppe intrigiert sogar gegen die andere. Wieder andere Gruppen mögen sich untereinander. Aber auch einzelne Personen pflegen Kontakte oder Antipathien – in den Gruppen und über Gruppengrenzen hinweg. Und mancher Kollege gehört gleich zu mehreren Gruppen. Bei genauerem Zusehen ist das Ganze also gar nicht so durchsichtig, wie man zunächst glaubt. Im Gegenteil: Die Systemstrukturen in der Schule sind wie in jeder Institution sehr komplex.

Die Komplexität ergibt sich vor allem aus den Abhängigkeitsverhältnissen: Wer hat überhaupt etwas zu sagen? Mit wem muss ich reden, wenn X passiert ist? Und wer ist mein Ansprechpartner, wenn ich mich über Y beschweren möchte? Wer ist Vertrauensperson, wer nur Kollege? Und ist die Vertrauensperson wirklich die geeignete Hilfe für das, was ich kollegial erreichen möchte? Ist mein formaler Ansprechpartner auch der, der am Ende entscheidet? Doch das ist immer noch eine einseitige Sicht auf das System: Schüler und Eltern überlagern und beeinflussen alles, was die Lehrer in der Institution denken und wie sie handeln. Und natürlich gibt es da noch die Aufsichtsbehörde und das Ministerium, die von oben auf das Ganze schauen und Strukturen vorgeben, Entscheidungen korrigieren und Fakten setzen.

Kaum ein Lehrer macht sich diese komplexen Strukturen klar. Warum auch? Der eigene Unterricht in Klasse 9 B scheint von all dem unbeeinflusst. Fatal und wenig professionell diese Einstellung!

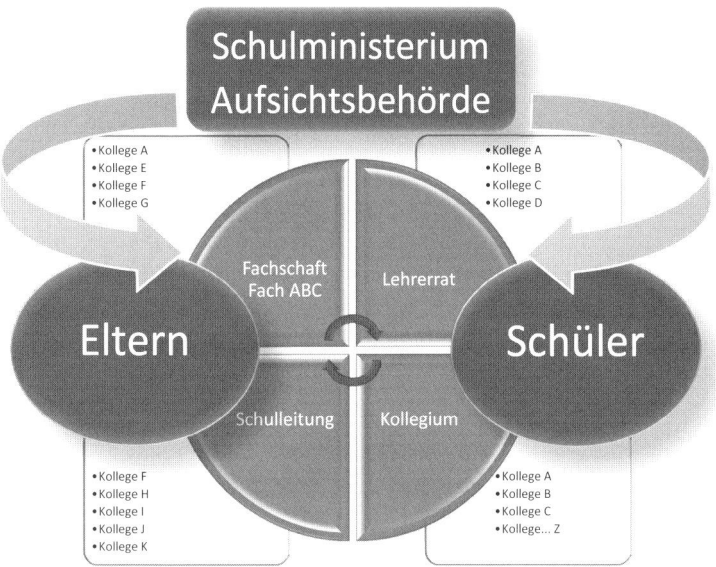

Denn Einfluss haben diese Strukturen auf alles, was wir als Lehrer tun. Sich klar werden heißt dabei vor allem, seine unterschiedlichen Rollen erkennen. Mit Schülern anders zu reden als mit Eltern, mit Kollegen anders umzugehen als mit dem Schulleiter und der Behörde gegenüber noch einmal anders zu handeln. Kongruent sein bedeutet in diesem Kontext also nicht: Ich möchte so bleiben, wie ich bin, um es mit dem Werbeslogan für ein Diätprodukt zu sagen. Nicht ein Verhalten für jede Situation ist gefragt. Kongruent sein heißt vor allem: Rollensegmente der Lehrerrolle aktiv auszufüllen und (falls nötig) aktiv weiterzuentwickeln.

Wer sein privates Ich unhinterfragt in den Schulalltag einbringt, wird schnell merken: Er wirkt anstößig, wird zum Stein des Anstoßes. Klar, das mag auf den ersten Blick nützlich sein. Ist es ja auch, wenn daraus Produktives erwächst. Konflikte sind eben völlig normal, sie gehören zum Schulalltag wie das Atmen zum Leben. Aber mancher Konflikt kann auch vermieden werden, wenn man seine Rolle professionell spielt. Im Umgang mit Kollegen ist Kooperation gefragt, keine Mit-dem-Kopf-durch-die-Wand-Mentalität. Im Umgang mit Schülern sind Verständnis und Förderung gefragt, nicht Anklage und Vorwurf. Und im Umgang mit Eltern ist ein Umgang auf Augenhöhe gewünscht und eben keine Oberlehrerattitüde.

Das alles zu können, heißt personal kompetent zu sein. Das ist man mit Blick auf einen beruflichen Kontext nicht einfach so, das bekommt man nicht in die Wiege gelegt. Das muss man sich erarbeiten. Gut, wenn die Lehrerausbildung hier erste Grundsteine legt. Schlecht, wenn man das Ende der Ausbildung für das Ende einer Entwicklung hält. Das professionelle Ich hat zu dieser Zeit im Leben noch viel Entwicklung nötig. Mancher Minister kennt die unangenehmen Folgen, die dann drohen, wenn man seine Rolle nicht professionell spielt. Richtig: Lehrer müssen nicht zurücktreten, wenn ihnen Ähnliches unterläuft. Eines aber ist schon klar: Unprofessionelles Rollenverhalten fällt nicht nur auf, sondern mindert stets auch die Qualität des eigenen Handelns. Warum sollte man diese Nachteile in Kauf nehmen?

Das können Sie tun

Werden Sie zum Profi-Rollenspieler. Hier ein paar Ideen, wie das geht:

Reflektieren Sie Ihr Selbstbild: Wer wollen Sie sein? Wie sollen Ihre Kollegen Sie wahrnehmen? Als Sympathieträger oder Protestant? Als Querulant oder Konstrukteur? Einfach nur präsent oder auch aktiv und initiativ? Oder vielleicht doch nur lieb? Ein bisschen Papa-Typ oder eher Marlon Brando? Entdecken Sie sich und spielen Sie die Rollen Ihres Lebens; immer und mit sehr viel Engagement. Rollen? Ja, Ihre Lehrerrolle setzt sich zusammen: da das Verhalten den Schülern gegenüber, hier das Verhalten Kollegen und Eltern gegenüber. Und Kollege A verdient vielleicht noch eine Prise mehr Ironie als Kollegin B. Denken Sie beim Rollenspiel an Ihre Kleidung, an Ihr Auftreten, an Ihre Sprache, Mimik und Gestik. Nichts ist unbedeutend, alles ist wichtig. Ihr Auftritt beim Elternabend ist eben etwas anderes als Ihre Rede auf dem Abiturball. Einmal gepatzt, schon ertappt. Kongruent sind Sie erst dann, wenn Ihre Performance mit Ihrem Selbstbild übereinstimmt.

Wie genau wollen Sie als Lehrer wirken? Was sollen Ihre Schüler über Sie denken? Wollen Sie Kumpel oder Freund sein oder doch eher Autorität? Soll Ihr Unterricht die Schüler emanzipieren oder vielleicht doch nur unterhalten? Möchten Sie die Schüler fördern, aber auch angemessen fordern? Vielleicht haben Sie ja gerade mal wieder keinen Bock auf Unterricht. Sollen die Schüler das merken und Sie bemitleiden? Schließlich sitzen wir doch alle in einem Boot, oder? Lehrerselbstbilder können vielfältig sein. Wie ist Ihres? Das müssen Sie herausfinden, das müssen Sie kennen. Aber Achtung: Verwechseln Sie Ihr Lehrerbild nicht mit Ihrem Lehrerbild. Keine Angst – kein Satzbaufehler. Sie haben nur falsch betont. Was ist gemeint? Viele Lehrer haben ein Lehrerbild, das dem entspricht, was Sie selbst in Ihrer Schulzeit erlebt haben. Aber ist das auch das Bild, das Sie als Lehrer hier und heute spiegeln möchten? Finden Sie's heraus. Und dann? Formulieren Sie die Merkmale Ihres Selbstbildes in fünf Eigenschaftswörtern. Die schreiben oder drucken Sie auf fünf DIN-A4-Blätter. Und diese Blätter hängen Sie gut sichtbar in Ihrer Wohnung auf, natürlich auch in der Nähe Ihres Schreibtisches. Schauen Sie jeden Tag hin. Und verhalten Sie sich entsprechend, wenn Sie unterrichten und erziehen, wenn Sie benoten und fördern.

Schulleitungen sind keine Halbgötter in Grau, aber Schulleitungen verdienen Respekt. Das gilt selbst dann, wenn Sie einen auf cool machen und mit Schlappen daherkommen. Wie wollten Sie behandelt werden, wenn Sie Schulleiter wären? Richtig: manchmal anders, als Sie sich selbst Ihrem Schulleiter gegenüber verhalten. Zeichnen Sie eine Skizze Ihres Schulleiters – so gut, wie Sie es eben können, aber schön groß. Welche Eigenschaften und Verhaltensweisen Ihres Schulleiters gefallen Ihnen, welche nicht? Schreiben Sie zu jeder Kategorie mindestens drei und höchstens fünf Elemente auf, direkt neben Ihre Zeichnung. Schauen Sie sich das Ganze in Ruhe an: Was mögen Sie wirklich an Ihrem Schulleiter? Und wie können Sie diese Eigenschaften und Verhaltensweisen nutzen, um mit ihm ins Gespräch zu kommen? Welche Ihrer Fähigkeiten können Ihnen dabei helfen? Schreiben Sie sich auf, worauf Sie beim nächsten Gespräch mit Ihrem Schulleiter achten wollen. Und nicht vergessen: Auch Schulleiter wollen gelobt werden.

Und die Eltern? Sie sehen die Eltern seltener als Ihre Schüler und Kollegen oder auch als den Schulleiter. Aber wenn, müssen Sie genau wissen, welche Rolle Sie spielen. Wollen Sie den Eltern auf Augenhöhe begegnen? Was heißt das? Schließlich sind doch Sie der Experte, von dem die Eltern Informationen erwarten, von dem sie beraten werden wollen. Wollen Sie die Autorität sein, die genau Bescheid weiß? Vielleicht passt der Smoking dazu, den Sie ja sonst so selten tragen? Welche Wirkung hätte das zum Beispiel auf Eltern, die eher eingeschüchtert zum Elternsprechtag kommen? Sehen Sie? Also doch eher die zerrissenen Jeans, die Sie gerade noch bei der Gartenarbeit getragen haben? Auch nicht passend? Vielleicht könnten Ihnen verschiedene Zugänge zu Eltern nützlich sein, je nachdem, mit wem Sie es zu tun haben. Welche Zugänge das sein könnten, hängt von Ihrem Selbstbild ab, von Ihrem Selbstbild als Lehrer und Kollege. Auch für den Umgang mit Eltern gilt: Überlegen Sie genau, wie Sie sich verhalten wollen. Angefangen von der Kleidung bis hin zur Wortwahl, alles hinterlässt einen bleibenden Eindruck und spiegelt Ihre Rolle.

Seine Rolle im System Schule zu spielen, ist nicht leicht. Unmöglich ist es aber, wenn Sie gar nicht wissen, welche Rollen Sie spielen wollen. Dann torkeln Sie durch den Text wie ein Schauspieler ohne Rolle durchs Stück. Selbstwahrnehmung und Selbsterkenntnis sind für ein kongruentes Rollenmanagement ebenso wichtig wie das konsequente Entwickeln und Spielen einer professionellen Lehrer- und Kollegenrolle. Handeln heißt hier auch lernen und üben. Und neu lernen und neu üben wird dann nötig, wenn Sie zum Beispiel die Schule wechseln oder andere Aufgaben in der Schule übernehmen. Auch Schauspieler am Theater spielen nicht ihr Leben lang dieselbe Rolle.

Das lassen Sie lieber

Wer Rollen spielt, muss das gut machen. Ein guter Schauspieler ist kein Schauspieler, sondern kongruent mit der Rolle, die er spielt. Man sieht es ihm sozusagen nicht an, dass er gerade nicht er selbst, sondern jemand anders ist. Er ist die Rolle. Diese Kongruenz zu erreichen, kann manchmal lange dauern. Haben Sie daher Geduld, aber bleiben Sie am Ball. Ein inkongruentes Rollenspiel kommt schlecht an. Sie werden durchschaut und für unecht gehalten. Das macht keinen Spaß und bringt Sie ins soziale Abseits.

Achtung: Ein Fünftklässler ist kein querulantischer Vater. Was das heißt? Mindestens dies: Wechseln Sie Ihr Rollenverhalten, wenn Ihr Gegenüber wechselt. Mit Eltern geht man als Lehrer eben anders um als mit Schülern, und Schüler der Oberstufe wollen anders behandelt werden als Schüler der Erprobungsstufe. Ein gutes Rollenmanagement schließt diese Fähigkeit ein: Manchmal müssen Sie von jetzt auf gleich Ihr Verhalten ändern (können): eben noch im Klassenraum der 5 A und jetzt schon im Elterngespräch. Schaffen Sie das nicht? Dann haben Sie bald Probleme, weil Sie dem Rollenverständnis Ihres Gegenübers nicht gerecht werden (können).

3. Lehrerrolle klären

Kollege Tutnichtgut hat Benjamin zur Beratung bestellt. Benjamin ist ein besonderes Bürschchen, immer für einen Spaß zu haben, im Unterricht oft abgelenkt und ganz so drauf, wie man sich einen pubertierenden Vierzehnjährigen eben vorstellt. Das Schuljahr wird Benjamin aber trotz seiner Eskapaden problemlos schaffen. Tutnichtgut möchte Benjamin ruhigstellen. Woran sich andere Kollegen die Zähne ausgebissen haben, Kollege Tutnichtgut wird's schaffen. Zumindest glaubt er das. »Benjamin, du störst den Unterricht«, legt Tutnichtgut mit der Beratung los. Benjamin verschränkt die Hände und schaut verstohlen auf den Boden. »Benjamin, ich weiß ja, dass du so bist, das wird an deinem Elternhaus liegen. Ist ja meistens so.« Benjamin wendet den Blick gegen die Wand: »Ja, Sie haben ja recht.« »Siehst du, schön, dass du mir recht gibst. Und ich sag dir jetzt mal, was du ab jetzt machen wirst.« Noch bevor Benjamin auch nur einen Ton sagen kann, schießt Tutnichtgut fünf bis zehn Anweisungen ab und endet mit der Feststellung: »So, das haben wir gemeinsam doch gut gelöst. Wenn du das alles machst, dann wird es auch klappen. Also, jetzt geh mal in die Pause.« Wie ein begossener Pudel trottet Benjamin von dannen und denkt schon längst an seinen Fußballverein...

Das sollten Sie wissen

Wie so oft: gut gemeint, aber ganz schlecht gemacht. Kollege Tutnichtgut hat seine Beraterrolle nicht verstanden. Hat er überhaupt verstanden, dass es eine solche Rolle gibt? Hat er seine Lehrerrolle verstanden? Keine Angst: Die Lehrerrolle ist keine neue Turnübung, speziell von Lehrern für Lehrer entwickelt. Gemeint ist die soziologische Rolle, die mit dem Lehrersein verbunden ist. Nie gehört? Dann wird's aber Zeit. Eine soziologische Rolle ist über die Erwartungen definiert, die andere an diese Rolle stellen. Eltern zum Beispiel haben Erwartungen an Lehrer; diese Erwartungen sind einmal an Funktionen, zum anderen oft an Wertvorstellungen geknüpft. So hat ein Lehrer die Aufgabe, Schüler zu erziehen. Und dabei soll er Werte vermitteln, die unserer demokratischen Grundordnung entsprechen. Natürlich muss ein Lehrer Schüler bewerten, daher gehört auch das Benoten zu seiner Rolle. Und es soll Eltern geben, die auch das äußere Erscheinungsbild mit der Lehrerrolle verbinden. Ein Lehrer, der in zerrissenen Jeans seinen Englischunterricht im Klassenraum abhält... Na, Sie wissen schon: Das ist offenbar jenseits der Erwartung, die Eltern haben, wenn sie an Lehrer denken.

Funktionen, Wertvorstellungen, Äußeres und noch manches mehr, oft geprägt durch ganz persönliche Vorannahmen: Das macht das Bild eines Lehrers aus, das Bild, das andere von ihm haben. Und: Jeder von uns hat so ein Bild im Kopf, sicher meist aus Schülertagen und danach oft nur wenig verändert. Oder vielleicht doch? Ja, kann schon sein, wenn die früheren Bilder so schrecklich waren, dass sie mit unseren heutigen Wertvorstellungen nicht mehr übereinstimmen. Dann gestalten wir neue Bilder, vielleicht idealtypisch stilisiert. Es ist dann so wie bei der jungen Mutter, die ihr Kind um Gottes Willen nicht so erziehen möchte, wie sie selbst erzogen wurde. Manchmal kommt dabei noch Schrecklicheres heraus. Sei's drum: Immer aber haben wir Lehrerbilder auch von damals vor unserem inneren Auge; wir können sie abrufen, sobald wir das Wort Lehrer hören oder lesen. Oder sagt Ihnen das Stichwort »Feuerzangenbowle« nichts? Sehen Sie! An die Dampfmaschine erinnern wir uns doch alle... Unsere eigenen Bilder, gesellschaftlich überformt, sind der Strauß von Erwartungen, die wir an Lehrer haben. Eine Mischung aus allgemeinen Erwartungen, bunt gemischt mit unseren individuellen Vorstellungen von dem, was und wie ein Lehrer sein sollte. Zerrbilder, Irrbilder, Wunschbilder. Und genau diese Vielzahl von Erwartungen ist aus der Sicht des Lehrers seine Rolle. Also: ein komplexes Etwas. Wer will dem gerecht werden?

Schauen wir uns die Sache etwas genauer an. Die Lehrerrolle ist in der Innensicht über die Funktionen geprägt, die ein Lehrer im Schulalltag hat. Welche Funktionen sind das? Verknappt sind es diese: Unterrichten – bis hin zur individuellen Förderung und Inklusion; dann Erziehen mit den Aspekten der Belehrung und Disziplinierung bis hin zu formalisierten Maßnahmen wie einem Verweis von der Schule. Weiterhin muss ein Lehrer beraten, sowohl Schüler als auch Eltern, aber auch seine Kollegen und Vorgesetzten, und schließlich soll der Lehrer als Teil des Kollegiums mit den Kollegen zusammenarbeiten, dabei Schule gestalten und Entwicklungsprozesse evaluieren. Tipp: Zur weiteren systemischen Aufgliederung der Lehrerrolle finden Sie spannende Hinweise unter Situation 2.

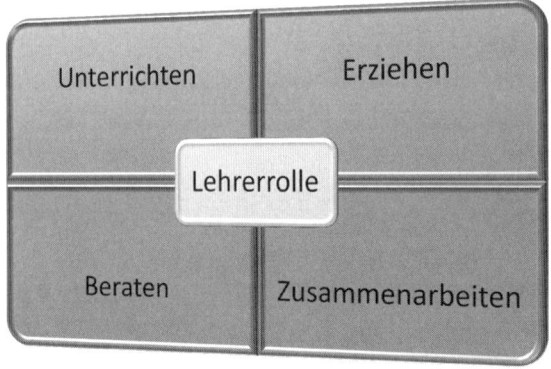

Unterschiedliche Rollensegmente bedeuten auch unterschiedliche Erwartungen an den Lehrer. Und diese Erwartungen bedeuten im Umkehrschluss unterschiedliches Auftreten und unterschiedliche Verhaltensweisen des Lehrers. Nehmen wir unser Beispiel vom Anfang: Kollege Tutnichtgut berät Benjamin. Tutnichtgut verhält sich Benjamin gegenüber wie ein Instrukteur, wie ein Erzieher, der Benjamin mal so richtig die Meinung sagt, dabei aber gleichzeitig auch alles für ihn erledigt: Der Lehrer nennt die Gründe für Benjamins Verhalten und gibt die Lösungen vor. Tutnichtgut verhält sich dominant, schüchtert Benjamin womöglich ein. Und Benjamin spielt mit. Das hat er ja gelernt. Schule heißt eben so tun, als ob. Tutnichtgut holt Benjamin in dessen Selbstverständnis ab, und sein eigenes passt dazu wie die Faust aufs Auge.

Schlimm nur, denn Tutnichtgut hat nicht verstanden: Beratung heißt etwas ganz anderes. Beraten heißt vor allem vom Ratsuchenden her denken. Benjamin muss ins Sprechen gebracht werden; er muss sagen, was sein Ziel ist. Benjamin muss über die Situation berichten, in der er steckt, er muss klären, wie er sich dabei erlebt und welche Gründe er für sein Verhalten hat. Und es ist Benjamin, den Tutnichtgut dann auf die Lösungssuche schicken müsste: Was kannst du tun, um dein Ziel zu erreichen? Das bedeutet Zurückhaltung für Tutnichtgut und viel mehr Aktivität vonseiten Benjamins. Also genau das Gegenteil von dem, was viele Lehrer unter Beratung verstehen. Lust auf mehr Beratungsstoff? Unter Situation 19 finden Sie mehr davon!

Tutnichtgut hat an der falschen Stelle in seine Rollenkiste gegriffen. Er spielt den Erzieher, nicht den Berater. Klar, niemals gehen uns Rollensegmente verloren, die wir irgendwann einmal spielen müssen. Daher sind wir als Berater immer auch ein Stück Erzieher und Unterrichtender, zumindest wenn wir Lehrer sind. Wichtig: Je nach Situation müssen bestimmte Rollensegmente deutlich vor- und andere zurücktreten. Für die Beratung von Tutnichtgut könnte das so aussehen wie in der folgenden Grafik. Sicher, noch schöner wäre es, Tutnichtgut wäre in einer Beratungssituation nur Berater. Aber das wird er nicht schaffen. In der Regel berät man als Lehrer Schüler, die man auch unterrichtet. Schon deshalb wird man in einer Beratung sein erzieherisches Auge nicht völlig schließen können. Und das Unterrichtsauge? Auch das wird stets ein Stück offen sein.

Ein Rollensegment muss nach vorn! Was heißt das? Unter anderem bedeutet das, eine Rolle auch zu spielen. Uns ist nicht immer danach, die Beraterrolle einzunehmen, wenn es nötig wird. Gerade noch im Unterricht und als Erzieher tätig, jetzt schon auf der Showbühne des Beratens. Von der Beratung direkt ins Lehrerzimmer, dann wieder zurück in den Unterricht? Rollenwechsel alle paar Minuten? Wer schafft das? – Der Profi! Und ein Profi wollen Sie doch sein, oder? Professionelles Lehrerverhalten heißt, auf der Klaviatur der Rollenerwartungen zu spielen. Aber nicht wie der Dilettant, der auf dem Klavier immer nur jeden vierten Ton trifft. Virtuos spielen ist gemeint. Was Sie dafür brauchen? Eine klare Vorstellung davon, was zu den einzelnen Rollen gehört, und Übung beim Rollenwechsel. Sagen wir's im Bild: Legen Sie sich die Kleidung aufs Bett, die zu Ihrer Rolle gehört. Und dann trainieren Sie das An- und Ausziehen. Sie merken schon: Auch die Lehrerrolle muss man sich erarbeiten, das bedeutet Kraft und Aufwand. Eben nicht wie in der Diätwerbung: Ich will so bleiben, wie ich bin! Sondern frei nach Nietzsche: Ich will so werden, wie ich bin!

Das können Sie tun

An Ihnen ist bestimmt ein super Schauspieler verloren gegangen. Daher schaffen Sie auch dies:

Aller Anfang ist schwer – und schriftlich. Fertigen Sie eine vierspaltige Tabelle an. Jede Spalte bekommt eine Überschrift: Unterrichtender, Erzieher, Berater, Kollege. Und nun sind Sie dran: Jetzt brauchen Sie Ihr eigenes Lehrerbild. Wie wollen Sie als Unterrichtender wahrgenommen werden? Und umgekehrt: Wie müssen Sie sich dann verhalten? Denken Sie an Mimik, Gestik, an Sprache und Ihr gesamtes Auftreten. Wollen Sie eher weich oder eher hart wirken? Gerecht? Ganz bestimmt! Ihnen fehlen Kriterien? Kein Problem: Lesen Sie mal unter Situation 1 nach… Verfahren Sie entsprechend mit allen vier Spaltentiteln.

Und jetzt geht's ans Tun: Verhalten Sie sich im Alltag so, wie Sie es sich notiert haben: Ihre Kleidung gehört dazu, Ihre Wortwahl, Ihr Gang, das, was Sie sagen, und vieles mehr. Klar, Sie werden nicht alles gleichzeitig beachten können. Also: Wie verspeist man einen Elefanten? Richtig: in kleinen Stücken. Was heißt das? Gehen Sie Schritt für Schritt vor. Stellen Sie jeden Tag zwei, drei Aspekte in den Mittelpunkt. Auf die achten Sie ganz besonders. Und in der Pause oder spätestens nach der Schule holen Sie Ihre Tabelle heraus und notieren jede Erfahrung, die Sie gemacht haben. Welche Schlüsse ziehen Sie aus Ihren Erfahrungen? Was müssen Sie noch üben? Auch das schreiben Sie sich auf. Und am nächsten Tag geht's weiter. Learning by doing. The same procedure as every day.

Kollege Tutnichtgut – Sie erinnern sich? Wie schafft man es, in fünf Minuten vom Unterrichtenden zum Berater zu werden? Schauspieler am Theater oder Showstars im Fernsehen schaffen das auch. Rollentausch in fünf Minuten – gar kein Problem! Und so geht's: Suchen Sie sich einen abgeschiedenen Raum, in dem es ruhig ist. Legen Sie sich hin – ja, wir meinen es so –, also: Legen Sie sich bitte auf den Rücken und entspannen Sie sich. Gut wäre, wenn Sie eine Entspannungstechnik beherrschen, Progressive Muskelentspannung oder Autogenes Training. Vielleicht sind Sie schon Yogi? Sie können mit Entspannungstechniken nichts anfangen? Kein Problem: Ein paar isometrische Übungen oder Liegestütze tun es auch; die Körperspannung bei den Liegestützen einfach einige Sekunden länger halten als sonst. Und dann hinlegen und am besten die Augen schließen. Während der Entspannungsübung machen Sie sich Bilder von sich in der Beraterrolle. Sie haben ja alles, was Sie brauchen. Denken Sie an die Übersicht in Ihrer Wundertabelle. Schauen Sie sich im Geiste zu, wie Sie beraten und wie toll Sie die Beraterrolle ausfüllen. Spüren Sie, wie das ist, wenn Sie ganz Berater sind. Unter Entspannung geht das flugs und sehr intensiv. Skeptisch? Probieren geht über Studieren.

Das lassen Sie lieber

Rollen zu spielen ist kein Rollenspiel. Verwechseln Sie den Rollentausch – hier noch Erzieher, da schon wieder Kollege – nicht mit einem Spiel, dessen Figuren Sie nur von außen betrachten. Dann wird das Spiel mit den Rollen zur Show. Während Sie die Beraterrolle spielen, müssen Sie Berater sein, also ganz bei sich, neudeutsch: authentisch. Da passt dann kein Blatt zwischen Ihr Ich und Ihre Rolle. So wie auch ein guter Schauspieler identisch wird mit seinem Rollen-Ich, solange er die Rolle spielt. Klar: Ihr kritisches Selbst ist dabei nicht abgeschaltet, aber es kommt Ihnen nicht in die Quere. Das passiert auch beim Entspannen oder unter Hypnose. Vielleicht kennen Sie das?

Nicht immer gelingt der Rollenwechsel so schnell, wie man ihn braucht. Gerade hatten Sie noch eine Auseinandersetzung mit Milan, fünf Minuten später sprechen Sie mit Ihrer Kollegin über die Abschlussfahrt des zehnten Jahrgangs. Schlecht, wenn die Kollegin Ihren Ärger spürt. Was tun? Sprechen Sie offen aus, weshalb Sie so drauf sind, wie Sie es nun mal sind. Verbergen können Sie es ohnehin nicht (mehr): Der Körper lügt nicht! Transparenz tut gut – beiden Seiten.

4. Schüler erziehen

»Rabea, leg bitte endlich die Schere beiseite.« »Nö, hab keine Luuust...« »Rabea!!!« »Fang mich doch, fang mich doch.« »Robin, bleib an deinem Platz sitzen, wird's bald!« »Leck mich doch, du alter Sack.« »Robin, jetzt reicht's. Bleib bitte an deinem Platz. Sonst müssen wir darüber mal sprechen. Und Rabea, wir müssen nach dem Unterricht auch mal darüber diskutieren, warum man wohl im Unterricht nicht mit Scheren herumhantiert. Vielleicht könntet ihr jetzt bitte alle mal zuhören. Also: Es geht doch um Julius Cäsar.« »Mann, wir haben keinen Bock auf Ihren Julius, der interessiert doch sowieso niemanden. Lassen Sie uns lieber über Fußball sprechen.« »Sven, so kannst du das doch nicht sehen. Also gut. Wir machen jetzt erst mal Pause und danach unterhalten wir uns gaaanz ruhig über alles.«

Macht Spaß, nicht wahr? Vor allem, wenn man sich das Chaos in dieser Klasse vorstellt. Man möchte nicht mit dem Kollegen Sanftmut tauschen, der den ganzen Schlamassel aushalten muss, ihn aber auch mit verursacht hat.

Das sollten Sie wissen

»Warum unsere Kinder Tyrannen werden« – nein, nein, keine Frage, sondern eine Aussage und zugleich ein Buchtitel. Michael Winterhoff, von Hause Kinderpsychiater, schrieb den Bestseller 2008. Inzwischen sind mehr als zwanzig Auflagen gedruckt worden. Ein Zufall? Damals schlugen die Thesen Winterhoffs hohe Wellen, fast in jeder Talkshow tauchte der Mann auf. Erinnern Sie sich? Gut so! Denn ein bisschen mehr Winterhoff in Ihnen verhindert, dass Sie im Umgang mit »verhaltensoriginellen« Kindern nur noch das Handtuch werfen können. Aber eins nach dem anderen.

Lehrer sein heißt auch Erzieher sein. Viele Lehrer haben das entweder noch nie verstanden oder wieder vergessen. Fatal, fatal: Immer mehr Erziehungsaufgaben landen zwangsläufig in der Schule, weil die Kinder dort einfach mehr Zeit verbringen als früher und weil manche Eltern einfach viel weniger Zeit mit ihren Kindern verbringen (möchten) als früher. Der Ganztagsbetrieb an Schulen entzieht die Kinder den Eltern und bringt die Lehrer in die Verantwortung für Aufgaben, die früher allein in der Familie erledigt wurden. Kritiker würden sagen: Dieser Verschiebebahnhof der Verantwortung führt genau zu dem, was Lehrer Sanftmut mit seiner mutigen Sanftheit täglich durchstehen muss. Die Lehrerausbildung, so sehr durch sie auch Kompetenzen entwickelt werden, vermittelt das Erziehungsgen nur selten. So sollen knapp 30-jährige Lehramtsanwärter halbwüchsige Pubertierende erziehen und ihnen gleichzeitig noch Mathematik, Chemie und Geschichte beibringen. Erzieher im Nebenjob, nein schlimmer: Erzieher im Nebenjob ohne vernünftige Qualifikation und meist ohne jede Erfahrung. Wen soll man als 30-Jähriger auch schon erzogen haben? Außer vielleicht die eigenen Eltern.

Kein Witz, sondern bitterer Ernst! Na ja, vielleicht nicht ganz so bitter. Michael Winterhoff sieht drei entscheidende Erziehungsfehler der Erwachsenen. Aufgepasst, jetzt wird's spannend:

Fehler Nr. 1: Das Kind wie einen Partner behandeln
Wozu das führt? Zu absurdem Verhalten der Erwachsenen. Die nämlich beziehen das Kind in ihre Entscheidungen ein, so, als ob das Kind auf Augenhöhe mitdiskutieren könnte. »Welches Auto gefällt dir denn am besten? Das mit den sechs Zylindern und der roten Farbe? Oder doch lieber das SUV mit vier Zylindern und der Farbe, die so ähnlich schimmert wie der Mond, also der Vollmond? Wir sollten dann in der Familie bald mal darüber abstimmen, welches wir kaufen«, teilt Mutter Regine mit und schaut den achtjährigen Sohnemann Fritz erwartungsvoll an. »Mutti will ab nächstem Monat wieder in der Firma Simsalabim arbeiten. Was meinst du dazu?«, möchte Vater Eduard von seiner zehnjährigen Tochter Neunmalklug wissen. Und Kollege Sanftmut will eben auch mehr von den Schülern wissen, als die verkraften können. Kinder an Stellen einzubeziehen, die außerhalb ihres Erfahrungs- und Entscheidungsspielraums liegen? Das wird nicht dazu führen, dass sie den Mund halten, aber es führt immer dazu, dass sie mit der Entscheidung überfordert sind. Bis zum Alter von zehn Jahren reagieren Kinder auf Personen, nicht auf Sachen. Das heißt: Sie tun etwas für einen Menschen oder gegen ihn. Ihr Verhalten und ihr Sagen richten sich nach dem, wie sie die Beziehung zu dem anderen Menschen einschätzen. Und die Kinder ge- oder missbrauchen den Inhalt, also das Auto oder Julius Cäsar; der Inhalt dient ihnen nur dazu, die Beziehung zum Erwachsenen aufzubauen und zu stabilisieren. Kinder sind in diesem Sinne wie junge Hunde: Die spüren auch, was das Herrchen möchte. Nur dass die Hunde im Gegensatz zu Kindern dafür noch ein paar mehr Instinkte haben. Kinder sind eben keine kleinen Erwachsenen, sondern erst einmal Kinder; und auch mit elf und zwölf ändert sich diese Lage nur langsam.

Fehler Nr. 2: Sich vom Kind abhängig machen
Flappe ziehen und schreien, im Unterricht mit dem Nachbarn quatschen und die Arbeit verweigern – das kennen Sie? Und vielleicht

fürchten Sie es auch wie Kollege Sanftmut? Viele Eltern denken, dass die Leistungen ihrer Kinder vor allem etwas über die Eltern aussagen. Tolle Leistungen der Kinder gleich tolle Eltern! Und natürlich auch umgekehrt: Miese Leistungen der Kinder deuten auf miese Eltern. Könnte es nicht sein, dass dieser Mechanismus auch für Lehrer gilt? Das super Ergebnis in der Klassenarbeit – Herr Sanftmut ist überzeugt, dass das seine Leistung war. Und wenn Rabea, die Dauerstörerin aus der letzten Reihe, die Klassenarbeit vergeigt: Klar, Herr Sanftmut gibt sich selbst die Schuld dafür. Vermutlich hat er sich nicht genug um Rabea gekümmert, sie nicht intensiv genug gefördert. Bestimmt kann man da noch ein anderes Arbeitsblatt zaubern oder sonst wie eine tolle Zusatzaufgabe stricken. So machen sich Eltern von ihren Kindern und Lehrer von ihren Schülern abhängig. Und: Die Erwachsenen haben dann großen Respekt vor unangenehmen Reaktionen der lieben Kleinen. Schreien, quatschen und Co: Alles eine Art Liebesentzug, denkt sich Kollege Sanftmut. Und wenn er es schon nicht denkt, also gar nicht durchschaut, dann erlebt er es zumindest so. Und das reicht vollkommen aus, um sich so zu verhalten, wie er es tut. Ergo: noch mehr Sanftmut von Herrn Sanftmut. Ein toller Regelkreis, in dem die Rollen völlig vertauscht sind.

Fehler Nr. 3: Mit dem Kind eine Symbiose eingehen
Statt klare Grenzen zu ziehen, nein zu sagen und das auch durchzuhalten, machen viele Eltern das genaue Gegenteil: Sie lassen praktisch alles durchgehen, entschuldigen auch das unsinnigste Verhalten ihres Nachwuchses, gerade so, wie wenn sie sich selbst entschuldigen müssten. Wenn der Wühlfrosch Chris mal wieder beim Besuch der Oma deren Schränke ausräumt und bei der Gelegenheit ein paar Vasen zertrümmert, heißt es von Mama Softie nur wohlwollend: »Unser Chris ist sowas von verspielt.« Ahnen Sie welche Folgen dieses ominöse Elternverhalten hat, wenn es in der Schule aufschlägt? Richtig: ein gefundenes Fressen für den Kollegen Sanftmut. Denn der macht genauso weiter und schafft es wie die Eltern, dem Kind jeden Freiraum zu eröffnen. Dumm nur, dass Sanftmuts Schüler ziemlich genau wissen, wie sie mit dem Freiraum umgehen wollen: Auch in Sanftmuts Unterricht sind eher heute als morgen

die Rollen vertauscht. Die Schüler spielen mit dem Lehrer, und der findet's prima.

Was passiert übrigens, wenn unsere verzogenen Kinder auf Lehrer treffen, die anders als Kollege Sanftmut mal so richtig Tacheles reden, die Unmut äußern und den Schülern unmissverständlich ihre Grenzen aufzeigen? Jetzt heißt es stark sein! Konflikte über Konflikte sind programmiert. Die Kinder und Jugendlichen werden sich auflehnen, Widerstand leisten, protestieren und so manchen eindeutig zweideutigen Spruch vom Stapel lassen: Wie kann es denn ein Erwachsener überhaupt wagen, die Spielräume der Kids einzuschränken? Unmöglich! Lehrer wissen, was jetzt abgeht. Und Schüler haben viele Möglichkeiten, sich so verhalten, dass es dem Lehrer dabei ziemlich dreckig geht. Klar, für den Kollegen Leuchtturm, den Retter der Grenzziehungsstrategie, wird's jetzt eng: die eigenen Werte aufrechtzuerhalten gegen den Widerstand der Heranwachsenden – eine anspruchsvolle Aufgabe, an der schon so mancher zielfreudig-eifrige Pädagoge gescheitert ist.

Das können Sie tun

Erziehen ist nicht leicht. Aber ohne Erziehung wird alles nur noch schwieriger. Und so kann's gelingen:

Wissen Sie genau, was Sie in Ihrem Unterricht zulassen möchten? Welches Verhalten Ihrer Schüler würden Sie (noch) tolerieren, welches aber sicher nicht mehr? Noch nie darüber nachgedacht? Dann wird's aber Zeit: Machen Sie sich eine Liste von Verhaltensweisen, die Sie sich wünschen, und dann eine Liste von Verhalten, das Sie nicht akzeptieren. Ordnen Sie die beiden Listen: Oben steht einmal das Verhalten, das Sie sich am meisten wünschen, und die Negativliste startet mit dem Verhalten, das Sie am ehesten unterbinden würden. Die übrigen Verhaltensweisen folgen dann abhängig davon, wie weit Sie sie unterstützen oder ablehnen. Und was machen Sie nun mit Ihren Listen? So geht's weiter...

Keine Erziehung ohne Konsequenzen! Schüler sollen sich freuen, wenn sie etwas richtig machen, und sie sollen Orientierung bekommen, wenn sie neben der Spur liegen. Das gilt für ihre Lernleistungen ebenso wie für ihr Verhalten. Schauen Sie in Ihre Listen von positivem und negativem Schülerverhalten. Überlegen Sie, wie Sie auf das entsprechende Verhalten reagieren wollen. Welche Konsequenz soll folgen, wenn Rabea endlich mal eine Stunde lang den Mund hält? Was genau soll passieren, wenn Tim mit Ole quatscht oder Marcus Simone während der Stunde mit Papierkügelchen bewirft? Aufgepasst: Schreiben Sie ganz genau auf: Was werden Sie in der Situation sagen? Wie wollen Sie sprechen? Laut, leise? Was ist mit Ihrem Blick, was mit Ihrer Gestik und Mimik?

Warum hat Ihre Schule einen Notfallplan für den Fall, dass es brennt? Sie wissen schon... So einen Plan brauchen Sie auch, und zwar für die ganz harten Fälle. Was zum Beispiel wollen Sie machen, wenn Rabea auf Ihre erste Intervention nicht reagiert? Was wollen Sie tun, wenn Dominik Sie anpöbelt, nachdem Sie ihn zurechtgewiesen haben? Und wenn Fabian erst zu spät kommt und dann auch noch patzig wird? Wie geht es dann weiter? Und vergessen Sie nicht die Fälle, die Ihnen Spaß machen: Alina setzt sich für Bettina ein, Sebastian hilft Luca bei der Matheaufgabe, ohne dass Sie das hätten sagen müssen, und Jana stellt am Ende der Stunde alle Stühle auf die Tische – eigentliche eine Aufgabe, die alle hätten erledigen müssen, aber im Grunde niemand gern macht. Auch das Würdigen von Verhalten will gelernt sein. Also: Auch hierzu schreiben Sie sich am besten auf, was Sie sagen und tun wollen.

Üben macht den Erzieher! Verhaltensweisen auf dem Papier sind das eine, das alles umzusetzen ist das andere. Üben Sie zu Hause – wie ein Schauspieler bei der Probe. Stellen Sie sich vor den Spiegel: Sprechen Sie die Texte, die Sie sich überlegt haben: Laut! Achten Sie dabei auf Ihre Körpersprache. Was passt noch nicht? Stellen Sie sich diese Fragen: Wie wirke ich auf mich? Und: Ist das die Wirkung, die ich erreichen möchte? Immer daran denken: Grenzen zieht man weder durch Debatten noch durch Sanftmut. Hier muss Autorität rüberkommen: »Bis hierher und nicht weiter!« Und positive Verstärkung muss man auch spüren: »Mir gefällt es wirklich, was du geschafft hast.« Sprechen Sie das nicht wie Ihr Lieblingssprecher bei der Tagesschau, sondern lieber wie der Moderator einer Gameshow. Ihre Anteilnahme, Ihre Begeisterung, vielleicht auch Ihr Mitgefühl – alles muss man auch spüren, wenn Sie sprechen.

Das lassen Sie lieber

Es ist noch kein Meister vom Himmel gefallen. Also: Haben Sie Geduld mit sich und – vor allem – mit den Schülern, die Ihnen anvertraut sind. Heute mal erziehen und morgen ist alles ganz anders? Eine schöne Idee, in der Wirklichkeit aber kaum mehr als ein frommer Wunsch. Erziehen geht nicht wie Schlüssel umdrehen. Die vielen Rabeas, Tims und Oles brauchen eine ganze Weile Ihre Unterstützung, um neues Verhalten zu lernen. Und dabei wird's viele Aufs und Abs geben. Das ist ganz natürlich. Grenzen zu akzeptieren, die andere setzen, fällt jedem schwer. Pubertierenden Achtklässlern sicher noch mehr als jugendlichen Oberstufenschülern. Seien Sie als Erzieher ein Leuchtturm, der Orientierung gibt, und zugleich ein Schrankenwärter, der Grenzen zieht. Und halten Sie durch. Nur wenn Sie mehr Geduld und Ausdauer haben als Ihre Schüler, wird es am Ende für alle ein erfreuliches Ergebnis.

Was für den einen gut ist, ist für den anderen manchmal schlecht. Eine Binsenweisheit? Mag sein, aber trotzdem enorm wichtig. Als Erzieher können Sie viele Erfahrungen machen. Bei einem Schüler reicht vielleicht das Hochziehen der Augenbrauen, um ihn zur Ruhe zu bringen. Dumm nur, dass er Ihnen das nicht gesagt hat, bevor Sie ihn so richtig in die Schranken weisen. Schon wieder überzogen! Das macht Sie nicht beliebter, ganz sicher nicht. Wie Sie mit diesem alltäglichen Versagen umgehen sollen? Bleiben Sie cool und folgen Sie Ihrer inneren Stimme. Die wird Ihnen sicher den Weg durch den Erziehungsdschungel weisen, vorausgesetzt natürlich, Sie haben ein paar grundlegende Werte, die Sie hochhalten möchten. Und falls Sie beim Erziehen doch ein schlechtes Gewissen bekommen? Immerhin könnte Ihre Beliebtheitskurve bei den Schülern in den Keller rauschen, wenn Sie es mit dem Erziehen wirklich ernst nehmen. Wer mag schon erzogen werden? Was das für Sie bedeutet? Immer nur eines: aushalten, das Unbehagen aushalten. Ihre Erfolge werden Ihnen recht geben.

5. Aufsicht führen

Kollege Plaudertasche ist wieder mal im Einsatz. Auf dem Flur spricht er Sie an: »Sagen Sie mal, Kollege Passnichtauf. Wie ist das überhaupt mit der Sarah? Müsste die nicht eigentlich mehr tun? Also, ich...« Plaudertasche holt zu einem Rundumschlag aus: »Sarahs Eltern sind doch geschieden. Und die Mutter, na, die hab' ich ja beim letzten Elternsprechtag erlebt. Ich weiß nicht. Und da soll's ja noch eine Tante geben, bei der die Sarah wohl öfter ist als zu Hause. Aber mit ihrem Vater hat die Sarah wohl ein gutes Verhältnis. Und trotzdem: Irgendetwas scheint das Mädchen zu bedrücken. Da gab's ja letztens auch Sarahs Streit mit Corinna. Eine schreckliche Situation. Ich war da gerade dabei, weil ich auf dem Schulhof Aufsicht hatte... Vielleicht müsste man mit Blick auf Sarah mal... und vielleicht könnte man ja mal mit ihr über dies und das sprechen...« Sie hören mehr oder weniger aufmerksam zu; schließlich hatten Sie gerade in Ihrer eigenen Klasse auch nicht gerade Friedhofsstille und eine Menge zu tun, um die Gruppe bei Laune zu halten. »Was der nicht alles weiß! Was der nicht alles will«, denken Sie sich und versuchen Plaudertasche dies und das auszureden, einen Vorschlag zu machen, eben alles, was man so tut, als netter Kollege. Plötzlich haben Sie die Eingebung: »Mann, du musst doch jetzt Aufsicht hinten auf dem Hof machen.« Der Blick auf die Uhr verrät: Fast die Hälfte der Pause ist schon rum. Jetzt aber hurtig...

Das sollten Sie wissen

Welcher Kollege führt schon gern Aufsicht? Irgendwie haben die meisten das Gefühl: vergeudete Zeit. Da passiert doch eh nichts Ernstes. Statistisch mag das ja richtig sein: Große Probleme gibt es wohl eher selten, wenn Sie Aufsicht führen. Und Gott sei Dank auch nur selten dramatische Unfälle. Aber rechtfertigt das den Hang vieler Kollegen, die Hälfte der Aufsichtszeit im Lehrerzimmer zu sitzen und Kaffee zu trinken?

Jeder Kollege hat die Pflicht, Aufsicht zu führen. Und damit alles schön transparent ist, gibt's tolle Aufsichtspläne. Bestimmt hängen die auch in Ihrem Lehrerzimmer – für jeden einsehbar, jeden Tag. Manchmal ändert sich der Plan; immerhin kann ja mal jemand krank sein, den Sie dann flugs vertreten müssen. Ansonsten ist es schon ein echtes Kunststück, seine Aufsicht zu vergessen, oder? Außer man wird so nett abgelenkt wie Kollege Passnichtauf. Nicht ohne Grund heißt es denn auch Aufsichtspflicht; und diese Pflicht ist ebenso ernst zu nehmen wie die Pflicht, nach Plan Unterricht zu machen. Also: Mogeln beim Aufsichtführen, sich verstecken oder irgendwie davor drücken – alles nicht das Wahre, sondern immer schon eine Verletzung von Dienstpflichten. Hört, hört, das sollte Ihnen zu denken geben, wenn Sie das nächste Mal statt auf dem Schulhof wieder mal am Kopierer stehen.

Klar, Pflichten sind nicht immer angenehm. Aber sonst hießen die Pflichten ja auch Freuden. Und wie muss man die Aufsichtspflicht erfüllen? Zunächst einmal pünktlich am Ort des Geschehens sein, also im Gebäude, auf dem Schulhof oder auch im Klassenraum, wenn es zum Beispiel um die Aufsicht bei einer schriftlichen Arbeit geht. Aber was heißt pünktlich? Gerade klingelt es zum Ende der Unterrichtsstunde, die Sie im dritten Stock in der 10 B geben und zum selben Zeitpunkt sollen Sie schon unten auf dem Schulhof sein? Und das im Winter? Verlangt der Arbeitgeber, dass Sie Ihren Mantel immer dabei haben, damit Sie möglichst im Laufschritt aus der Klasse direkt auf den Hof sprinten können? Nein, so nun auch wieder nicht. Aber doch schon so: den Unterricht pünktlich beenden und zügig auf den Schulhof gehen, bei Bedarf vorher die Tasche im Lehrerzimmer abstellen und vielleicht noch den Mantel aus der Garderobe holen. Aber eben nicht auf dem Weg zum Lehrerzimmer trödeln, ein langes Gespräch mit dem Kollegen Plaudertasche führen, mindestens zehn Minuten auf der Toilette sitzen (oder auch stehen) und noch einen warmen Kaffee trinken, weil man es sonst draußen in der Kälte nicht aushält.

Übrigens: Auch das wichtige Gespräch mit dem Busunternehmen, mit dem Sie Ihre Klassenfahrt planen, ist keine Ausrede dafür, Ihre Aufsichtspflicht zu vernachlässigen. Allein Sie sind dafür verantwortlich, wenn in Ihrer Abwesenheit etwas schiefgeht. Und schiefgehen kann eine Menge: Schüler prügeln sich oder spielen unerlaubt Fußball und verletzen sich dabei. Schüler bewerfen Autos mit Schneebällen und beschädigen dabei Fahrzeuge. Schüler pöbeln Passanten an, die am Schulgelände vorbeikommen. Ein Schüler erleidet einen Schwächeanfall, ein anderer läuft beim Fangenspielen unversehens gegen einen Baum und bleibt bewusstlos liegen.

Und wie führt man Aufsicht? Man kann doch im großen Schulhof nicht überall gleichzeitig sein oder während einer Klausur immer jeden Schüler im Blick haben und am besten auch noch Augen im Hinterkopf und vor allem unter den Schülertischen. Nein, können Sie nicht, brauchen Sie auch nicht. Schüler müssen sich beaufsichtigt *fühlen* – und das während der ganzen Zeit. Und dabei dürfen und sollen Sie das Alter der Schüler und deren Einsichtsfähigkeit berücksichtigen. Was heißt das? Schüler fühlen sich dann beaufsichtigt, wenn Sie als Aufsichtführender überhaupt anwesend sind. Also: Präsenz ist die erste Pflicht. Und dann? Vermeiden Sie alles, was Sie ablenkt, seien Sie wach und aufmerksam. Ein Gespräch mit einem Kollegen, während Sie auf dem Schulhof Aufsicht führen? Das ist sicher kurzweilig, aber in der Zeit können Sie sich nicht voll auf die Ereignisse auf dem Schulhof konzentrieren. Und Sie hätten im Falle eines Schülerunfalls schlechte Karten, wenn man Ihnen Unaufmerksamkeit nachweisen kann – zivilrechtlich, strafrechtlich und disziplinarrechtlich. Zeitunglesen, während Sie Aufsicht bei einer Abiturarbeit führen? Bequem und sicher sehr entspannend. Aber Achtung: Wenn die Schüler in der Zeit mogeln, sind Sie mitverantwortlich! Also hinschauen, umhergehen, regelmäßig den Platz wechseln. Dann haben die Schüler das Gefühl, beaufsichtigt zu sein.

Je nach Umständen und örtlichen Gegebenheiten kann Aufsicht schwierig und anstrengend sein. Auf einer Klassenfahrt mit pubertierenden Achtklässlern hat die Lehrkraft meist mehr zu tun als mit reifen Oberstufenschülern, die eine Exkursion machen. Im Sportunterricht muss der Lehrer besonders achtsam sein. Hier lauern Gefahren geradezu in jeder Situation. Klar: Auch hier spielt für die Art der Aufsicht das Alter der Schüler und das Verhalten, das sie in der Regel zeigen, eine Rolle. Fremde Städte, vor allem fremde Großstädte, aber auch unwegsames Gelände, Wälder zum Beispiel, erfordern vom Lehrer mehr Aufmerksamkeit als der kleine Hain dicht neben der Schule, den die Klasse regelmäßig im Biologieunterricht besucht. Spannend wird's auch bei unübersichtlichen Situationen mit vielen Menschen, die man nicht kennt. Schulfeste, Projektwochen, Bälle und Abschlussfeiern sind eine Herausforderung für jeden Lehrer, der bei diesen Veranstaltungen Aufsicht führt.

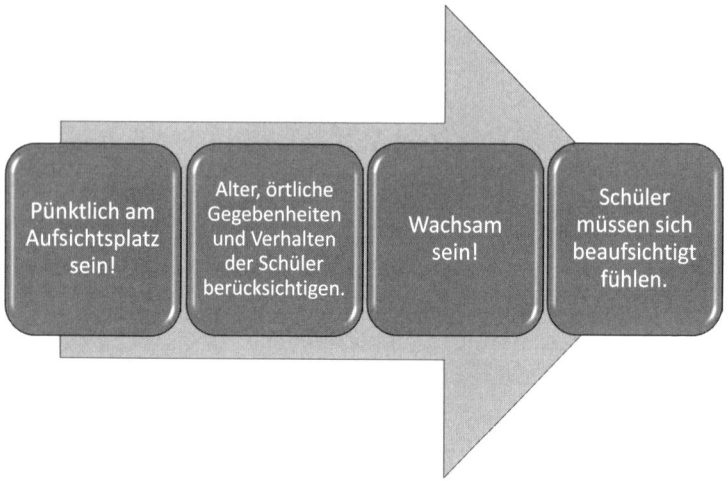

Wussten Sie schon, dass Sie auch während Ihres Unterrichts Aufsicht führen müssen? Super! Dann sind Sie ja bestimmt immer mit dem Schellen zur Stunde an der Tür des Klassenzimmers. Es soll ja Kollegen geben, die sich für ihre Arbeit nicht hinreichend bezahlt vorkommen. Manche Tarifabschlüsse sind aus deren Sicht Wasser auf die Mühlen dieser Einschätzung. Also: Was leichter, als die eigene Arbeitszeit regulieren? Den Unterricht zehn Minuten später beginnen und fünf Minuten eher schließen. Die Schüler werden Sie mögen, Ihre Haftpflichtversicherung aber gar nicht. Passiert in der Zeit etwas, in der Sie nicht anwesend sind, haben Sie ganz schön fahrlässig gehandelt. Tausendmal gemacht, nie was passiert? Mag sein. Die Ausnahme könnte Sie allerdings arm machen.

Das können Sie tun

Es gibt Aufsichtspläne. Die zeigen die Aufsichten, die Sie regelmäßig durchführen müssen. Nehmen Sie die Pläne nicht nur zur Kenntnis; notieren Sie sich die Aufsichten so, dass Sie sich gut daran erinnern können. Sie wollen sich als pflichtbewusster Kollege doch nicht über sich selbst ärgern und am Ende der Pause feststellen, dass Sie eigentlich gerade Aufsicht hätten führen müssen.

Und dann gibt's Aufsichten, die Sie spontan wahrnehmen müssen, zum Beispiel, wenn ein Kollege ausfällt. In den meisten Schulen werden die Vertretungspläne ein-, zweimal am Tag geändert. Also: Schauen Sie regelmäßig auf den Vertretungsplan, damit Sie solche Aufsichten nicht verpassen. Am besten noch mal draufsehen, bevor Sie die Schule verlassen.

Treten Sie die Aufsicht rechtzeitig an. Und beenden Sie die Aufsicht erst dann, wenn die Zeit dafür abgelaufen ist. Wechseln Sie während der Aufsicht hin und wieder den Standort; seien Sie wachsam. Vermeiden Sie bei Außenaufsichten Gespräche, sei es mit Schülern, sei es mit Kollegen. Greifen Sie unbedingt sofort ein, wenn dies nötig ist. Also bitte nicht abwarten, bis Tobi *zwei* blaue Augen hat oder der Tennisball zum dritten Mal das Autodach des Kollegen Hastenichtgesehen trifft – auch wenn Sie das neue Wellendesign dem teuren Coupé des Kollegen von Herzen gönnen. Abwarten und Tee trinken, das wird sich schon richten – solche Sprüche gelten beim Aufsichtführen nicht.

Marcel stört schon wieder Ihren fantastischen Kunstunterricht. Jetzt reicht's und Sie schicken Marcel vor die Tür. Dürfen Sie das? Wie steht's mit der Aufsicht? Ist die immer noch gewährleistet? Ja, Sie dürfen Schüler von der laufenden Unterrichtsstunde ausschließen. Und Marcel ist auch beaufsichtigt. Denn er muss immer damit rechnen, dass Sie ihn vor der Tür kontrollieren. Aber Achtung: Wenn vor der Klassenzimmertür gerade die Bauarbeiter mit Schweißgeräten hantieren, sollten Sie sich etwas anderes überlegen. Besondere Gefahren verlangen besondere Maßnahmen.

Aufsichten bei Klassenarbeiten, Klausuren oder Prüfungen: Hier geht's auch darum, Täuschungsversuche zu erkennen und zu vermeiden. Also: Handys abgeben lassen, möglichst Einzeltische für die Schüler, auf dem Tisch nur das nötige und erlaubte Arbeitsmaterial, Taschen und Jacken am besten weit weg an einer Wand deponieren. Und dann? Aufmerksam sein! Tuscheln und verdächtige Manöver der Schüler sofort unterbinden. Bei Prüfungen müssen Sie entscheiden, wann Sie den zentralen Prüfungsausschuss benachrichtigen. Täuschungen dürfen Sie unter keinen Umständen durchgehen lassen. Und verlassen Sie bei Prüfungen niemals den Aufsichtsort, ohne dass Sie für Ersatz gesorgt haben.

Bei Klassenarbeiten und Klausuren dürfen Sie auch pädagogisch handeln: Spickzettel einsammeln und fertig! Aber Achtung: In Kleidung und Taschen des Schülers wühlen, ist nicht erlaubt. Nur die Polizei darf jemanden durchsuchen. Sie nicht! Lassen Sie es erst gar nicht so weit kommen. Sie wissen schon: Vorbeugen ist die halbe Miete.

Klar, das kann immer mal vorkommen: Ein wichtiges Gespräch, vielleicht sogar mit dem Schulleiter, steht gerade dann an, wenn Sie Aufsicht machen sollen. Wie gehen Sie vor? Richtig: Informieren Sie die Verwaltung, damit die für Ihre Aufsicht einen anderen Kollegen einsetzt. Dann können Sie beruhigt Ihr Gespräch führen, und die betroffenen Schüler fühlen sich beaufsichtigt. Und vielleicht übernehmen Sie ja für den Kollegen, der Sie heute vertritt, einfach demnächst eine von dessen Aufsichten.

Sie führen Aufsicht, pflichtbewusst und ohne Wenn und Aber. Und dann passiert's: Ihre Blase drückt, und Sie ahnen, die Sache könnte in die Hose gehen. Klar, Ihre Gesundheit hat immer Vorrang und Ihre Wäsche auch. Großer Druck kann nun mal vorkommen. Trotzdem jetzt nicht einfach die Flucht ergreifen; das könnte missverstanden werden. Halten Sie, was die Blase hält, einfach noch ein wenig aus – wenn's geht! Und wenn nicht, wäre es gut, ein Handy griffbereit zu haben. In der Verwaltung anrufen, die Notlage schildern und ganz dringend Ersatz anfordern. Das Verfahren bei Prüfungen bitte unbedingt einhalten. Die Schüler dürfen während einer Prüfungsarbeit nicht unbeaufsichtigt sein. Warum? Na, wollen Sie sich mit den Einsprüchen herumärgern, die dann kommen können?

Das lassen Sie lieber

Waren Sie vielleicht Zeitsoldat bei der Bundeswehr? Dann Obacht: Verwechseln Sie Aufsicht zu führen nicht mit einem militärischen Auftrag. Hier geht es nicht um lückenlose Kontrolle und auch nicht darum, Angst und Schrecken zu verbreiten. Sie müssen sich also in der Jungentoilette nicht auf den Boden legen, um von unten alles genau inspizieren zu können. Aufsicht dient in erster Linie dem Schutz der Schüler – und Ihrem eigenen vor möglichen Regressforderungen. Also: Bleiben Sie ruhig, aber aufmerksam!

Gerade bei Klassenfahrten und Exkursionen, aber auch bei schriftlichen Arbeiten wird gern eins vergessen: die Schüler über alles zu informieren, was sie in der jeweiligen Situation erwartet. Die Schüler müssen wissen, was sie dürfen und was nicht, was sie im Notfall tun sollen und was eben nicht. Rechnen Sie nicht damit, dass Schüler alles wissen oder ahnen, was Sache ist. Transparente Information im Vorfeld spart Ihnen Zeit und manchmal auch viel Ärger bei der Aufsicht, die Sie später führen müssen.

6. Datenschutz beachten

Sie haben es fast geschafft: Es standen immerhin zehn Tagesordnungspunkte auf der Agenda, doch nun ist die erste Lehrerkonferenz des Schuljahres Gott sei Dank fast vorbei. Aber nur fast! Ihr Deutschkollege Klartext hat nämlich noch etwas auf Lager, und zwar eine mächtige Wut auf Stefan aus der 8 D. »Stefan hat im vergangenen Schuljahr achtmal keine Hausaufgaben gemacht! Ich habe ihn mehrmals zur Nacharbeit bestellt, und er ist zu keinem dieser Termine erschienen. Ich habe ihn zwar in diesem Schuljahr nicht mehr im Unterricht, aber jetzt reicht's!« Klartext lässt nicht locker – und liefert die Lösung des Problems gleich hinterher: »Stefan surft doch sowieso ständig im Internet herum! Eine persönliche Einladung zur Nacharbeit auf der Startseite unserer Homepage wäre für den wohl das Richtige. Und zweitens: Gleich morgen werde ich eine Durchsage machen, vielleicht ist Stefan ja im Unterricht und bekommt's endlich mit.« Klartext holt kurz Luft und lässt die dann sofort wieder ab: »Und wenn das alles nicht hilft, besuche ich den Stefan mal zu Hause. Dort läuft ja wohl auch einiges schief – das hatte ich mir letztes Jahr notiert und auf meinem PC abgespeichert: Die Familie wohnt drüben in der Bruchstraße, der Vater arbeitslos, die Mutter mit den fünf Kindern völlig überfordert. Die Datei werde ich euch allen natürlich noch mailen, damit ihr Bescheid wisst.«

Das Raunen im Kollegenkreis nimmt Klartext nicht mehr wahr. Sie merken: Da will es jemand wissen und die Dinge nicht einfach so auf sich beruhen lassen. Kollege Klartext ist schließlich ein großer Star-Wars-Fan. Sein Lieblingsteil ist *Das Imperium schlägt zurück*. Und die Kollegen? Einige sind beeindruckt: Was Kollege Klartext alles weiß! Der hat sich ja wirklich schlau gemacht. Und wie entschlossen der vorgeht! Aber mindestens einem Ihrer Kollegen ist ganz schlecht geworden: Herrn Obacht nämlich, dem Datenschutzbeauftragten der Schule. Obacht ist klar geworden, dass sein lieber Kollege Klartext ihn noch ordentlich auf Trab halten wird.

Das sollten Sie wissen

Sie werden doch sicher nicht daran zweifeln: Klartext ist ein engagierter Lehrer, der sich nicht die Butter vom Brot nehmen lässt und lieber selbst einkaufen geht. Er unterrichtet nicht nur gewissenhaft, sondern nimmt auch seinen Erziehungsauftrag sehr ernst – auch wenn es ihn Zeit und Nerven kostet! Und Stefan? Der soll ihm nicht durch die pädagogischen Lappen gehen. Schließlich hat man als Vollblutlehrer so seine Prinzipien. Klartext bleibt am Ball, nutzt dazu alle Informationen, die er kriegen kann; und mit diesen Informationen geht er nicht gerade sorgsam um. Aber irgendwie muss er Stefan doch erreichen! Na, wenn das nicht pädagogisch wertvoll ist. Doch Sie ahnen es schon: Wenn das Wörtchen *wenn* nicht wäre...

Klartexts pädagogischer Einsatz wäre grundsätzlich zu loben, wenn der Kollege nicht an allen Ecken und Enden gegen die Regeln des Datenschutzes verstoßen würde. Vielleicht fragen Sie sich gerade: Datenschutz in der Schule? Mein Englischlehrer hat früher die Noten immer vor versammelter Mannschaft vorgelesen. Und in den Klassenbüchern stand auch so mancher toller Schülername – unter Rüge und Tadel versteht sich. Datenschutz damals? Fehlanzeige! Früher nahm man das alles nicht so genau. Aber in Zeiten der Neuen Medien sind wir in Sachen Datenschutz viel sensibler geworden. Stichwort Daten- und Identitätsklau: Ist Ihr E-Mail-Zugang schon mal geknackt worden? Bekommen Sie auch immer wieder tolle Phishing-Mails? Oder haben Hacker in Ihrem Namen vielleicht schon längst massenhaft eingekauft und dabei Ihr Bankkonto geplündert?

Regelmäßiges Hinschauen lohnt sich übrigens ebenso wie das Ändern von PINs und Passwörtern. Wie dem auch sei: Bestimmt kennen Sie die Probleme, die immer dann entstehen können, wenn Daten abgegriffen werden und in die falschen Hände geraten. Hinzu kommt: In der Schule gibt es haufenweise personenbezogene Daten – von Lehrern, Eltern und natürlich von Schülern, und die meisten Schüler sind nun mal minderjährig. Deswegen ist gerade im Umgang mit den Daten von Schülern ganz besondere Vorsicht angebracht. Doch was heißt das ganz konkret? Kollege Klartext kann uns hier helfen – wenn auch nur als Anti-Held. Schauen wir uns seine Ideen mal Schritt für Schritt genauer an.

Herr Klartext möchte Stefan dort abholen, wo er sich oft aufhält – im Internet. Nur eine kleine Notiz auf der Startseite der Schulhomepage, zum Beispiel in der Rubrik *Aktuelles*: »Aufruf an Stefan: Komm bitte am Dienstag um 13.45 Uhr zur Nacharbeit in den Raum 134.« Eine wunderschöne Idee, finden Sie nicht? Und so zielführend. Die Folgen sind absehbar: Vielleicht kriegt es Stefan mit; aber mindestens die Hälfte aller Schüler weiß dann auch Bescheid, und deren Eltern sind spätestens am Nachmittag voll im Bilde. Das Ganze ist ja schließlich ein toller Gesprächsstoff, so zwischen Zigeunerschnitzel und Wackelpudding. Für Stefan ist das eine Art öffentlicher Pranger; und dort fühlt man sich bekanntlich ziemlich unwohl und erniedrigt.

Kollege Obacht erklärt: »Auf der Schulhomepage dürfen personenbezogene Daten stehen, aber nur dann, wenn die Betroffenen damit einverstanden sind. Und das müssen die vorher freiwillig schriftlich erklären.« Das war's dann wohl mit der Einladung zur Nacharbeit auf der Schulhomepage. Übrigens: Auch Lehrer sind Personen – wer hätte das gedacht? Wenn diese nicht einverstanden sind, ist die Nennung ihrer personenbezogenen Daten dort ebenfalls tabu. Viele Schulen nehmen das nicht so ernst, stellen Listen mit Lehrernamen, Fächerkombinationen, Sprechstunden und manchmal sogar mit der E-Mail-Adresse offen ins Netz. Auch an Ihrer Schule ist das so? Nicht vergessen: Ihre Schule darf das nur, wenn Sie Ihr Okay dazu geben. Für einen Online-Vertretungsplan gilt die gleiche Regelung. Ist dieser Plan für jedermann online einsehbar, dürfen die Namen der Lehrer ohne ihr Einverständnis nicht genannt werden. Ein möglicher Kompromiss: Personalisierte Vertretungspläne kommen in einen passwortgeschützten Bereich der Schulhomepage; so stellen sich keine unangenehmen datenschutzrechtlichen Fragen.

Klartexts zweite Strategie steht datenschutzrechtlich gesehen ebenfalls auf wackeligen Beinen: Klartext möchte Stefan durch die Haussprechanlage der Schule ausrufen lassen. Grundsätzlich darf man bei Durchsagen Schülernamen nennen. »Stefan Zackweg, Klasse 8 D, bitte ins Sekretariat.« Kein Problem. Zum Problem wird es jedoch, wenn die Ordnungsmaßnahme gleich mitgeliefert wird:

»Stefan Zackweg, Klasse 8 D, heute Nachmittag ab 13.45 Uhr in Raum 134 zur Nacharbeit antreten.« Da ist er wieder, der Pranger. Der persönliche Bereich des Schülers muss geschützt bleiben – und Strafmaßnahmen gehören zu diesem Bereich. Daher sind solche Durchsagen nicht erlaubt. Die Faustregel: Grundsätzlich dürfen Durchsagen keine personenbezogenen Daten der Schüler enthalten. Was privat ist, muss auch privat bleiben! Solche Dinge bespricht man doch am besten persönlich – oder man gibt die Info ganz altmodisch über den Postweg. Schwer vorstellbar, aber immer noch möglich.

Und wie steht's um Klartexts letzte Option? Ein persönlicher Besuch bei Familie Zackweg? Klar, warum nicht? Kann ja wirklich mal interessant sein. Einen Besuch sollte Klartext natürlich mit Stefans Eltern absprechen. Wer wird schon gern zu Hause überfallen? Aber aufgepasst: Das Datenschutzproblem lauert hier an einer anderen Stelle! Der Reihe nach: Klartext nutzt Daten, die er auf seinem PC gespeichert hat. Das ist in Ordnung; denn Lehrer dürfen auf ihren privaten PCs Daten der Schüler speichern, die sie unterrichten – zum Beispiel Namen, Geschlecht, Geburtsdatum, Konfession, Klasse, Fächer und Noten. Aber Klartext darf es nicht übertreiben! Was genau? Der Jurist formuliert es so: Art und Umfang der personenbezogenen Daten, die Lehrer speichern, müssen auf die Erfüllung schulischer Aufgaben abgestimmt sein. Also haben die Informationen, die Klartext zu den häuslichen Verhältnissen der Zackwegs gespeichert hat, auf seinem PC nichts zu suchen!

Damit ist auch Klartexts Idee vom Tisch, die Datei mit den personenbezogenen Infos gleich an alle seine Kollegen zu schicken. Wenn er die Daten erst gar nicht speichert, kann er sie auch nicht verschicken. Nebenbei: Erlaubt wäre es ohnehin nicht. Und Vorratsdatenspeicherung ist »out« – vor allem auf privaten Lehrer-PCs. Da Klartext Stefans Klasse, die ehemalige 7 D, in diesem Schuljahr nicht mehr unterrichtet, muss er den gesamten Datensatz dieser Klasse vernichten – schließlich hat er mit Blick auf diese Klasse keine schulischen Aufgaben mehr zu erfüllen. Sie haben schon richtig verstanden: Die Daten nicht einfach nur löschen, sondern schön überschreiben. Frage am Rande: Haben Sie vielleicht noch die Noten der 5 C auf Ihrem Rechner? Sie wissen schon: die 5 C von damals, die gerade in die Oberstufe kommt?

Der arme Herr Klartext! Alle drei Griffe in seine pädagogische Trickkiste gingen gründlich daneben – der Datenschutz lässt grüßen. Aber in der Schule lauern noch weitere Fallen, die mit den Bestimmungen zum Datenschutz zusammenhängen. Diese Bestimmungen kennen viele Kollegen nicht so genau, oder sie nehmen sie oft nicht besonders ernst. Übrigens ganz anders als mancher, der aus Angst vor Datenklau erst gar nicht online einkauft. Damit Klartexts pädagogischer Übereifer nicht wieder im DatenschutzNirwana endet, macht Herr Obacht ihn noch mal auf die beliebtesten Fettnäpfchen des Datenschutzes aufmerksam. Sie glauben ja gar nicht, was es da alles gibt. Hier sind einige Beispiele:

Fall 1: Videoüberwachung
Viele Schulen haben Kameras installiert und zeichnen zum Beispiel auf, was im Laufe des Schultags rund um die Fahrradständer passiert. Google Streetview ist dagegen ein müder Verein. Bei Diebstählen kann die Videoüberwachung sehr nützlich sein – und wichtige Hinweise zu den Tätern liefern. Doch auch hier tappt man ganz schnell in die Datenschutzfalle! Klartext darf die Kameraüberwachung nicht für seine Zwecke missbrauchen – zum Beispiel, um Stefan beim Abschreiben der Hausaufgaben zu ertappen. Es darf nur dort gefilmt werden, wo es zum Schutz von Leben, Gesundheit und Eigentum angebracht ist. Eine Schule ist nun mal kein Big-Brother-Container! Also: Videos vom Lehrerparkplatz? Ja! Schließlich sind Autos von Lehrern schützenswert – zumindest die meisten. Aber Videos von Stefans Toilettenbesuch, weil der vielleicht auf dem Klo einen Spickzettel aus der Unterhose holen könnte? Nein! Und noch etwas Wichtiges: Die Aufnahmen darf man nur dann auswerten, wenn Schüler verletzt oder Dinge gestohlen wurden. Videos schauen einfach so zum Spaß? Nein! Da ist der Riegel des Persönlichkeitsschutzes vor.

Fall 2: Mitteilung von Leistungsnoten
Das machen Sie bestimmt auch: Sie teilen Ihren Schülern zum Beispiel kurz vor Ende des Schulhalbjahres mit, welche Note sie in Ihrem Fach auf dem Zeugnis erhalten. So weit, so gut. Nur: Wenn Sie bei der Sache nicht höllisch aufpassen, haben Sie schon längst

gegen die Regeln des Datenschutzes verstoßen. Zum Beispiel so: Vielleicht hat Kollege Klartext Stefan im nächsten Schuljahr wieder im Unterricht, und wenn es schon mit dem Nachsitzen nicht klappt, könnte er dem faulen Stefan vor versammelter Mannschaft zumindest mal so richtig die Notenmeinung geigen. »Stefan wird diesmal eine 4 bekommen. Und das ist schon sehr wohlwollend von mir. Die anderen können sich daran mal ein Beispiel nehmen.« Geben Sie's zu: Das würde Ihnen auch Spaß machen. Aber: »Nix da«, sagt der Datenschutzexperte Obacht. Noten einzelner Schüler dürfen nicht vor der Lerngruppe bekanntgegeben werden. Das geht nur im Einzelgespräch. Und Sie verstehen es sicher richtig: Einzelgespräch heißt nicht, dass alle anderen Schüler Ihrer Klasse dabei um Stefan und Sie herumstehen. Sie werden sich fragen: Darf man denn überhaupt noch irgendetwas der ganzen Klasse mitteilen, abgesehen von mathematischen Gleichungen und historischen Daten natürlich? Ja, dürfen Sie. Zum Beispiel den Notenspiegel der letzten Klassenarbeit oder die Durchschnittsnote, die die Klasse im Fach xy am Ende des Schuljahres erreicht hat.

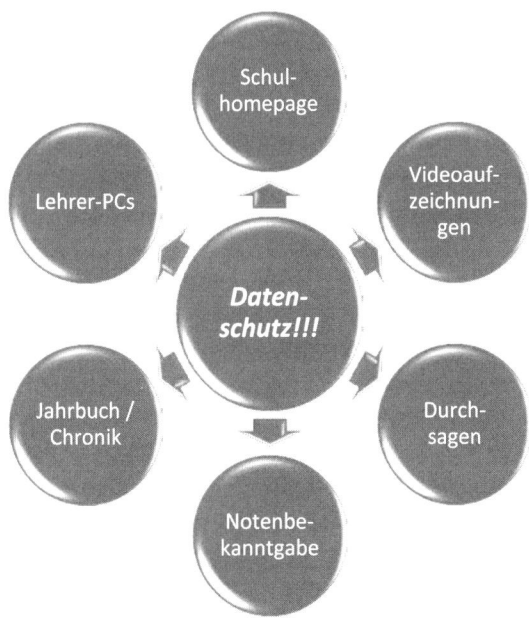

Fall 3: Jahrbuch
Kollege Obacht weiß es genau: Auch das Jahrbuch der Schule ist eine echte Datenschutzbaustelle. Hier sind zum Beispiel Klassenfotos üblich – samt der Schülernamen. Aber für den Fall gibt es Entwarnung. Das ist rechtlich unbedenklich, wenn die volljährigen Schüler beziehungsweise die Eltern minderjähriger Schüler mit der Veröffentlichung der Fotos einverstanden sind. Achtung: Hierfür braucht es eine schriftliche Erklärung. Eine echte Herkulesaufgabe. Rechnen Sie's mal durch: Bei einer vierzügigen Realschule mit durchschnittlich 28 Schülern sind das 672 Einverständniserklärungen! Viel Spaß beim Einsammeln, lieber Kollege Klartext.

Das können Sie tun

Umschiffen Sie gekonnt die Untiefen des Datenschutz-Bermudadreiecks. Ein paar beliebte Fallstricke zeigt die Abbildung oben, und hier kommen unsere Hinweise zum sicheren Navigieren:

Ist Ihre Schule in Sachen »Neue Medien« vorbildlich aufgestellt? Klasse! Dann nutzen Sie in Ihrem Unterricht sicher PCs, Whiteboards und das Internet. Das eröffnet viele tolle didaktische Möglichkeiten. Doch gleichzeitig wird das Thema Datenschutz besonders aktuell, wenn Neue Medien im Spiel sind. Ein Beispiel: Kollege Klartext ist mit Klasse 9 A im Computerraum, die Schüler machen eine Internetrecherche zum Thema »Erzählperspektive«. Was Kollege Klartext nicht weiß: Alle Bildschirme sind mit Webcams ausgestattet, und einige Schüler können damit sehr gut umgehen. Ruckzuck hat Steven die Kamera aktiviert und macht sowohl Mitschülerin Svenja als auch Lehrer Klartext zu Filmstars wider Willen. Svenja popelt zuerst in der Nase und schaut dann freundlich zu Steven herüber, derweil sie ihre Fundsachen unter den Tisch schmiert. Und Klartext: Der macht mit seiner offenen Hose eine mehr als unglückliche Figur. All das geht live ab ins Internet! Svenja und Herr Klartext sind eindeutig zu erkennen, aber sind sie auch mit dieser Übertragung einverstanden? Wohl kaum. Daher unser Tipp: Seien Sie auf der Hut, wenn Sie im Unterricht Neue Medien, zum Beispiel PCs mit Webcams nutzen. Klar, die sind manchmal fest installiert, lassen sich aber auch deaktivieren. Übrigens: unglaublich, was Smartphones alles können! Filmen, fotografieren und all das ruckzuck versenden. In die Smartphone-Falle wollen Sie doch wohl nicht tappen, oder? Daher: Handys aus im Unterricht!

Ist Ihre Schule in Sachen »Neue Medien« eher konservativ? Auch solche Schulen soll es ja noch geben. Und so mancher ist froh, sich nicht unentwegt mit Computern herumschlagen zu müssen. Zum Beispiel Sekretärin Druckfrisch: Sie verwaltet alle Schülerdaten in Papierform und hat den totalen Durchblick – ein riesiger Karteikasten hier, eine ganzes Heer von Stammblättern in unzähligen Aktenordnern dort, mehrere Hängeregister nebenan. Genauso wie früher. Aber heißt das auch: Hier sind Fragen des Datenschutzes weniger aktuell? Ein klares Nein! Doch Frau Druckfrisch ist auf Zack: Sie hat alle Akten mit personenbezogenen Daten in abschließbaren Behältnissen untergebracht, schließt diese nach Dienstschluss ab und verwahrt den Schlüssel sicher. Sind Sie auch auf Zack? Passen Sie auf Ihren Lehrerkalender ebenfalls so gut auf, dass Unbefugte nicht in Ihren Aufzeichnungen schnüffeln können? Und auf die korrigierten Klassenarbeiten passen Sie doch sicher auch gut auf? Auf der Rückbank Ihres Sportcoupés haben die nämlich nichts verloren. Nicht vergessen: Dieser Datenschutz liegt in *Ihrer* Verantwortung!

Ein Klassiker des Elternsprechtags: Frau Heißsporn kommt in Ihre Sprechstunde, überspringt die Begrüßung und kommt gleich zur Sache: »Wenn dieser Schlauberger Justus von Ihnen eine Zwei bekommt, dann hat meine Jacqueline mindestens auch eine Zwei verdient. Erzählen Sie mir nix vom Pferd: Justus hat mehrmals blaugemacht, und meine Tochter hat keine einzige Stunde gefehlt!« Auch wenn die Versuchung groß ist, Frau Heißsporn das Gegenteil zu beweisen: Zücken Sie nicht das Klassenbuch, um den Blaumach-Vorwurf zu entkräften. Und tragen Sie Frau Heißsporn nicht die gesammelten Noten vor, die Justus bei Ihnen erreicht hat. Hier geht es um Justus' personenbezogene Daten, und die gehen Frau Heißsporn rein gar nichts an!

Was tun Sie, wenn Sie den Weg nicht kennen? Zum Beispiel im Urlaub, mitten durch den Dschungel? Na gut, wir wissen ja, Sie mögen den Dschungel nicht. Trotzdem: Was machen Sie in so einem Fall? Genau! Sie werden vermutlich ein Navigationssystem nutzen.

So vermeiden Sie Umwege, sparen Zeit und schonen Ihre Nerven. Das macht Sinn! Aber wie gut kennen Sie sich denn im Paragraphendschungel des Datenschutzes aus? Wie sicher fühlen Sie sich auf diesem juristischen Feld? Seien Sie ganz ehrlich zu sich selbst, und wenn Ihr Orientierungssinn Sie im Stich lässt: Verfahren Sie wie im Urlaub und nutzen Sie ein Navigationssystem! Das gibt es an jeder Schule, kostet kein Geld und hört auf den Namen »Datenschutzbeauftragter«. Jede Schule hat einen, denn das ist gesetzlich so festgelegt. Der Datenschutzbeauftragte Ihrer Schule berät Sie verlässlich in allen Fragen rund um den Datenschutz. Ganz nebenbei: Meist freut sich dieser Kollege sehr, wenn mal jemand vorbeischaut.

Das lassen Sie lieber

Kollege Klartext denkt stets mit Perspektive, auch in den Sommerferien. Denn nach den Sommerferien wird er der neue Klassenlehrer der 5 A sein – und schon jetzt fängt er mit der Planung der Klassenfahrt an, die im Jahrgang 6 stattfinden soll. Sehr löblich, nicht wahr? Klar, diese Fahrt soll ein tolles Erlebnis werden, und daher schwebt Herrn Klartext eine große Fotokollage im Klassenraum vor. Und natürlich ein Bericht mit vielen Fotos im Jahrbuch! Klartexts Idee: Schon am ersten Elternabend der Klasse 5 A verteilt er Formulare an die Eltern und holt damit deren Einverständnis ein, sodass es keine rechtlichen Probleme mit den Schülerfotos gibt. Sie wissen schon: das Recht am eigenen Bild. Was Klartext nicht weiß: Eine solche allgemeine Einverständniserklärung, zu Beginn der Schullaufbahn einmal unterzeichnet und dann bis zum Abitur immer wieder aufgetaut, ist juristisch nicht haltbar. Das aufgewärmte Schnitzel aus dem letzten Jahr wollen Sie doch heute auch nicht mehr essen. Das Motto lautet hier: Alles neu macht der Mai. Die Klassenfahrt ist etwas anderes als das Schulfest, und das Schulfest ist etwas anderes als der Wandertag. Auch wenn das nach viel Verwaltungsarbeit für den armen Kollegen Klartext klingt: Die Einwilligung der Eltern muss er für jede Veranstaltung neu einholen.

Wie es der Zufall will: Herr Klartext übernimmt für die erkrankte Frau Kleinlaut eine Vertretungsstunde in der Klasse 8 D – und trifft dort wieder auf den Stefan, der ihm im letzten Schuljahr ordentlich auf der Nase herumgetanzt ist. Sie wissen schon: das Hausaufgabenproblem! Klartext lässt sich zunächst nichts anmerken; doch als er in Kleinlauts Auftrag die Hausaufgaben kontrolliert, kommt es, wie es kommen musste. Stefan steht mit leeren Händen da. Und Klartext? Der fühlt sich bestätigt, möchte die Sache unbedingt dokumentieren. Also notiert er kurze Zeit später im Klassenbuch: »Stefan hat die Hausaufgaben wie erwartet nicht erledigt.« Früher durchaus üblich. Und sicher kennen Sie solche Einträge auch, oder? Aber hoffentlich sind Sie nicht deren Autor, denn ins Klassenbuch gehören nur solche Daten, die für die Durchführung des Unterrichts notwendig sind. Eine Klassenliste macht daher Sinn, aber Adressen, Telefonnummern und Eintragungen zu Verfehlungen oder gar Ordnungsmaßnahmen gehören nicht dazu.

7. Sich selbst managen

»Schon wieder dieser verdammte Mist«, denkt sich Kollege Zeitlos. »Morgen soll ich die Noten für die Warnungen eintragen. Das schafft doch kein Mensch.« Zeitlos ist wütend – auf das System, auf die miese Verwaltung, auf die blöde Zeitplanung und vor allem deshalb, weil man ihn überhaupt mit solchen Nebensächlichkeiten belästigt. Zeitlos lässt die Wut nicht auf sich sitzen. »Was die sich einbilden«, schäumt er und hängt sich ans Telefon. »Du, Samantha, ich finde das unerhört, dass wir morgen schon die Noten für die Warnungen mitteilen sollen. Das kann man doch in diesem Jahr wirklich nicht schaffen. Da war doch gerade noch der Klausurtermin in der Einführungsphase. Also: Ich krieg' das nicht hin.« »Theo, ich kann dich nicht verstehen. Ich habe meine Noten schon gestern in die Listen eingetragen«, erwidert Samantha im Brustton der Überlegenheit. »Das kannst du mir doch nicht erzählen«, schwillt bei Theo der Kamm, so viel Widerspruch hatte er nicht erwartet. Also schnell weg: »Samantha, ich muss jetzt mal auflegen.« Klar, dass Zeitlos nicht aufgibt. Nach zwei Stunden hat er endlich einen Sympathisanten gefunden. Kollege Unorganisiert sieht die Lage ganz klar: »Ich werde die Noten morgen nicht eintragen. Die können mich mal.«

Das sollten Sie wissen

In unserem Sprachgebrauch managen wir unheimlich viel: Die Zeit zum Beispiel kann man angeblich managen, Konflikte natürlich, die Arbeit, das Leben ganz allgemein und natürlich alle möglichen und unmöglichen Dinge in der Wirtschaft. Es gibt Project-Manager, Field-Manager, Design- und Vertriebsmanager. Vor Zeiten haben wir mal einen Standmanager kennengelernt – es ging dabei nicht um ein besonderes Training für Beingeschädigte, nein, nein, es handelte sich um jemanden, der einen Messestand betreute. Sonderbar, nicht? Alles scheint man irgendwie und überhaupt managen zu können. Managen – das Zauberwort schlechthin. Hört sich gut an und so weltläufig. Wenn wir irgendeine Art von Handlung meinen, die wir einem Phänomen gegenüber zeigen, dann, so scheint es, managen wir die Sache. Wehe dem, der das nicht kann.

Haben Sie aufgepasst? Bestimmt haben Sie's gemerkt: Immer sind wir es, die da handeln. Und in Wahrheit managen wir daher keine Sache, sondern uns selbst. Konkret: Zeit kann niemand von uns managen. Seien Sie gewiss: Sie auch nicht! Die Zeit lässt sich von uns so gar nichts sagen. Sie vergeht immer gleich schnell, ob wir das nun wollen oder nicht. Und jeder von uns hat im Laufe des Tages die gleiche Zeitspanne zur Verfügung. Mehr Chancengleichheit geht nicht. Statt die Zeit, einen Konflikt oder irgendetwas sonst zu managen: Was können Sie tun, um das Glück Ihres Lebens zu finden? Vielleicht Ihren Traumpartner suchen? Vergessen Sie es! Gehen Sie ans Eingemachte und trauen Sie sich etwas zu. Denn Sie können sich selbst managen. Sie können Ihr Handeln zum Beispiel so einrichten, dass Sie am Ende des Tages mehr Zeit als andere übrig haben, dass Sie einen Konflikt gelöst haben, statt ihn weiter eskalieren zu lassen. Oder Sie haben auf den letzten hundert Kilometern viel weniger Benzin verbraucht als Ihr Nachbar. Sie sehen, selbst Ihr Energiemanagement hört allein auf Ihr Verhalten. Sie haben es verstanden: Sich selbst managen heißt sich selbst managen, heißt eben nicht die Zeit managen oder einen Konflikt. Warum ist dieser Unterschied so wichtig? Ganz einfach: Solange Sie glauben, dass Sie die Zeit oder irgendetwas anderes managen können, solange glauben Sie auch, Sie müssen die Zeit verändern und nicht sich selbst. Fatal, nicht wahr? Man könnte auch sagen: typisch Sisyphos – immer unterwegs, aber nie ankommen. Was uns das sagt? Sie müssen ran, ran an Ihr eigenes Verhalten. Fangen wir also gleich damit an.

Zwei Bereiche spielen für das professionelle Selbstmanagement eine besondere Rolle: der Umgang mit den persönlichen Zeitressourcen und der Umgang mit Stress.

Zeitmanagement
Sie haben Zeit. Wir haben Zeit. Insofern alles paletti. Bleiben diese Fragen: Was machen Sie mit Ihrer Zeit? Und: Wie fühlen Sie sich bei dem, was Sie machen? Zu abstrakt? Dann mal anders: Sicher wissen Sie, was Sie so alles für Ihren Beruf tun müssen. Unterricht vorbereiten, Unterricht nachbereiten, Noten festlegen, Noten mitteilen, Schüler beraten, Eltern informieren, Schüler erziehen, Schüler fördern, an Konferenzen und Klassenfahrten teilnehmen, am Schulprogramm mitarbeiten, Referendare ausbilden, Aufsichten führen, Klassenarbeiten stellen und so weiter und so weiter. Klar, die Liste könnte man noch deutlich verlängern. Belassen wir es dabei. Denn bestimmt wissen Sie auch, was Sie alles zusätzlich und freiwillig tun: die Theater-AG leiten, am Kollegiumsfußball teilnehmen, sich mit Kollegen treffen, um über das nächste Schulfest zu sprechen, kollegiale Fallberatungen organisieren, die Schulleitung beraten, im Lehrerrat mitarbeiten, und bestimmt gibt's da noch die eine oder andere nette Arbeitsgruppe, an der Sie Spaß finden könnten. Irgendwie scheinen es Paketzusteller leichter zu haben als wir Lehrer: Das Arbeitsfeld ist ziemlich übersichtlich im Vergleich zu dem, was Lehrer alles tun müssen. Licht ins Dunkel! Hilfe kommt.

Klar: Wir könnten Ihnen jetzt die Eisenhower-Spezialisten und die Prioritäten-Fuzzis vorstellen, die ganz genau wissen, nach welchen Mustern man sich organisieren muss. Raus kämen Regeln fürs Zeitmanagement. Dass wir das nicht machen, haben Sie wohl geahnt. Bringt auch nichts: Die Wirkung solcher Konzepte ist ungefähr so groß wie die Wirkung einer Quark- oder Käse-Diät. Alles wirkt – aber nur für drei Tage. Und dann geht's jojo ins Gegenteil. Irgendwann ist man dicker, als der Cholesterinspiegel erlaubt. Und was sagen einem die weisen Ernährungsberater? Richtig: Ernährungsumstellung heißt das Zauberwort. Wer die Strukturen ändert, schafft die Bedingungen für sanftes Abnehmen. Die Essgewohnheiten zu ändern, das bringt's. Was heißt das nun für uns Lehrer?

Wissen Sie, wie lange Sie für die Korrektur des Deutschaufsatzes eines Siebtklässlers brauchen? Nein? Interessiert Sie auch nicht? Schade, Sie könnten etwas über sich lernen. Viele Arbeitsfelder zu haben, das heißt auch, viel Zeit zu investieren. Dumm nur, dass das meist ziemlich unüberlegt passiert und oft ineffizient ist. Auch beim Korrigieren. Wenn man schon etwas macht, dann mit vollem Einsatz. Was sollen die anderen von einem denken? Viele Kollegen glauben, dass man Korrekturen nicht beschleunigen kann: »Ich brauche eben so lange.« Und so lange ist oft zu lange – zumindest wenn das Weihnachtsfest oder Schwiegermama vor der Tür steht. Wie macht das eigentlich die Bundeskanzlerin oder der Papst? Nein, Klausuren müssen die nicht korrigieren. Aber: X Besuche am Tag, Händeschütteln hier, Händeschütteln da, und schon das nächste Gesicht. Nun gut, da gibt's ein paar Protokollchefs, die die Kanzlerin durch den Tag schieben. Aber machbar scheint doch eines: viel mehr in derselben Zeit. Glauben Sie nicht auch?

Fragen Sie sich mal: Was können Barack Obama und die Queen, was Sie nicht können? Einfache Antwort, große Wirkung: professionelle Distanz halten! Was das ist? Was das bringt? Eins nach dem anderen. Lehrer sind meist viel zu viel *in* der Sache statt *bei* der Sache. Sie lassen sich in alles hineinziehen, am besten noch mit Haut und Haaren. Und sie glauben, viel Zeit zu investieren bedeutet, viel Anteilnahme zu zeigen oder gar besonders gerecht zu sein. Eine feine Sache, wenn Sie sich ständig verausgaben wollen. Risikomuster Anstrengung, würde Uwe Schaarschmidt sagen. Bestimmt sind Sie auch schon geheimer Anwärter für die Burnout-Fraktion. »Die kleine Conny, die hat ein so schreckliches Elternhaus, da muss ich mich drum kümmern.« Und das kostet Sie Zeit ohne Ende. Kommen Sie raus aus der Falle. Professionelle Distanz hilft Ihnen, einen klaren Kopf zu behalten. Statt schlechtem Gewissen eine klare und schnelle Entscheidung. Und dann handeln. Schauen Sie sich das Ganze von oben an. Seien Sie Helikopter-Kollege: Müssen wirklich Sie sich um Conny kümmern? Und wenn schon: Wie wollen Sie's machen? Wieviel Zeit brauchen Sie dafür? Haben Sie diese Zeit? Sie werden merken: Manchmal hört das Denken schon mit Frage eins auf. Nein, Sie müssen es nicht machen. Also erst einmal loslassen. Die Welt geht ohne Sie nicht unter. Also auch beim Korrigieren schnell lesen, schnell kommentieren und überall schnell entscheiden. Dann überlegen: Wer könnte die Aufgabe erledigen? Delegieren Sie, wo immer möglich. Auch an Schüler: Die sind oft sehr dankbar, wenn sie endlich mal Verantwortung übernehmen dürfen. Das geht zwar nicht bei Klassenarbeiten, sicher aber beim Auswerten von Tests oder beim Überprüfen der Hausaufgaben. Und halten Sie sich fern von Dingen, die nicht Ihre sind. Sie sehen: Eins, zwei, drei, vier schnelle Fragen: Antworten Sie genauso schnell. Wir sind ganz sicher: Das können Sie. Was der Papst kann, das schaffen Sie schon lange!

Belastungsmanagement
Stress ist in aller Munde. Es ist so schön, gestresst zu sein. Wir hoffen, Sie sind es auch, denn sonst können Sie einfach nicht mitreden. Jeder hat Stress, weil es gut tut und modisch klingt. Uns gefällt er nicht, der Stress-Begriff. Wir sprechen lieber von Belastung. Sind Sie belastet? Woran merken Sie das? Bestimmt fallen Ihnen jetzt hundert Dinge ein, die Sie in der letzten Zeit gestört haben: dass Lina aus Ihrer 7. Klasse ständig dazwischen quatscht, dass Kollege Habkeinelust Sie ständig mit Fragen nervt, dass Ihr Schulleiter noch ein Schulfest plant, dass da noch der Stapel Englischarbeiten auf Ihrem Schreibtisch liegt. Damit nicht genug: Da ist noch Ihre Frau, die täglich nach Ihren Belastungen in der Schule fragt, und da sind die ständigen Einkäufe und Spaziergänge mit Ihrer Schwiegermutter. Nicht zu vergessen die Katze, die auch noch ein paar Streicheleinheiten baucht, die tropfende Regenrinne und der ächzende Kühlschrank, die schon lange nach Hilfe schreien. Und für all das sind Sie zuständig. Wenn beruflich und privat so einiges zusam-

menkommt, kommt meist nicht viel dabei heraus – außer eben Belastung.

Dass Sie überhaupt für Ihr Geld arbeiten müssen, ist ja nicht schon Ausdruck einer wirklichen Belastung. Lassen wir den Experten ran: Uwe Schaarschmidt spricht von einem Risikomuster B wie Belastung. Was gehört dazu? Lassen Sie Probleme eher liegen, als sie aktiv anzupacken? Fühlen Sie sich ausgeglichen und meist entspannt? Haben Sie berufliche Erfolge, und spüren Sie genügend Ehrgeiz, sich beruflich einzubringen? Achtung, wenn Sie bei diesen Fragen eher Nein als Ja geantwortet haben, sind Sie ein Aspirant für die Belastungsliga. Sie neigen dann eher dazu, sich von einem Tag zum nächsten zu schleppen, als weitsichtig Klassenarbeiten und Unterricht zu planen. Und Sie haben schon ein paar Fluchtgedanken: einfach nur weg, endlich Ferien, hoffentlich ist das bald vorbei! Schlimm, wenn's so kommt – ohne Frage. Denn aus diesem Sumpf kommen Sie allein nicht mehr heraus. Wenn Beanspruchung zur Belastung wird, lässt sich das kurzfristig immer aushalten. Wichtig nur: Man muss dann möglichst schnell wieder in die Entspannungszone zurück, um die Belastung zu verkraften.

Ein bisschen funktioniert das wie das kontrollierte Halten des eigenen Körpergewichts. Ein Kilo mehr als das Normgewicht, das kriegen Sie schnell wieder runter. Haben Sie sich aber erst mal zehn Kilo angefuttert, reagieren Sie vermutlich ganz anders: »Ist doch gar nicht so schlimm. Ab morgen werde ich abspecken.« So oder so ähnlich hören sich die Sprüche dann an. Die Pointe, wenn man erst mal 130 Kilo wiegt: »Ich fühle mich rundum wohl. Ich mag mich, wie ich bin.« Glauben Sie das? Bestimmt fühlen Sie sich auch ganz wohl, wenn Ihnen Ihr Körper ständig die Luft zum Atmen abdreht. So fühlt man sich nämlich mit 130 Kilo. Ächz!

Komfort, Herausforderung, Belastung – so läuft das Leben. Viele Menschen sind in vielen Bereichen in ihrer Komfortzone. Hört sich gut an, nicht wahr? Ist es aber nicht. Komfortzone meint hier nicht alles paletti. Komfortzone meint eher Faultier, Schlafmütze, also »Passifist«, nichts tun bis zum Umfallen. Das bringt nichts, weder Ihnen noch Ihrer Umgebung. Sicher: Urlaub ist auch mal schön. Aber immer Urlaub? Sehen Sie! Das ist wie täglich Currywurst mit Pommes. Irgendwann hängt es einem zum Halse heraus.

Herausforderungen zu erleben, das ist dagegen das eigentliche Ziel. Eine Herausforderung ist eine Aufgabe, die einem gestellt wird oder die man sich selbst stellt. Letzteres ist natürlich für die Motivation immer noch ein Tick besser. Eine Herausforderung treibt einen zum Handeln an; man möchte sie bewältigen, übrigens möglichst gut. Und Herausforderungen überfordern einen nicht. Sie sind echte Forderungen, aber mit guten Erfolgsaussichten. Man kann es schaffen, sie zu bewältigen. Hier heißt es: Herausforderungen suchen und annehmen. In die Belastungszone gerät man erst, wenn Herausforderungen einen ständig überfordern. Kurzfristig ist das in Ordnung, ähnlich wie beim Sport: noch eine Liegestütze dranhängen, auch wenn die Arme versagen. Kein Problem, das trainiert, und beim nächsten Mal packt man dann eben ein, zwei Liegestützen mehr. Aber ähnlich wie beim Sport kann auch beruflich niemand dauernd zu starke Überforderungen meistern. Hier wie da: Es gibt natürliche Grenzen, die nicht durch immer mehr Einsatz einfach so weggeschoben werden können. Augenringe, ständig auf 180 und frustriert sein: Das sind die ganz unangenehmen Folgen ständiger Überforderung. Am Ende stehen oft Resignation und Depression. Lassen Sie es nicht so weit kommen!

Synergieeffekte sind ja eigentlich etwas ganz Tolles: Man arbeitet hier und da, und am Ende hat man das Gefühl, zwei Fliegen mit einer Klappe geschlagen zu haben. Zeit- und Belastungsprobleme verhalten sich gar nicht so nett, die können sich nämlich genauso aufschaukeln. Sie haben schon wenig Zeit und erledigen Ihre Arbeiten für die Schule immer auf den letzten Drücker? Das ist ein famoser Start in die K.o.-Falle. Die Korrektur der nächsten Klassenarbeit wird Sie weiter unter Druck setzen, und wenn klein Marcus dann noch die Windpocken kriegt, ist es zappenduster: Nichts geht mehr. Die Ergebnisse Ihrer Arbeit gefallen Ihnen immer weniger, Termine müssen Sie aber dennoch einhalten. Der Oberstufenkoordinator fordert schon die Noten ein. Sie machen die Nacht zum Tag, der Kaffeeröster freut sich und vielleicht auch bald Ihr Arzt, denn der verdient ja nicht schlecht an Privatpatienten. Stecken Sie vielleicht schon längst in einem solchen Regelkreis? Werden Sie immer unzufriedener mit sich und der Welt? Alle haben sich gegen Sie verschworen, selbst die Ampeln, die nur bei Ihnen immer auf

Rot stehen und Ihnen zusätzlich die Zeit stehlen? Solche Gedanken sind ein sicheres Indiz: Sie sollten etwas für sich tun. Einfach, weil Sie es sich wert sind.

Das können Sie tun

Managen Sie sich, damit Sie lange gesund bleiben! Ihnen stehen die Haare zu Berge, und Sie wissen nicht mehr so genau, wo oben und unten ist? Vielleicht geht es Ihnen so wie den Eltern Totalkaos am Kindergeburtstag: 25 Kinder – und plötzlich steht auch noch die Schwiegermutter unerwartet auf der Matte: »Käthe, das ist aber laut hier.« Kein Wunder, wenn Ihnen da der Hut hochgeht. Aber bevor Sie wie das HB-Männchen in die Luft gehen: Vielleicht verdanken Sie das Ganze nur Ihrer eigenen Dummheit. Eine super Kumulation der Ereignisse, die Sie hätten verhindern können. Zehn Minuten planen und sechzig Minuten gewinnen. Jeden Tag! Das verraten einem Zeitexperten. Und Sie können das nachmachen.

Wie? Sie stehen morgens ungern auf? Da sind Sie nicht allein. Aber wie alle Morgenmuffel verpassen Sie etwas ganz Entscheidendes: Schon vor der Arbeit etwas Wichtiges erledigen, das ist der Frischekick für Ihre Selbstwirksamkeit. Viel besser, als kalt zu duschen. Also: Vor der Fahrt zur Schule schon mal E-Mails checken, die eine oder andere Klassenarbeit korrigieren oder ein Arbeitsblatt für den nächsten Tag vorbereiten. Wohl gemerkt *für den nächsten Tag*. Kopieren für die erste Stunde vor der ersten Stunde ist ab jetzt tabu!

»Wenn du es eilig hast, gehe langsam« – ein wunderbarer Buchtitel unseres Zeit-Papstes Lothar Seiwert. Er hat recht, und die meisten machen es falsch. Sie sitzen im Auto, in einer Viertelstunde geht Ihr Unterricht los. Sie wissen ganz genau: Das schaffst du nie. Und: Was machen Sie? Richtig: das Dümmste, was möglich ist. Sie drücken aufs Gas. Wenn Sie besonders viel Glück haben, reicht es noch für ein Foto von den Herren beim Blitzmarathon. Was da geschieht, ist sozusagen unser Automatikprogramm: Das Gefühl, zu wenig Zeit zu haben, führt zur Hektik. Hektik aber führt zu weniger Aufmerksamkeit, zu Fehlern und zu manch anderem, was uns nicht gefällt. Sie wissen doch: Der Langsamfahrer in der alten Kiste hinter Ihnen hat Sie an der nächsten Ampel wieder eingeholt. Also: Panikschalter ausschalten, und wenn's hoch hergeht, cool bleiben. Nutzen Sie den Gedankenstopp: »Ganz ruhig, ganz entspannt und ihr könnt mich mal.« Ein herrliches Gefühl. Sie werden sehen ...

Gefahr erkannt, Gefahr gebannt! Stimmt! Aber nur, wenn Erfahrungen nicht bloß Erfahrungen bleiben. Handeln ist angesagt, wenn Sie Belastungen erkennen, die Ihnen zu weit gehen. Chaoten und sonstige Zeit- und Belastungsgeschädigte sind oft ungeheuer sozialkompetent. Der Nachteil: Sie können kaum etwas ablehnen, das man ihnen anbietet oder sich von ihnen wünscht. Können Sie »Nein« sagen? Wenn Referendarin Unsicherhochdrei zum x-ten Mal abends stundenlang mit Ihnen ihren Unterricht planen will? Oder wenn Ihr Schulleiter Ihnen eine »tolle Aufgabe« ans Bein binden will, die Sie nun gar nicht mehr gebrauchen können? Haben Sie Mut zum sozialen Ungehorsam! »Nein, ich möchte das nicht. Können wir vielleicht eine andere Lösung finden?« Sie werden staunen, wie wenig von dem passiert, was Sie sich als sozialen Supergau ausgemalt haben.

»Bleib jetzt mal ganz entspannt.« Mögen Sie auch diese tollen, völlig unsinnigen Sätze? Machen Sie einem Betrunkenen einmal klar, dass er jetzt doch bitte ganz nüchtern bleiben soll. Was uns das sagt? Richtig: Wenn das Kind im Brunnen liegt, ist nicht mehr allzu viel zu machen. Meist geht es dann erst einmal ums pure Überleben. Aber Vorbeugen lohnt sich. Was das Anti-Belastungsprogramm angeht: Wir schwören auf Muskelentspannung mit sportivem Feel- und See-Effekt – »see« wie sehen. Was das ist? Ganz einfach: Muskelentspannung à la Jacobson, gewürzt mit einer Prise Liegestützen und einer Traumreise Marke Vogelflug. Und hier die Anleitung für Schnelleinsteiger. Was Sie brauchen? Einen stabilen Stuhl ohne Lehne, drei Quadratmeter Bodenfläche, ein paar Muckis in den Oberarmen und eine Viertelstunde Zeit. Und so geht's:

1. Schritt

Vier Liegestütze am Stuhl, immer abwechselnd aufwärts mit Blick zur Decke und abwärts mit Blick zum Boden. Schultern, Po und Fersen bilden eine Linie. Alle Muskeln kräftig anspannen, das Atmen nicht vergessen. Und dann die Spannung etwa eine halbe Minute halten. Vor der nächsten Anspannung zehn, fünfzehn Sekunden warten.

2. Schritt
Auf den Stuhl setzen, Po ganz nach hinten, Rücken flach an die Lehne. Dann die Füße nebeneinander auf den Boden stellen, etwa dreißig Zentimeter auseinander, die Arme hängen am Körper nach unten. Jetzt heißt es wieder: Anspannen, was die Muskeln halten. Tipps dazu: Zehen Richtung Knie ziehen, Oberschenkel auf die Sitzfläche und den Rücken kräftig an die Stuhllehne drücken, Fäuste ballen und sich vorstellen, die Arme wachsen nach unten. Dabei dürfen die Schultern nicht nach unten wandern. Und dann noch etwas für besonders Engagierte: Jetzt die Beine parallel zum Boden austrecken, ohne dabei die Spannung zu verlieren. Gar nicht so einfach, oder? Zweimal dreißig Sekunden reichen. Dazwischen die Viertelminute Pause nicht vergessen.

3. Schritt
Jetzt geht's am Boden weiter: Legen Sie sich flach auf den Rücken, die Arme neben den Körper, die Beine leicht grätschen. Spannen Sie jetzt Ihr rechtes Bein kräftig an, die Zehen ziehen zum rechten Knie; den linken Arm strecken Sie nach hinten über den Kopf, sodass Ihr rechter Fuß und Ihre linke Hand auf einer Geraden liegen. Armmuskeln anspannen. Stellen Sie sich vor, Ihr Arm wird immer länger und schiebt immer weiter nach hinten. Und jetzt der Clou: Rechte Ferse und linke Hand fünf, zehn Zentimeter vom Boden abheben, ohne die Spannung zu verlieren. Klappt's? Super. Achtung: Die linke Hüfte muss dabei am Boden bleiben. Halten Sie die Spannung etwa zwanzig Sekunden. Dann Wechsel: linkes Bein und rechter Arm. Und wenn Sie mögen, wiederholen Sie das Ganze noch einmal. Für besonders Sportliche: Zum Schluss alle vier Extremitäten gleichzeitig anspannen. Na, schaffen Sie das für dreißig Sekunden?

4. Schritt

Jetzt dürfen Sie genießen. Bleiben Sie auf dem Rücken liegen. Spüren Sie, wie Ihr Körper schwer wird und sich warm anfühlt. Das ist Ihnen schon mal sicher und ein ganz sicheres Indiz für die Entspannung, die sich in Ihnen breit macht. Werden Sie jetzt zum Regisseur Ihre Traumreise. Stellen Sie sich vor, Sie können fliegen wie ein Vogel. Heben Sie in Ihrer Vorstellung einfach ab, schweben Sie dahin, ganz sacht. Nehmen Sie wahr, wie der Wind an Ihnen vorbeiweht. Und schauen Sie nach unten: Da sehen Sie ganz tolle Landschaften, wo Sie schon einmal waren oder schon immer einmal sein wollten. »Über den Wolken muss die Freiheit wohl grenzenlos sein«, heißt es in einem Song von Reinhard Mey. Das spüren Sie jetzt auch. Und da unten wird alles klein und unwichtig, wie alles, was Sie bisher belastet hat. Fliegen Sie weiter, solange es Ihnen Freude macht.

5. Schritt

Am Ende der Übung das Zurückkommen nicht vergessen. Vielleicht zählen Sie von 20 auf null zurück. Beugen und strecken Sie dann Ihre Arme, vielleicht räkeln Sie sich ein wenig. Augen auf und Sie sind wieder hellwach.

Und damit es besonders gut gelingt, hier noch ein paar Profitipps:
- Augen schließen, während Sie die Muskeln anspannen.
- Die Zeit, die Sie die Muskeln anspannen, innerlich laut herunterzählen. Am besten stellen Sie sich dazu vor Ihrem inneren Auge zusätzlich große Zahlen vor.
- Beim Anspannen das Atmen nicht vergessen.
- Kenner wissen: Der Raum, in dem Sie die Übung machen, sollte ruhig und abgedunkelt sein. Schlafmasken wirken bei der Traumreise übrigens Wunder, wenn der Raum doch zu hell sein sollte.
- Sportler haben längst erkannt: Liegestützgriffe mit Drehteller schonen die Gelenke und machen die Sache besonders abwechslungsreich.
- Und wie immer: Übung macht den Meister. Bauen Sie die Übung oder Teile davon in Ihren Tagesablauf ein.
- Besonders intensiv wirkt die Übung dann, wenn jemand anders Ihnen die Anweisungen gibt und Sie sich nur auf die Ausfüh-

rung konzentrieren müssen. Suchen Sie sich ein paar Gleichgesinnte. Üben in der Mittagspause kann ein (Entspannungs-) Highlight sein.

Das lassen Sie lieber

»Erkenne dich selbst«, steht am Eingang des Apollotempels von Delphi. Machen Sie sich also nichts vor, wenn es um Ihre Zeitressourcen und Ihre Belastungen geht. Weitermachen ist nur die Devise des dummen Hamsters im Rad, das alle gern vermeiden möchten. Sich mehr zuzutrauen, als man schaffen kann, geht eine ganze Weile gut. Aber bestimmt keine vierzig Dienstjahre lang. Machen Sie eine Bestandsaufnahme, und handeln Sie sofort, wenn es etwas zu ändern gibt.

Sie kennen diese Selbsthilfegruppen für Dicke? Da wollten Sie nie hin? Klar. Brauchen Sie ja vielleicht auch nicht. Aber verfallen Sie nicht dem Ego-Trip: »Ich schaff' das alles ganz allein.« An dieser Selbstüberforderung sind schon viele gescheitert. Gemeinsam löst man manche Probleme einfach schneller und leichter. Ein erster Schritt bei Zeit- und Belastungsproblemen kann die kollegiale Beratung sein. Sie gibt Ihnen soziale Sicherheit und erste Hilfe. Vielleicht finden Sie zusätzlich ein paar Gleichgesinnte, die an einer Supervision interessiert sind. Eine tolle Möglichkeit, sich selbst auf die Schliche zu kommen und mit sozialer Unterstützung Lösungen für eigene Belastungen anzubahnen. Und wie wär's mal mit einem Coaching? Kann wahre Wunder wirken, wenn Sie wirklich mitmachen.

8. Klassenlehrer sein

»Hier ist das Erste Deutsche Fernsehen mit der Tagesschau.« Seit Angelina Jolie diesen Satz spricht, klingt er erst recht wie das deutsche Credo zum Start in den Feierabend. Kollege Julius Meier-Wipperfürth hat es sich auf dem Sofa gemütlich gemacht, das gekühlte Bier fest im Blick. »Jetzt ist Schluss«, denkt sich Meier-Wipperfürth. »Bis zur Pause...«. Bis zu welcher Pause? Na, bis zur Pause des Fußballspiels, das gleich übertragen wird. Ein Freundschaftsspiel der deutschen Nationalelf ist angesagt. Die ARD hat Meier-Wipperfürth mal wieder so richtig in die Hände gespielt. Fußball ist ein gutes Argument gegen Klassenarbeiten korrigieren. »Das kann warten.«

Während Jan Hofer das Wetter ankündigt, kündigt sich bei Meier-Wipperfürth Ungemach an. »Yesterday« klingt es laut vom Couchtisch. Das Festnetztelefon rührt sich und will beruhigt werden. Bis zum Anpfiff sind es ja noch ein paar Minuten. Meier-Wipperfürth hebt ab. »Ah, lieber Herr Meier-Wipperfürth. Sie wissen, hier ist die Mutter von der Mareike aus Ihrer Sieben. Heute ist wieder was ganz Schlimmes passiert. Da sitzt doch der Roberto, dieser Filou, hinter der Mareike. Und, was glauben Sie, was hat der heute wohl gemacht? Natürlich nicht in Ihrer Stunde, nein, das war in der Musikstunde bei der Kollegin Mundharmonika, ja, nun sagen Sie doch, was hat der Roberto gemacht mit meiner Mareike, die ja nun wirklich niemandem etwas zu Leide tun kann...«.

Meier-Wipperfürth wird es heiß. Wieder diese Helikopter-Mami, die ihn alle zwei Wochen anruft und mit den unsinnigsten Stories ihrer entgeisterten Tochter nervt. Letztens ging es um die abgebissene Ecke vom Marken-Zickzack-Keks, die Mareike nicht verschmerzen konnte, und zwei Tage später um die verlorene Masche im selbstgestrickten Sneaker-Söckchen der Lieblingstochter. Weder das Keksstück noch die Masche sind übrigens je wieder gesichtet worden. Meier-Wipperfürth ist nicht nur aus dem Häuschen, sondern gleich auf 180, fragt sich: »Wie kann man die Mutti jetzt loswerden? Gleich geht's hier mit dem Fußball los... Haben die Leute denn überhaupt kein Verständnis?« »Herr Meier-Wipperfürth, jetzt muss ich Sie aber mal in Ihrer Funktion als Klassenlehrer ansprechen. Da müssen Sie doch etwas unternehmen.« Da ist er wieder, dieser Schlag: Klassenlehrer. Wäre dieses Wort nur nicht gefallen. Jetzt packt es Meier-Wipperfürth bei der Ehre und auch sonst: »Liebe Frau Albatross…«

Das sollten Sie wissen

Können Sie sich noch an Ihren ersten Klassenlehrer am Gymnasium erinnern? Vielleicht sogar an den Klassenlehrer in der Grundschule? Ziemlich sicher, oder? Denn irgendwie ist der Klassenlehrer doch etwas Besonderes, sowohl für die Eltern als auch für die Schüler. Eben ein ganz besonderer Lehrer, oft auch mit ganz besonderen Fähigkeiten. Nicht, dass Sie glauben, alle Lehrer reißen sich darum, Klassenlehrer zu spielen. Oft ist eher das Gegenteil der Fall. So wie manche Schule händeringend nach einem Schulleiter sucht, suchen manche Schulen nach geeigneten Klassenlehrern. Was das Auswahlprinzip angeht: Nun, man darf als Kollege selbstverständlich »Hier!« schreien. Aber trotzdem: zu Klassenlehrern gekürt werden doch meist die Lehrer der Kernfächer. Meier-Wipperfürth unterrichtet zum Beispiel Englisch und Deutsch, die volle Korrekturladung. Können Sie sich vorstellen, wie viele Wochenenden der nichts anderes sieht als seinen Schreibtisch mit (über)großen Packen von Schülerheften?

Schulleiter Gottlieb Bleibdran hat Ende des letzten Schuljahres noch einen drauf gesetzt: »Lieber Kollege Meier-Wipperfürth, Sie sind doch pädagogisch so geschickt, und da Sie in der 7 B ohnehin insgesamt acht Stunden unterrichten werden, übernehmen Sie dort bitte auch die Klassenleitung.« Haben Sie genau hingehört? Genau: Gottlieb kommt freundlich und sympathisch daher, ohne Frage. Aber der Trick ist Ihnen schon aufgefallen: Herr Bleibdran interessiert sich wenig dafür, ob Meier-Wipperfürth die tolle Aufgabe der Klassenleitung überhaupt übernehmen möchte. Der smarte Gottlieb gratuliert dem lieben Julius gleich zum neuen Amt. Im Beamtendeutsch heißt das: Der Schulleiter bestimmt für jede Klasse einen Klassenlehrer, und zwar im Benehmen (!) mit der Lehrkraft. Achten Sie ganz genau aufs Kleingedruckte: Im Benehmen heißt nicht im Einvernehmen. Das Benehmen ist die geringste Form der Übereinstimmung, die man herstellen kann. Im Klartext: Man spricht über die Sache, aber am Ende sagt Schulleiter Bleibdran, was Sache ist. Und Meier-Wipperfürth? Dem leuchtet das Argument ja durchaus ein: Vor allem solche Lehrer eignen sich als Klassenlehrer, die viele Stunden in einer Klasse unterrichten – sie sind also für die Schüler im Falle eines Falles stets ansprechbar und haben mehr Zeit für all die Klassengeschäfte als der Sportkollege, der die 7 B nur Dienstagnachmittags für zwei Stunden sieht. Zumindest glaubt man das so. Meier-Wipperfürths Korrekturberge zeugen vom Gegenteil. Aber wen interessiert's?

Der vermasselte Fußballabend zeigt aber auch dies: Wenn man nicht aufpasst, kann Klassenlehrer sein zum Vollzeitjob werden! Davon können viele Klassenlehrer ein Lied singen. Klassenlehrer haben neben dem Unterricht noch eine ganze Menge weiterer Verpflichtungen; und Klassenlehrer sind dafür verantwortlich, dass es in ihrer Klasse rundläuft. Genau aus diesem Grund ruft Frau Albatross abends um halb neun bei Meier-Wipperfürth an. Schließlich ist er dafür zuständig, klein Mareike vor den bösen Mitschülern zu schützen, am besten natürlich Tag und Nacht und vor allem dann, wenn die Eltern mal wieder nicht daheim oder nicht gut drauf sind. Wie würden Sie an Meier-Wipperfürths Stelle reagieren? Würden Sie gemeinsam mit Frau Albatross in einem mindestens 90-minütigen Telefonat Strategien entwickeln, um Mareikes Position in der Klasse zu stärken? Am besten natürlich, ohne Mareike jemals dazu zu hören oder mit ihr zu sprechen? Hoffentlich nicht. Wissen Sie, es gibt eine Menge Chancen, Eltern effektiv zu beraten. Aber parallel zu einem Spiel der Champions League? Sie haben eine bessere Idee? Würden Sie vielleicht gerade den Bruchteil einer Sekunde brauchen, um Mareikes Mutter für bekloppt zu erklären, das Gespräch mit ihr simsalabim zu beenden und auf die Couch zu ihrer Flasche Bier zurückzukehren? Das wäre bestimmt die schnellste Lösung, aber ganz bestimmt auch eine, die viele diplomatische Verstrickungen zur Folge hätte. Auch nicht gut.

Sie sehen: Das Ganze ist gar nicht so einfach. Und für Meier-Wipperfürth ist immer noch unklar: Welche Aufgaben habe ich eigentlich als Klassenlehrer? Muss ich mir denn meinen Fernsehabend kaputt quatschen lassen? Wofür bin ich verantwortlich, und wofür nicht? Und bis zu welcher Uhrzeit? Mancher Kollege ist ja schon morgens unter der Dusche von Eltern kalt erwischt worden. Klären wir Meier-Wipperfürth lieber auf, bevor er sein Privatleben ruiniert und die Nerven und den Spaß an seiner Arbeit verliert. Und das sind sie: die vier Bereiche, für die Klassenlehrer zuständig sind:

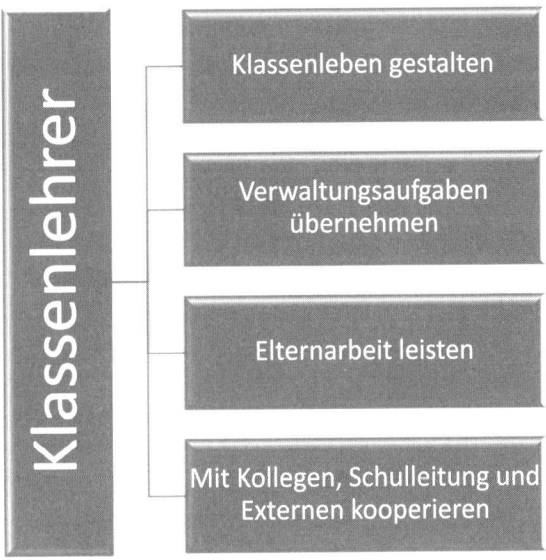

Das Klassenleben gestalten
Julius Meier-Wipperfürths 7 B ist eine echte Patchwork-Klasse – zu Beginn des Schuljahres kamen vier Wiederholer und drei Schüler einer benachbarten Schule neu in die Klasse. Von einer Klassengemeinschaft kann man wirklich noch nicht sprechen; und das möchte Meier-Wipperfürth möglichst schnell ändern. Er organisiert Aktivitäten, damit sich die Kids untereinander besser kennenlernen. Nächste Woche geht's zum Beispiel einen Tag in den Kletterpark, und übernächste Woche ist ein Grillabend geplant. Meier-Wipperfürth ist als Planungsgenie bekannt, daher kümmert er sich schon längst um die Vorbereitung der Klassenfahrt. Gar nicht ohne, oder? Wipperfürth ist übrigens froh, dass seine Co-Klassenlehrerin Frau

Emsig die Organisation der Wandertage für die Klasse 7 B übernimmt; denn auch das ist eine Aufgabe der Klassenleitung.

Apropos Klassenleben: Klassenleben im engeren Sinn, das heißt zunächst einmal Unterricht, und der spielt sich ja vor allem im Klassenraum ab. Sicher kennen Sie solche Klassenräume, die man in dem Film *Im Namen der Rose* gut als Kulisse hätte nutzen können. Anders gesagt: Der Klassenraum der 7 B könnte etwas Zuwendung und viele hilfreiche Hände gebrauchen, ganz nach dem Motto: *Es gibt viel zu tun – packen wir es endlich an!* Keine Angst: Klassenlehrer müssen weder Maurer noch Elektroinstallateure sein. Und trotzdem: Meier-Wipperfürths Aufgabe ist es auch, den Klassenraum zu gestalten. Natürlich gemeinsam mit den Schülern. Profi-Tipp: Außer künstlerisch wertvollen Graffitis und knalligen Postern von *One Direction* macht sich auch eine Übersicht der Klassenregeln gut. Klar, die müssen ein paar begabte Schüler grafisch noch ein bisschen aufmotzen, aber dann sind die Regeln ein echtes Highlight an den frisch gekälkten Wänden. Und wichtig sind die Regeln allemal. Schließlich hat Meier-Wipperfürth sie in einem aufwändigen basisdemokratischen Verfahren gemeinsam mit der 7 B erarbeitet.

So weit, so gut. Doch Schule wäre nicht Schule, wenn alles reibungslos klappen würde. Natürlich gibt es immer wieder kleinere Streitigkeiten in der Klasse, die für die Teenies schnell zu weltbewegenden Ereignissen werden. Als letzten Montag Mareikes Handy nicht mehr in ihrer Tasche ist, geht es sofort hoch her. »Das war bestimmt Phillip, und der macht jetzt per WhatsApp mit meinem Freund Schluss!« Angstschweiß fließt, und Tränen fließen natürlich auch. Meier-Wipperfürth macht mal eben das, was man sonst nur von Haarshampoos kennt: Three in One. Aus dem Stand heraus ist er gleichzeitig als Seelsorger, Streitschlichter und Detektiv gefordert. Einfach genial, wie er die emotionalen Wogen glättet und gemeinsam mit Mareike systematisch überlegt, wo das gute Stück wohl sein könnte: »Ach ja, der Akku war leer, und ich hab' mein Handy ans Ladegerät gehängt und dann zu Hause gelassen...« Ja, auch das gehört zum Klassenlehrerjob – für die Schüler ansprechbar sein und bei Konflikten vermitteln. Gar nicht so einfach, und professionell sicher erst möglich, wenn man mal die eine oder andere Fortbildung dazu besucht hat. Profi-Tipp: Manche Bücher können da auch weiterhelfen! Sie wissen schon: diese Dinger zwischen zwei Deckeln, die heute meist ziemlich beweglich sind.

Aber Meier-Wipperfürth ist kein Alleinunterhalter, der das Klassenleben als Daueranimateur zum Kultobjekt gestaltet. Stichwort Klassenämter: Schüler übernehmen ebenfalls Verantwortung für die Klasse und erleichtern Meier-Wipperfürth die Arbeit; zum Beispiel Clarissa, die für das Klassenbuch zuständig ist, oder Max, der die Klassenkasse führt, und natürlich Sven, der Klassensprecher. Und damit die drei nicht einfach nur auf einer Liste stehen, sondern ihr Amt auch tatsächlich ausfüllen, muss Meier-Wipperfürth die Schüler über ihre Aufgaben informieren und sie natürlich regelmäßig beraten. Auch eine Prise Lob kann nicht schaden. Erhält den Arbeitsfrieden und die Motivation – nicht nur bei Fließbandarbeitern. Und dann sind da noch Dienste mit wechselnder Besetzung, wie zum Beispiel der Ordnungs- und Tafeldienst. Auch das will organisiert sein, sonst kriegt Meier-Wipperfürth von seiner Kollegin Luise Immergrün schnell eins auf die Nase: »In deiner Klasse, lieber Julius, geht's zu wie bei Hempels...«. Und von Luise möchte sich Julius das ganz bestimmt nicht sagen lassen.

Verwaltungsaufgaben übernehmen

»Lieber Herr Meier-Wipperfürth, das geht nicht! Am Freitag besuchen wir Tante Trude in Buxtehude. Da kann Mareike nach dem Unterricht auf keinen Fall am Ausflug ins Sea-Life teilnehmen.« Die »Das-geht-nicht Tante« hat wieder einmal zugeschlagen. Frau Albatross hat ein Grundprinzip: Meckern macht stark. Aber diesmal muss Meier-Wipperfürth zugeben, dass er nicht gerade von der schnellen Sorte war. Den Ausflug vier Tage vor dem Start zu organisieren, das war vielleicht etwas kurzfristig. Im Idealfall sollte es anders laufen. Am ersten Elternabend des Schuljahres stellt der Klassenlehrer den Eltern einen Jahresplan vor, der alle wichtigen Termine enthält: Wandertage, Ausflüge, Exkursionen, Klassenfahrten, Praktika, bewegliche Ferientage und vieles mehr. Es soll sogar Schulen geben, die einen Google-Kalender mit all diesen Terminen auf ihre Homepage stellen. Bei so viel Weitsicht und Transparenz hätte selbst Frau Albatross nichts mehr zu meckern! Zumindest nicht in diesem Punkt.

Wir geben gern zu: Nur die wenigsten Klassenlehrer haben Kristallkugeln, mit denen sie weit in die Zukunft schauen können. Aber hier geht es auch nicht um den Tag Hitzefrei im kommenden Jahr oder den aktuell wichtigen Besuch in der Lotto-Annahmestelle, der für den Mathe-Leistungskurs unverzichtbar ist. Thema: Wahrscheinlichkeitsrechnung! Meier-Wipperfürth braucht also keine hellseherischen Fähigkeiten, zumal er die meisten Verwaltungsaufgaben nicht so langfristig angehen muss. Klassenlehrer sind nämlich für Klassenbücher und Zeugnislisten zuständig, leiten die Zeugniskonferenzen ihrer Klasse, laden zu Klassenkonferenzen ein, schön fristgerecht, versteht sich, also mindestens eine Woche, bevor die Konferenz stattfinden soll. Und natürlich sollen Klassenlehrer diese Konferenzen auch vorbereiten und durchführen. Und wenn es auf die Zeugnisse zugeht, sind Klassenlehrer besonders gefragt. Noch bevor sie Gutachten und Zeugnisse schreiben, beobachten sie, wie sich die einzelnen Schüler entwickeln, und sie informieren bei Problemen möglichst rasch die Schulleitung und die Stufenkoordinatoren. Frau Albatross sollte schließlich nicht erst am Tag der Zeugnisausgabe erfahren, dass ihre Tochter die Versetzung vermasselt hat: 140 unentschuldigte Fehlstunden und zwei Sechsen inklusive...

Elternarbeit leisten
Wir bleiben dabei: Auch Klassenlehrer müssen nicht rund um die Uhr strammstehen, wenn besorgte Eltern Probleme wittern, und Julius Meier-Wipperfürth darf sich ohne schlechtes Gewissen das Fußballspiel ansehen. Klassenlehrer sind keine Hausärzte mit Tag- und Nachtrufbereitschaft. Und selbst die Hausärzte legen mittwochs und am Wochenende den Hebel um: Dann ist der Notdienst zuständig. Dennoch ist die Zusammenarbeit mit Eltern eine wichtige, vielleicht sogar die wichtigste Aufgabe des Klassenlehrers! Warum? Ganz einfach: Erziehung gelingt nur dann, wenn Lehrer und (!) Eltern an einem Strang ziehen. Achtung: In dieselbe Richtung! Oder glauben Sie wirklich, dass Mareike es endlich schafft, ihr Handy im

Unterricht auszuschalten, wenn ihre Mutter alle zehn Minuten eine SMS schickt und fragt, wie es gerade so läuft?

Helikopter-Eltern mit Dauersorge sind meist auch schlechte Berater, wenn es um das sozialverträgliche Verhalten ihrer Sprösslinge geht. Meier-Wipperfürth ist aber darauf angewiesen, dass die Eltern seiner Klasse mitspielen; und insofern muss ein guter Klassenlehrer auch ein guter Beziehungsmanager sein, er muss sensibel sein und gut zuhören können. Eltern vor den Kopf zu stoßen, ihnen zu erklären, dass sie ihre Erziehungsaufgabe gefälligst ernster zu nehmen haben – das ist nicht das Ding des Klassenlehrers. Es geht nicht darum, Eltern eines Besseren zu belehren, sondern darum, sie für das Bessere zu gewinnen. Der Klassenlehrer: ein Beziehungsstifter. Wie er das hinkriegt? Zunächst einmal dadurch, dass er mit den Eltern in Kontakt bleibt und sie über wichtige Dinge rund um die Klasse 7 B informiert. Dazu muss nicht immer die gesammelte Elternmannschaft antreten. Natürlich ist das Kaugummi unter dem Tisch in der ersten Reihe ärgerlich, aber noch kein Grund, direkt einen Elternabend einzuberufen. Und wahrscheinlich reicht ein kurzes Infoschreiben aus, wenn fünf Euro für den Theaterbesuch eingesammelt werden sollen.

Ein Top-Informationsfluss, das ist wichtig. Der Klassenlehrer muss verlässlich sein und rasch das Elterngespräch suchen, wenn es wirklich wichtig wird. Zum Beispiel bei Verhaltensproblemen, bei Minderleistungen oder Förderfragen. Und zuletzt: Elternarbeit heißt nicht nur, *für* die Eltern der Klasse zu arbeiten, sondern auch *mit* ihrer Hilfe das Klassenleben zu gestalten. Stichwort Elternmitarbeit: Vielleicht ist die kreative Frau Albatross ja bereit, montags in der siebten Stunde eine Arbeitsgemeinschaft anzubieten. Wer könnte interessierten Schülern das Malen mit Acrylfarbe besser beibringen? Frau Albatross fühlt sich ernst genommen und gebraucht, und die Schüler haben eine Chance, etwas zu lernen, was die Schule sonst nicht so ohne Weiteres liefert. Und eine Hausaufgabenhilfe donnerstags in der achten Stunde, direkt vor dem Sportunterricht, wäre doch auch eine tolle Sache. Meier-Wipperfürth überlegt schon, welche Eltern er dafür gewinnen könnte.

Mit Kollegen, Schulleitung und Externen kooperieren
Kollege Bunsenbrenner hat sich schon gewundert, dass er Clarissa so lange nicht mehr in seinem fantastischen Chemieunterricht gesehen hat. Ob sie wohl blau macht? Zufällig trifft er Meier-Wipperfürth bei einer Pausenaufsicht und hakt nach. »Clarissa? Die ist doch schon seit zwei Monaten in einer Reha-Maßnahme. Hatte ich das nicht ins Mitteilungsbuch geschrieben?« Leider nein, lieber Julius! Noch besser wäre es wohl gewesen, Klassenlehrer Meier-Wipperfürth hätte diese Info den Kollegen persönlich mitgeteilt, die in seiner Klasse unterrichten. Auch das gehört zum Berufsbild des Tausendsassas namens Klassenlehrer! Er informiert Kollegen und die Schulleitung über die neuesten Entwicklungen, die sich bei seinen Schäfchen zeigen; er bespricht mit ihnen Belange einzelner Schüler oder auch die Situation in der Klasse insgesamt. Der Klassenlehrer spricht sich mit den Kollegen ab, das betrifft sowohl Erziehungs- als auch Organisationsfragen; er koordiniert den Umgang mit Hausaufgaben, er steht Rede und Antwort zu allem, was die Klasse betrifft.

Das hört sich nicht nur nach viel an, das ist auch viel – zumindest, wenn man es ernst nimmt. Je nach Klasse kann das ganz schön viel Zeit und Nerven kosten, und Meier-Wipperfürth fragt sich schon, wie es bloß mit seinem Neuzugang Steffen weitergehen soll. Steffens Kindheit ist bisher alles andere als rosig, die familiären Verhältnisse sind schwierig; der Junge kommt fast nie in den Unterricht, hat weder Bücher noch Hefte und macht einen richtig heruntergekommenen Eindruck. Meier-Wipperfürth hat seinen Schulleiter und seine Kollegen schon informiert – an Steffens Verhalten geändert hat sich aber nichts. Merke: Auch Klassenlehrer können keine Wunder vollbringen. Und genug ist wirklich genug. Sich zu überheben führt nicht zu mehr Leistung, sondern meist zu argen Gebrechen. Trotzdem: Aufgeben gilt nicht, wohl aber delegieren. Klassenlehrer können und sollten nämlich mit außerschulischen Einrichtungen kooperieren und Unterstützung einholen, wenn sie wie bei Steffen selbst nicht mehr weiterkommen. Der zuständige Streetworker und das Jugendamt, vielleicht sogar das Gesundheitsamt wären die richtigen Anlaufstellen, um Steffen zu helfen. Wie war das gleich in diesem Song von Xavier Naidoo? Was wir alleine nicht schaffen, das schaffen wir dann zusammen.

Das können Sie tun

Sie möchten ein echter Klasse(n)lehrer werden? Nur zu! Hier noch einige Tipps zur Sache: Wissen Sie noch? Kürzlich beim Elternsprechtag? Die Mutter von Trixi befürchtete tatsächlich, dass ihre Tochter bald keine Freunde mehr haben und immer dicker und dicker würde. Warum? Wegen der Fülle an Hausaufgaben, mit der Sie die armen Schüler ständig eindecken. Die Hausaufgaben verleiten Trixi zu immer mehr Gummi- und Keksbärchen und so gar nicht zum Lernen. Und Sie? Sie wollen sicher nicht als Unmensch dastehen, oder? Also, was tun? Als Fachlehrer haben Sie's leicht, denn Sie können auf den Klassenlehrer verweisen. Der hat nämlich dafür zu sorgen, dass die Schüler seiner Klasse durch Hausaufgaben und Klassenarbeiten nicht über die Maßen belastet werden. Zum Beispiel so: Um die Übersicht zu behalten, stellen Klassenlehrer Hausaufgabenpläne auf; hier sehen alle Fachlehrer, an welchem Tag sie Hausaufgaben aufgeben können und welchen zeitlichen Umfang das Erledigen der Aufgaben haben darf. Dieser Plan macht sich gut an der Wand im Klassenraum, und die Kollegen, die in Fachräumen unterrichten, freuen sich über eine Kopie in ihrem Postfach. Transparent muss die Sache sein. Bleiben noch die lieben Klassenarbeiten; als Infoplattform nutzen viele Klassenlehrer das Klassenbuch. Hier werden die Termine der Klassenarbeiten rechtzeitig eingetragen. Sie wissen ja: Mehr als zwei Klassenarbeiten pro Kalenderwoche sind nur in absoluten Ausnahmefällen erlaubt!

Wer kennt sie nicht, diese Lehrer, die noch bei der Bekanntgabe der Zeugnisnoten höchstens jeden zweiten Schülernamen kennen? Ertappt? Dann bleiben Sie hier mal dran. »Also, lieber äh ja, jedenfalls hast du ganz ordentlich mitgearbeitet, hast aber auch mal länger gefehlt, oder? Na ja, für eine Drei sollte es wohl reichen.« Sehr unangenehm, denn die Botschaft dieses Lehrers an den Schüler ist zwischen den Zeilen auch diese: »Ich habe mich in den letzten Monaten überhaupt nicht bemüht, dich als Person wahrzunehmen;

ich habe mich nicht die Bohne für das interessiert, was du im Unterricht so getrieben, geschweige denn geleistet hast.« Irgendwie entwürdigend für den Schüler, und zugleich ein Armutszeugnis für den Lehrer. Mal ganz zu schweigen davon, dass Noten unter solchen Umständen wohl eine Art Lotteriespiel sein dürften – für die Schüler und den Lehrer. Sie wollen Ihren Schülern gegenüber glaubwürdiger wirken? Gut so! Dann gehen Sie die Sache anders an, vor allem als Klassenlehrer! Je schneller Sie Ihre Schüler mit Namen anreden, desto besser. Das schafft Beziehung! Und falls Sie nicht als Gedächtniskünstler auf die Welt gekommen sind: Nutzen Sie Fotos und Namenskärtchen, basteln Sie sich ein Schülermemory, führen Sie Meldeketten ein, sodass sich die Schüler gegenseitig mit Namen ansprechen und aufrufen, gestalten Sie zusammen mit den Schülern eine kreative Fotowand mit Schülerprofilen und und und.

Manche Schüler arbeiten höchst effizient und erreichen innerhalb weniger Tage, wofür Ihre Schwiegermutter Jahre gebraucht hat: Sie sind richtig wütend! Dabei haben Sie Klasse 7 F doch erst zu Beginn des Schuljahres übernommen, und das war letzte Woche. Aber Lilly aus der letzten Reihe hat's einfach drauf: Sie stört ununterbrochen Ihren Unterricht, lenkt alle Mitschüler in einem Radius von mindestens drei Metern ab und hält es noch nicht einmal für nötig, Sie zu siezen. Sie wollen etwas unternehmen und erinnern sich an das alte Sprichwort: Wer nicht hören will,... Das trifft sich gut, schließlich können Sie als Klassenlehrer die gesamte Palette der Ordnungsmaßnahmen nutzen. Vom schriftlichen Verweis über den Ausschluss vom Unterricht, vorübergehend, versteht sich, bis hin zum Schulverweis. Aber Vorsicht! Wut ist ein schlechter Ratgeber, und Bestrafungen führen nur selten zur Einsicht, ziemlich sicher aber zu sehr viel Angst. Außerdem: Als Klassenlehrer schlagen Sie Ordnungsmaßnahmen zunächst nur vor; die Klassenkonferenz entscheidet, ob die Maßnahme angebracht ist, also ein Gremium von Vertretern der Schulleitung und Beratungslehrern. Und grundsätzlich legen wir Ihnen sehr ans Herz: Gehen Sie pädagogisch vor, nehmen Sie auch die Schüler ernst, die an Ihren Nerven sägen, und nicht nur die, die an Ihren Lippen kleben. Es gibt so tolle erzieherische Maßnahmen! Einige weitere Infos gefällig? Dann blättern Sie mal rasch zurück zu Situation 4.

Sie haben es fast geschafft. Nein, nein, nicht mit diesem Buch; es bleiben noch ein paar Seiten. Ganze sechs Wochen noch sind es bis zu den Sommerferien, und dann sagen Sie der Schule erst einmal »Tschüss« – und Ihrer Klasse auch, in der Sie drei Jahre Klassenlehrer waren. Nach den Ferien ist die Schonzeit vorbei, und Ihre ehemalige Klasse startet in die Oberstufe. Doch nun kommen immer öfter unangenehme Fragen, und zwar von Eltern und von Schülern: »Wie viele Gesellschaftswissenschaften muss ich eigentlich ab dem nächsten Schuljahr schriftlich belegen?« Oder: »Meine Tochter möchte gern Mathe als drittes Abiturfach nehmen und Physik als viertes Fach. Unter welchen Umständen geht das denn?« Gute Fragen, nächste Frage. Aber machen Sie sich keine Sorgen: All das müssen Sie nicht wissen, der Oberstufenkoordinator und die Beratungslehrer hingegen sehr wohl. Schicken Sie Schüler und Eltern, die zu diesen Fragen Rat suchen, einfach an die Oberstufenexperten. Delegieren geht über Studieren. Aber mit einer Sache sollten Sie sich als Klassenlehrer wirklich gut auskennen: Wir sprechen von den Versetzungsbestimmungen in der Unter- und Mittelstufe. Besorgte Eltern und Schüler werden Sie immer wieder löchern, ob man mit einer Fünf in Musik und einer Fünf in Englisch sitzenbleibt. Oder ist man vielleicht doch versetzt? Oder kann man doch noch zu einer Nachprüfung antreten?

Das lassen Sie lieber

Vorsicht, Rollenkonflikt! Lehrer müssen oft echte Multitalente sein: Die schläfrige 8 A braucht ab und zu einen Entertainer, auf der Klassenfahrt der zerstrittenen 9 A ist eher ein Sozialarbeiter gefragt, und am Elternsprechtag sind Laufbahnberater begehrt, die der überforderten Mutter von Hansi aus der 7 C Mut zureden und einen Handlungsplan vorschlagen. Das Besondere am Klassenlehrerjob ist allerdings dies: Während sich Schauspieler oft monate- oder sogar jahrelang auf ihre Rolle vorbereiten, müssen Klassenlehrer ihre Rollen oft im Sekundentakt wechseln. Ein Beispiel gefällig? Gerade in der sechsten Stunde in Mathe hat Aylin mit ihrem ständigen Gequatsche noch intensiv Ihre Geduld auf die Probe gestellt; nach dem Unterricht zitieren Sie Aylin zu sich und geigen ihr ordentlich die Meinung. Doch was macht Aylin? Sie erzählt unter Tränen, dass sich ihre Eltern gestern getrennt haben. Oder sie berichtet sichtlich betroffen, dass sie gerade einen ernsten Streit mit dem Sportkollegen Trimmdich austrägt, weil der Aylins tollen Heckaufschwung aus Sicht des Mädchens einfach nicht angemessen gewürdigt hat. Oder Aylin erzählt mit verzerrter Miene, dass ihre beste Freundin Paula von Mitschülern via Facebook gemobbt wird. Achtung: Dann wird es Zeit für einen Rollentausch! Wechseln Sie den Rollenhut: raus aus der Erzieherrolle, rein in die Beraterrolle. Ist ein Elterngespräch angebracht, sollten die anderen Kollegen, vielleicht sogar die Schulleitung informiert werden? Oder sind jetzt zusätzlich außerschulische Beratungsstellen gefragt?

Nochmal zurück zum Anfang: Julius Meier-Wipperfürth hatte es sich auf der Couch bequem gemacht, und plötzlich hat er Frau Albatross am Ohr. Ein Elterngespräch wider Willen. Doch Meier-Wipperfürth ist selbst schuld an seinem Ungemach, und das nicht zu knapp. Er hat ganz einfach versäumt, die Spielregeln zu klären, die auch für besorgte Eltern gelten. Wann hätte er das machen sollen? Zum Beispiel am ersten Elternabend des Schuljahres. Klar, der Klassenlehrer hat eine besondere Verantwortung; er soll die Klasse erzieherisch und fachlich fördern. Aber nicht rund um die Uhr! Es ist ja durchaus sinnvoll, wenn Klassenlehrer den Eltern ihrer Klasse für den Notfall eine Telefonnummer nennen. Aber vielleicht tut es auch die Nummer ihres Zweithandys, das sie ab und an auch mal abschalten. Und für alles, was nicht dringend ist, kann man den Eltern eine E-Mail-Adresse geben. Sie wissen schon: Abwürgen ist nicht gemeint, aber etwas professionelle Distanz zum Job ist wichtig – und schont Ihre Gesundheit. Und die wollen Sie doch möglichst lange behalten, oder?

Teil II:

Engagiert unterrichten: Schüler herausfordern und unterstützen

9. Im Unterricht selbstbewusst auftreten

Frau Zögerlich mögen alle, zumindest alle Schüler. Sie zögert so schön, dass letztlich die Schüler bestimmen, was Sache ist. »Können wir heute nicht am Ende der Stunde noch etwas spielen?« »Dürfen wir am Ende der Stunde schon mal die Hausaufgaben für Mathe machen? Wir arbeiten dann jetzt auch ganz intensiv in Deutsch mit.« Und Frau Zögerlich sagt irgendwann Ja dazu. Trotzdem: Irgendwie sieht sie dabei nicht glücklich aus. Frau Zögerlich fühlt sich in Wahrheit ziemlich mies, traut sich kaum, in der Klasse herumzugehen. Sie sitzt fast immer am Pult und starrt mehr die Tischplatte an, als dass sie ihre Schüler ansieht. Ihren Kollegen erzählt Frau Zögerlich später: »Meine Schüler sind sowas von aktiv. Die haben mir letztens sogar vorgeschlagen, wie wir am Ende der Stunde methodisch vorgehen sollen. Einfach super. Ich hab' das dann auch genauso gemacht, wie die Schüler das wollten. Man muss Engagement ja immer fördern.« Muss man das?

Das sollten Sie wissen

Wenig selbstbewusste Kollegen – die gibt es wirklich. Man glaubt es kaum. Wer wenig Selbstbewusstsein hat, wird dies kaum zugeben. Warum wohl? Weil er es vermutlich gar nicht wahrnimmt. Es ist wie mit der Sehkraft, die über Jahre hinweg schwindet. Und erst beim Augenarzt wird einem klar, was man bisher schon alles nicht gesehen hat. Und erst jetzt kann man sich erklären, weshalb man gerade vorgestern von der falschen Seite in die Einbahnstraße gefahren ist. Fehlt das Selbstbewusstsein, richtet man sich in dieser Situation ein. Was die Ausnahme sein sollte, wird zur Gewohnheit, muss zur Gewohnheit werden. Man entwickelt tolle Gedankenmodelle, die verschleiern, was wirklich ist. Aus Schülern, die mit einem spielen, werden dann engagierte Schüler, denen man dieses Engagement ermöglicht und sogar noch bescheinigt. Klar, das mag sinnvoll sein, so um die Ecke zu denken. Zum Beispiel, um wieder handlungsfähig zu werden. Aber um die Ecke zu denken, wenn man eigentlich ziemlich wenig Selbstvertrauen hat – das ist Immunisierung pur und führt garantiert nicht zum Handeln. Solches Denken stoppt jede Veränderung.

Der Reihe nach: Was ist denn eigentlich Selbstbewusstsein? Schwere Kost, denn der Begriff ist mehrdeutig. Selbstbewusst können einzelne Personen sein, aber auch Gruppen. Fans eines Fußballvereins können manchmal schon sehr anstrengend sein, gerade wenn sie selbstbewusst sind. So ein bisschen Brust raus, Augen zu und durch. Ja, auch das gehört dazu. Souveränität also, die ein wenig überdreht. Auch das meinen wir, wenn wir selbstbewusst sagen. Uns geht es hier aber um das Selbstbewusstsein von Lehrern. Auf zwei Ebenen können die selbstbewusst sein:

(1) Wer will ich als Lehrer sein? Und wer bin ich als Lehrer? Die Antworten auf diese Fragen sind eine Art Selbstvergewisserung, die sich nicht nur in der und durch die Person abspielt. Andere Menschen sind an dieser Selbstvergewisserung beteiligt, Eltern zum Beispiel, Kollegen, nicht zuletzt auch Schüler, die der Lehrer unterrichtet. All diese Personen spiegeln, was sie vom Sein und Verhalten des Lehrers halten. Höchst unterschiedlich und höchst individuell. Und der Lehrer? Der nimmt diese Rückmeldungen auf, verarbeitet sie und integriert sie in sein Selbstbild. Dieses Selbstbild ist immer eine Mischung aus dem, was der Lehrer von sich hält, und dem, was andere von ihm halten, wie sie ihn sehen. Das bewusste Verstehen dieses eigenen Bildes der beruflichen Existenz – das ist der eine Teil des Lehrerbewusstseins. Selbstbewusstsein meint hier also sich selbst im Klaren sein darüber, wer ich bin und wie mich andere sehen. Und der andere Teil des Selbstbewusstseins?

(2) Der bezieht sich auf ein Alltagsverständnis von Selbstbewusstsein: Ein Lehrer, der Vertrauen in sich und seine Arbeit hat, der sich sicher ist, seine Arbeit leisten, ja gut leisten zu können, ein Lehrer, der eine grundlegende Gewissheit in sein eigenes Können, in seine Kompetenzen entwickelt hat – ein solcher Lehrer ist sich selbst bewusst, dass er dies kann. Und dadurch ist er selbstbewusst, denn er erlebt sich als selbstwirksam. »Ja, ich schaffe das. Und meine Erfahrung und mein Wissen von mir bestätigen mir das.« Hier bedeutet wie bei unseren Fußballfans selbstbewusst sein so etwas

wie souverän sein und handeln, und zwar durch die eigene Erfahrung begründet. Und dieses Erleben ist natürlich auch das Resultat dessen, was ihm seine Umgebung spiegelt, eben die Mitglieder der Schulgemeinde, allen voran seine Schüler. Das Selbstbewusstsein entsteht, weil die Umgebung dem Lehrer mitteilt: »Du schaffst das. Das merken wir. Wir trauen dir daher auch etwas zu.« Ein tolles Gefühl, dem die meisten Lehrer vertrauen.

Selbstwirksamkeit ist eine zentrale Kategorie des Selbstbewusstseins. Erlebe ich mich als selbstwirksam, habe ich einen festen Glauben an meine eigenen Fähigkeiten. Ich bin überzeugt: Ich kann und werde die Welt (mit)gestalten, zumindest dort, wo ich dazu die Möglichkeit habe. Als Lehrer zum Beispiel im Unterricht oder in der Schule. Das nachhaltige Gefühl, Prozesse kontrollieren und damit steuern zu können, gehört zu der Erfahrung von Selbstwirksamkeit. Selbstbewusstsein ist das Resultat. »Ja, ich weiß, ich kann das.« »Und auch Probleme werden mich nicht hindern, mein Ziel zu erreichen.« Selbstbewusste Lehrer werden Probleme eher als Herausforderung wahrnehmen und nicht als Hindernisse, die sie zum Stolpern bringen. Probleme sind da, um sie zu lösen, nicht um daran zu scheitern. Selbstbewusstsein führt daher oft zur Initiative. Menschen mit großem Selbstbewusstsein haben meist eine hohe Handlungskompetenz, gestalten ihren Handlungsbereich, strukturieren die Prozesse.

Und Frau Zögerlich? Sie haben es längst erkannt: Frau Zögerlich hat ein verkehrtes Selbstbild; sie hält sich für selbstwirksam, wo sie es in Wahrheit gar nicht ist. Die Schüler sind die Selbstbewussten, und Frau Zögerlich folgt ihnen nur; nicht sie gestaltet, sondern die Schüler. Woran das liegen mag? Die sprichwörtliche Kindheit, oder sagen wir es anders: Frau Zögerlichs Sozialisation ist verantwortlich dafür, was sie jetzt tut und wie sie ihre Welt deutet. »Lass das mal lieber, Luise, das schaffst du eh nicht. Peter kann das besser.« »Und überhaupt: Wenn du so weitermachst, dann ...« X-mal von Eltern und Lehrern gehört, führen diese Sprüche zu allem, nur nicht zu einer Erfahrung von Selbstwirksamkeit. Überbehütung und Zweifel an den Ressourcen – Eltern und Lehrer, die sich so verhalten, behindern die Entwicklung ihrer Kinder. So kann sich bei Heranwachsenden kein Selbstbewusstsein entwickeln, sondern höchstens Opportunismus. Gut gemeint, aber eben ganz schlecht gemacht. Trotzdem: Es ist nie zu spät, an seiner eigenen Kindheit etwas zu ändern. Vertrauen Sie darauf und fangen Sie am besten gleich heute damit an. Auch Frau Zögerlich kann sich an den Haaren aus dem Sumpf ziehen. Ganz bestimmt!

Das können Sie tun

Werden Sie selbstbewusst, indem Sie sich der Wirkung einiger Dinge selbst bewusst werden.

Kleidung: »Wie läufst du nur rum?« Mancher erinnert sich an diesen entsetzten Aufschrei seiner Mutter oder gar seiner Freundin. Haben Sie dazugelernt? Kleider machen bekanntlich Leute. Doch Kleidung wirkt nicht nur auf andere Menschen; Kleidung wirkt auch auf den zurück, der sie trägt. Wie wollen Sie wirken und sich fühlen? Aha: selbstbewusst! Strahlt Ihre Kleidung das aus – nach außen und nach innen? Oder tragen Sie immer noch die Jeans, die Sie schon beim letzten Grillfest anhatten? Versuchen Sie es mal anders: Kostüm für die Frauen, Sakko für die Herren. Geben Sie ein bisschen Farbe dazu: rote Schuhe für den Herren und grüne für die Damen. Unmöglich? Keineswegs, sondern der Renner in der aktuellen Saison. Auffallen ist gut, gerade für den selbstbewussten Lehrer!

Auftreten: Klar, Sie wollen nicht die neue Staffel von *Deutschland sucht den Superstar* moderieren. Aber ein bisschen Theater ist Unterricht doch schon. Genauer: Sie stehen immer irgendwie auf der Bühne, werden von den Schülern beobachtet, vielleicht sogar beäugt. Machen Sie etwas aus der Neugier der anderen, zeigen Sie sich selbstbewusst: sicherer Stand, klarer Blick, und den auch zu den Schülern halten; die Hände passen zwar hervorragend in Ihre Hosentaschen, haben da aber gar nichts zu suchen. Also die Hände über der Gürtellinie halten, das macht etwas her. Und nutzen Sie den Raum. Wer das Terrain beherrscht, beherrscht auch das Territorium. Oder umgekehrt? Na ja, jedenfalls können wir da etwas von den Tieren lernen. Die machen's genauso. Eine Unsitte von Schülern sollten Sie nicht übernehmen: Lehnen Sie sich nicht an die Wand, und setzen Sie sich auch nicht auf die Fensterbank oder auf einen Schülertisch. Können Sie sich vorstellen, dass der Bundespräsident das machen würde? Sehen Sie! Und den Schülern billigen Sie diese Unsitte doch auch nicht zu. Oder etwa doch?

Mimik und Gestik: ja, ja, immer dasselbe. Aber es ist auch wichtig. Mimik und Gestik sind zwar unwillkürliche Reaktionen, aber Hoffnung naht: Wir können beides beeinflussen. So können wir freundlich gucken und lächeln, und zwar genau dann, wenn wir das wollen. Macht sich besonders gut, wenn gerade mal etwas schiefgeht, der OH-Projektor den Geist aufgibt, das eigene Handy im Unterricht »Oh, happy day« klingelt oder man mal wieder das Passwort für den Laptop nicht parat hat. Und durch Kopfschütteln und Armbewegungen können wir so manche unserer Worte richtig toll unterstützen. Wirkt besonders gut, wenn wir dabei nicht einfach nur in der Luft herumwirbeln und hin und wieder auch mal den Kopf stillhalten.

Sprache: Wie man in den Wald hineinruft... Den Spruch kennen Sie. Gemeint sind damit auch Sie. Sprechen Sie laut und deutlich und wirklich so, dass man es auch drucken könnte. Es müssen nicht immer ganze Sätze sein, aber grammatikalisch korrekt soll es schon zugehen. Deutsch ist Ihre Muttersprache. Fantastisch! Lassen Sie das jeden wissen und hören. Sprache ist nicht nur Grammatik, nicht nur Inhalt. Sprache ist auch Betonung, Tempo, die bewusst gesetzte Pause und nicht zuletzt die Lautstärke. Schauspieler beherrschen diese Klaviatur: Zur rechten Zeit die richtige Sprachtaste zu drücken, das können auch Sie lernen. Also raus aus dem Einerlei der Sprachmonotonie. Unterricht ist keine Tagesschau, Unterricht ist das Leben da draußen. Dann kommt Unterricht auch an. Sie haben es in der Hand.

Das lassen Sie lieber

Gute Schauspieler kennen ihre Rollen. Die Rolle »Selbstbewusst« ist Ihre Rolle. Lernen Sie diese Rolle kennen und spielen Sie sie, möglichst intensiv und vielfältig. Aber Achtung: Überfordern Sie das Publikum nicht. Selbstbewusstsein kann schnell in Arroganz oder autoritäres Verhalten umkippen. Das kommt nicht gut an und verhagelt jede Kommunikation. Also immer Augen und Ohren auf: Wie nehmen mich die anderen wahr? Das zu wissen, hilft Ihnen, es mit Ihrem Selbstbewusstsein nicht zu übertreiben.

Bewusst zu sprechen und sich bewusst zu verhalten, fällt vielen Kollegen schwer. Niemand hat es ihnen beigebracht. Die Folge: ein ständiger Rückfall ins Übliche. So können Sie nicht selbstbewusst wirken. Also: Selbstbewusst ist man nicht, weil die Gene es einem mitgegeben haben, selbstbewusst kann man werden und wirken – durch Arbeit an sich selbst. Haben Sie daher Geduld mit sich und gönnen Sie sich das Training. Es wird sich auszahlen.

10. Unterricht langfristig planen

Ihr Kollege Kurzfrist möchte mit Ihnen sprechen. Er unterrichtet Englisch in Klasse 8 C, Sie sind dort Klassenlehrer. So weit, so gut. Doch Kollege Kurzfrist hat ein Problem. Besser gesagt: Er hat mit dem Englischunterricht in Ihrer Klasse ein Problem. Worum geht es? Kurzfrist (bestimmt): »Sie müssen mir in der kommenden Woche unbedingt drei Ihrer Unterrichtsstunden in der 8 C überlassen.« Sie (verwundert): »Warum denn?« Kurzfrist (eifrig): »Mir ist aufgefallen: Wir müssen unbedingt übernächste Woche eine Klassenarbeit schreiben.« Sie (schulterzuckend): »Tun Sie das.« Kurzfrist (ungeduldig): »Ja, aber vorher muss ich noch schnell ein paar Dinge mit den Schülern durchnehmen.« Sie (irritiert): »So?« Kurzfrist (beiläufig): »Ja, aber Genaueres kann ich noch nicht sagen. Das Thema steht noch nicht fest. Mal sehen, welches Material ich noch in meinem Schrank finde… Ich muss los!« Und weg ist er! Sie erinnern sich: Schon im ersten Halbjahr hatte es Kurzfrist kalt erwischt. Nur wenige Tage vor den zentralen Lernstandserhebungen im Fach Englisch belagerte er seine Fachkollegen – händeringend auf der Suche nach geeignetem Material.

Das sollten Sie wissen

Professionelle Lehrer sind echte Multitalente. Sie sind flexibel, nichts kann sie aus der Ruhe bringen, unvorhergesehene Situationen meistern sie souverän. Und: Sie sind kreativ! Ihr Unterricht ist abwechslungsreich, reagiert stets auf aktuelle Entwicklungen. Natürlich sind professionelle Lehrer vor allem spontan! Ihr Unterricht läuft nicht immer nur nach Schema F, sondern auch mal aus der Bahn. Diese Profis können gut improvisieren – minutiöse Unterrichtsplanung ist unter ihrem Niveau! Also sind professionelle Lehrer oft Autodidaktiker: Sie planen ihren Unterricht ganz spontan und ganz flexibel – erst im Auto auf dem Weg zur Schule. Ampelphasen können ja so lang sein. Und Zeit ist Geld. Wenn das nicht kreativ ist! Noch professioneller sind Schwellendidaktiker: Die Unterrichtsplanung findet genau dann statt, wenn diese Lehrer über die Schwelle zum Klassenraum treten. Schneller geht's einfach nicht! Sie ahnen schon: Hier stimmt doch etwas nicht!

Zugegeben: Flexibilität, Kreativität und Spontaneität sind wichtige Eigenschaften guter Lehrer. Aber in welchem Rahmen kann ein Lehrer denn flexibel, kreativ und spontan handeln? Sicher nicht im luftleeren Raum, sondern nur in einem sorgfältig und langfristig vorbereiteten Unterricht! Am besten lesen Sie das gleich noch mal: Sorgfältig und langfristig vorbereitetet muss der Unterricht sein! Schließlich hat dieser Lehrer nur dann einen guten Überblick und kann nur dann im Unterricht flexibel entscheiden, was wichtig und unwichtig, was nötig und was eher unnötig ist. Erst im Kontext einer langfristigen Planung kann er kreativ sein, kann er abwechslungs- und einfallsreiche Lernsettings einplanen. Dann können auch die Schüler kreativ und konstruktiv arbeiten. Spontaneität und langfristige Planung schließen sich dabei nicht aus, im Gegenteil: Wer genau weiß, wo die Reise hingehen soll, kann auch spontan die Route anpassen. Navigationssysteme schaffen das doch auch.

Eine langfristige Unterrichtsplanung ist nicht nur die Voraussetzung für guten Unterricht. Wer die Planung langfristig anlegt, hat weniger Stress: ohne Zeitdruck recherchieren, Materialien erstellen oder auch Exkursionen organisieren. Vielleicht gibt es auch Synergieeffekte: Wenn Sie Absprachen mit Ihren Fachkollegen treffen, können Sie mit wenig Aufwand gemeinsam Unterrichtsvorhaben planen. Manchmal geht's auch so: Einer plant, und drei übernehmen die Planung für ihre Klassen. Aber nicht immer denselben planen lassen. Das wäre... na, da kommen Sie schon selbst drauf. Neugierig geworden? Lesen Sie doch in Situation 40 nach, was wir zum Thema Austausch von Materialien sonst noch im Angebot haben. Und zuletzt: Wer langfristig plant, schafft Transparenz – für sich selbst, aber auch für Schüler und Eltern. Sie wissen schon: Wer weiß, wo es hingeht, wird vermutlich auch dort ankommen.

Was muss man bei einer langfristigen Unterrichtsplanung beachten? Dreh- und Angelpunkt sind die (Kern-)Lehrpläne der einzelnen Fächer. Wie der Name schon sagt: Diese Lehrpläne sind der Kern der Sache. Dort finden Sie Informationen zu (Schwerpunkt-)Themen und Zielen, die Sie im Unterricht einplanen können oder sogar müssen. Und immer über den Tag hinausschauen: Welche fachlichen und überfachlichen Kompetenzen sollen die Schüler im Umgang mit diesen Themen entwickeln? Also für den Laien: Was sollen die Kids am Ende können? Stichwort Spiralcurriculum: Welches Kompetenzniveau sollen die Schüler zu welchem Zeitpunkt des Lernprozesses erreichen?

Auch schulinterne Lehrpläne sind verpflichtend und in diesem Planungsstadium sehr hilfreich. Wie kommen diese Lehrpläne zustande? Hier sind die Fachschaften aktiv: Sie entwickeln diese Lehrpläne. Dabei nutzen Sie die Kernlehrpläne der Fächer als verbindliche Grundlage. Die schulinternen Lehrpläne greifen, wenn sie gut sind, die Stoffverteilung Ihres Lehrwerks auf. Das erleichtert die langfristige Unterrichtsplanung sehr. Wie geht's mit dem Planen weiter? Nach den curricularen Vorgaben nehmen Sie Ihre Lerngruppe in den Blick. Welche Voraussetzungen müssen Sie berücksichtigen? Etwa die Größe der Gruppe? Welches Vorwissen und welche Kompetenzen sind bereits vorhanden? Welche Gelegenheiten fächerübergreifenden oder projektorientierten Unterrichts sehen Sie? Und immer wieder: die Lernausgangslage.

Alle Fragen beantwortet? Dann haben Sie den ersten Schritt geschafft: Die Grobplanung Ihres Unterrichts steht. Hervorragend! Aber einen Aspekt müssen Sie noch berücksichtigen: Feststehende Termine wie zum Beispiel Quartalsfristen, Klausurtermine, Klassen- oder Kursfahrten und Projektwochen geben Ihrer langfristigen Unterrichtsplanung eine zeitliche Struktur. Ganz wichtig: Dokumentieren Sie Ihre gesamte Planung digital. Das gilt natürlich auch für einzelne Sequenzen, Reihen, Stundenentwürfe, Materialien und Aufgabenblätter. Das schafft Effizienz für später. Schließlich hat man im nächsten Jahr wieder eine Klasse 8, und wenn nicht, dann doch spätestens im übernächsten Schuljahr. Träumen Sie schon mal ein wenig von der Freizeit, die Sie dann haben werden.

Das können Sie tun

Gute Strategen denken im Voraus – Unterrichtsschach geht ganz einfach. Werden Sie zum Schachspieler und planen Sie die Züge Ihres Unterrichts langfristig. Seien Sie Ihrer Zeit voraus – und zwar mindestens ein Halbjahr! Die Sommerferien bieten genug Zeit, zumindest die Planung des ersten Halbjahres in trockene Tücher zu bringen. Und wenn Sie schon einmal dabei sind: Treffen Sie auch erste Planungsentscheidungen für das zweite Halbjahr. Sonst bleibt Ihnen nicht viel von den Weihnachtsferien. Vorauszuschauen lohnt sich! Vor dem Ereignis sein, heißt die Devise. Wenn Ihre langfristige Planung steht, haben Sie in den folgenden Durchgängen weniger Arbeit. Kleinere Anpassungen hier, einige Aktualisierungen dort – fertig! Ihre Grobplanung gewinnt mit jedem Durchgang an Qualität, und Sie gewinnen Zeit, die Sie für andere Aktivitäten nutzen können. Oft für die, die wirklich wichtig sind.

Vertrauen ist gut, aber Kontrolle ist besser! Das gilt auch, wenn Sie Ihre langfristige Planung an Lehrwerken ausrichten. Lehrwerke erleichtern in der Regel die Planung und Durchführung des Unterrichts. Keine Frage! Aber Ausnahmen bestätigen die Regel. Prüfen Sie genau: Ist das Lehrwerk für mein Bundesland zugelassen? Beziehen sich die Inhalte, Methoden und Kompetenzen auf die aktuelle Version des Kernlehrplans? Liefert das Lehrwerk genügend Materialien für die Arbeit an den Schwerpunkten, die im schulinternen Lehrplan stehen? Und trifft das Lehrwerk das Niveau Ihrer Lerngruppe? Je mehr Fragen Sie mit Nein beantworten, desto mehr Schwierigkeiten wird Ihnen das Lehrbuch machen. Dann gilt: Hände weg, und zwar gleich. Stattdessen lieber selbst Material suchen oder herstellen. So sind Sie auf der sicheren Seite, und zwar für sich und für Ihre Schüler!

Ihre Grobplanung kann sich sehen lassen! Halten Sie damit nicht hinterm Berg. Machen Sie den Planungsstand Ihren Schülern transparent. Davon profitieren Sie in vielerlei Hinsicht, zum Beispiel so: Sie sind ein echtes Vorbild, sind professionell, langfristig vorbereitet und haben den Durchblick. Und Ihre Schüler wissen, was im Laufe der nächsten Wochen und Monate auf sie zukommt. Das eröffnet Chancen für Sie und für Ihre Schüler: Ihre Schüler können sich aktiv an der Planung ihres Lernprozesses beteiligen, können eigene Ideen beisteuern und mit Ihnen zusammen prüfen, inwieweit sich diese Ideen umsetzen lassen. Und die Schüler können den dicken Roman schon jetzt lesen, obwohl der erst im zweiten Schulhalbjahr dran ist. Eine echte Win-win-Situation: Ihre Schüler sind motivierter bei der Sache, erleben sich als Regisseure ihres eigenen Lernprozesses. Und Sie genießen einen Unterricht, der Hand und Fuß hat und den die Schüler zunehmend eigeninitiativ gestalten. Was will man mehr?

Updates sind nicht nur für den Virenscanner Ihres Computers wichtig. Aktualisieren auch Sie Ihre langfristige Unterrichtsplanung! Unverhofft kommt bekanntlich oft: Ihre Klasse tut sich mit einem Thema unerwartet schwer, Sie fallen krankheitsbedingt aus, Ihr Oberstufenkurs ist auf Exkursion, ein Virus legt alle Schulrechner lahm, die Sie für eine Filmanalyse fest eingeplant hatten. Klar, alles gleichzeitig kommt nur in TV-Soaps vor. Aber das eine oder andere sicher auch bei Ihnen. Passen Sie Ihre langfristige Unterrichtsplanung regelmäßig an solche Unwägbarkeiten an – zum Beispiel an jedem ersten Freitag des Monats. Am besten geht das, wenn Sie in die langfristige Grobplanung Zeitpuffer einbauen. So können Sie im Falle eines Falles Themen ganz leicht verschieben oder zusätzliche Übungsphasen unterbringen, ohne gleich in Zeitnot zu geraten. Profitipp: Nur 80 Prozent der Unterrichtsstunden wirklich verplanen.

Das lassen Sie lieber

Langfristige Unterrichtsplanung lohnt sich – allerdings kostet sie auch ordentlich Zeit. Vielleicht fragen Sie sich: Muss ich das Rad denn immer wieder neu erfinden? Ihre Englischkollegin Aufdenpunkt hat doch im letzten Schuljahr in Klasse 9 unterrichtet; sie ist für ihre gewissenhafte Planung bekannt. Und im nächsten Schuljahr werden Sie eine neunte Klasse unterrichten. Was spricht dagegen, Aufdenpunkts langfristige Unterrichtsplanung einfach zu übernehmen? Plagiat? Keine Sorge! Gegen einen kollegialen Austausch spricht nichts, solange jeder jede Quelle angibt. Aber bedenken Sie: Eine Unterrichtsstunde, mit der Lehrer A gut fährt, wird für Lehrer B unter Umständen ein echter Reinfall. Unterrichten ist zwar meist keine Glückssache, aber oft doch eine ganz persönliche Sache. Prüfen Sie daher genau: Passen die Themen, Methoden und Sozialformen zu Ihrem (!) Kompetenzprofil? Schon mancher hat sich daran verhoben, den Unterrichtsstil eines Kollegen zu kopieren. Und nicht vergessen: Machen Sie die Rechnung nicht ohne Ihre Kunden. Jede Klasse ist anders! Auch hier müssen Sie abwägen. Wird die »alte« Planung dem Vorwissen und dem Leistungsstand der »neuen« Lerngruppe wirklich gerecht? Zweifel? Gut so: Dann rasch etwas ändern, bis Sie sich wohlfühlen.

Viel hilft viel. Gilt das auch für die Grobplanung Ihres Unterrichts? Zum Teil... Die langfristige Unterrichtsplanung ist ein grobes Zeitraster mit inhaltlichen und methodischen Schwerpunkten. Sie ist Basis für die Planung konkreter Unterrichtsvorhaben, mehr aber auch nicht. Übertreiben Sie es mit der Planung nicht:

Jede einzelne Stunde für ein ganzes Halbjahr detailliert im Voraus zu planen, wäre ein ungeheurer Zeitaufwand – und ein viel zu enges Korsett, das die Unwägbarkeiten im Schulalltag viel zu wenig berücksichtigen würde. Diese Frustration und Mehrarbeit müssen Sie sich nicht antun!

11. Regeln und Rituale einführen

»Ihr könnt jetzt mal Gruppenarbeit machen«, schmettert Kollege Kaoss. Die Schüler der 10 F stöhnen gequält und kramen in ihren Schultaschen. Drei Minuten später: »Na, kommt schon, bewegt euch«, ermutigt Kollege Kaoss seine Schüler. Doch die wissen Besseres zu tun. Bewegung ist nicht angesagt. Jeder bleibt da, wo er ist. So sitzen dort sechs Schüler nebeneinander wie auf einer Hühnerstange und bilden sich ein, eine Arbeitsgruppe zu sein. Und da hocken vier andere Schüler sogar voreinander und glauben trotzdem, miteinander arbeiten zu können. Klar, Kollege Kaoss lebt gerade wieder mal von der Hand in den Mund. Schwellenpädagogik nennt man das, wenn die Unterrichtsvorbereitung genau dann stattfindet, wenn der Lehrer die Klasse betritt. Gut, das kommt vor und darf sicher hin und wieder auch vorkommen. Manche Kollegen sind auch wahre Meister der Spontaneität, echte Thomas Gottschalks der Schule. Aber muss es denn so unorganisiert zugehen wie bei Hempels unterm Sofa?

Das sollten Sie wissen

Professionelle Lehrer haben längst verstanden: Unterrichtsqualität hat viel mit Unterrichtsmanagement zu tun. Worum geht es dabei? Um die vielen kleinen Bausteine, die den Unterrichtsablauf organisieren. Wie wären unsere Straßen ohne Verkehrsschilder? Klar, manchmal auch schöner, aber unserem Verkehr würde das nicht guttun. Die Schilder helfen, den Verkehr zu regeln. Je mehr Menschen sich an die Regeln halten, desto reibungsloser geht's auf den Straßen zu. Das gilt auch für Unterricht. Manche Lehrer wie der liebe Kollege Kaoss scheinen davon aber wenig gehört zu haben. Auf den Unterrichtsstraßen dieser Lehrer herrscht das Recht der Individualisten, meist ist das dann auch das Recht des Stärkeren. Jeder macht, was er will. Und der Lehrer mischt sich erst gar nicht ein, so wie jener beneidenswerte Polizist, der dem Verbrechen mit Begeisterung zuschaut. Aber das gibt's wohl doch nur im Film.

Welche Regeln und Rituale braucht guter Unterricht, damit so richtig die Post abgehen kann?

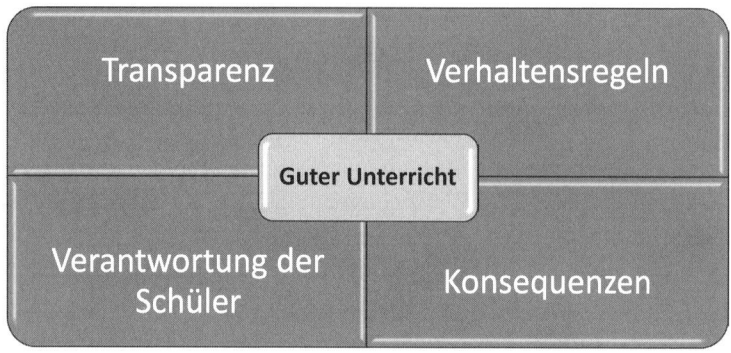

Transparenz
Die Schüler müssen wissen, was los ist. Transparenz heißt das Zauberwort. Transparent sein soll nicht nur das Thema der laufenden Unterrichtsstunde, transparent sollte auch sein, welche Phasen der Unterricht hat. Und: Die Schüler müssen wissen, was Sie von ihnen in den einzelnen Phasen erwarten.

Verhaltensregeln
Dass im Schulbereich viel geregelt wird, weiß man: hier ein Erlass, da eine Richtlinie. Viele Regeln, wenig Spielraum, mag man sagen. Doch das ist nur die eine Seite der Medaille. Wie nützlich Regeln sind, merkt man spätestens dann, wenn man ein Haus baut oder ein Abitur abnimmt. Also: Ein paar Verhaltensregeln dürfen es schon sein, und manchmal sicher auch noch ein paar mehr.

Verantwortung der Schüler
Freuen Sie sich auch immer darüber, dass Wände in Schulen so schnell ihre Farbe wechseln? Erst strahlend weiß, dann mit wunderschönen dunklen Mustern versehen. Und wenn wir noch etwas warten, sieht das Ganze ziemlich dunkel aus. Gut, dass Schüler dieses grelle Weiß einfach nicht mögen und sich mit Schuhen, Händen, Taschen und allerlei sonstigen Gegenständen nützlich machen und

die Wände im Schulgebäude kreativ gestalten. Uns allen ist klar: Müsste jeder, der die Wände beschmiert, gleich fünf Euro dafür blechen – was meinen Sie wohl, wie anders manche Schule von innen aussähe? »Was nichts kostet, ist auch nichts wert. Und wenn es alle machen: Warum sollte ich mich da raushalten? Und wenn niemand einschreitet: Was habe ich zu befürchten?« Der Mechanismus ist klar. Und warum tun wir nichts dagegen? Es wäre doch so einfach.

In der Schulwirklichkeit sieht die Sache mit der Verantwortung meist so aus: Da geht es zu wie bei Familie Kaoss daheim. Sprössling Benjamin macht viel mehr Mist, als sein Name vermuten lässt. Zimmer aufräumen – Fehlanzeige! Staub überall, zentimeterdick. Und Mutter Kaoss? Die will die Selbstentwicklung Benjamins unter keinen Umständen stören. Deshalb muss der selbst entscheiden, wann er aufräumt und ob überhaupt. Glauben Sie, dass Benjamin das nutzt? Wir nicht. Vor allem, wenn wir sehen: Mama Kaoss hat natürlich den Nulleurojob ihres Lebens gleich mitgepachtet. Denn sie ist es, die Benjamin alle Monate fragt: »Bist du einverstanden, dass ich in deinem Zimmer mal sauber mache?« Verkehrte Welt, oder? Kein Wunder, dass Benjamin weiße Wände in der Schule nicht besonders schützenswert findet. Damit er lernt, fremdes Eigentum zu achten, sind nicht nur Transparenz und klare Regeln nötig, sondern auch Konsequenzen für den Fall, dass Benjamin mal wieder über die Stränge schlägt.

Konsequenzen

Jede Verantwortung ist erst eine, wenn man sie als echte Herausforderung spürt. Sie kennen das: Verantwortung hat man an vielen Stellen. Man soll seine Passwörter vor den Blicken Dritter schützen, damit unbekannte Hacker einem nicht das Geld vom Konto klauen. Man soll im Straßenverkehr aufpassen und sich an die Geschwindigkeitsregeln halten, damit man andere nicht gefährdet. Als Lehrer hat man Verantwortung im Unterricht, beim Aufsichtführen, auf Klassenfahrten und natürlich für mancherlei Bürokratie. Die meisten dieser Dinge mögen wir vielleicht nicht und erleben sie deshalb als unangenehm. Schön und gut. Aber wirkliche Herausforderungen sind es im Grunde nicht. Außer vielleicht die, den inneren Schweinehund zu überwinden, überhaupt zu tun, was da verlangt wird.

Anders ist die Sache, wenn Mike sich auf der Klassenfahrt betrinkt, mit lautem Geschrei auf die Ausgangstür der Kneipe zuläuft und plötzlich durch die Scheibe geht. Aber eben nicht wie David Copperfield, sondern mit ganz schön vielen Scherben und Verletzungen. Jetzt wird Lehrersein zur echten Verantwortung. Handeln heißt es, und dabei immer das Gefühl im Nacken: Man könnte ja etwas falsch machen, vielleicht schon dadurch, etwas nicht zu tun, was unbedingt getan werden müsste. Das unangenehme Gefühl, das Sie in einer solchen Situation spüren, lässt Sie die Verantwortung wahrnehmen, die Sie gerade tragen. Eben ganz anders, als wenn Sie zum x-ten Mal auf dem Schulhof Aufsicht führen und zum x-ten Mal nichts Ungewöhnliches passiert. Sehen Sie, genau das meinen wir. Schüler müssen spüren, dass und wenn Sie Verantwortung tragen. Das geht nicht theoretisch, sondern nur ganz praktisch.

Das können Sie tun

Regeln und Rituale müssen Sie einführen. Das geht nicht zwischen Tür und Angel, so mal kurz nebenbei vor dem Klingeln am Freitag in der sechsten Stunde. Verkaufen Sie das Ganze als wichtig, als besonders wichtig. Dafür brauchen Sie Zeit. Die Schüler müssen verstehen, was die Regeln, aber auch was die Kosequenzen ihnen bringen. Ganz wichtig: Möglichst viele Schüler müssen das ganze Verfahren auch akzeptieren. Gegen dauernden Widerstand erreichen Sie auch auf Dauer nichts. Das heißt: Sie kommen immer nur mit den Schülern ans Ziel, niemals gegen sie. Akzeptieren meint nicht mit Begeisterung unterstützen. Schüler jubeln ohnehin selten, außer bei der Mitteilung: Die erste Stunde fällt morgen aus. Es ist eben so wie mit diesen Schildern, die einem überall die zulässige Höchstgeschwindigkeit zeigen. Mögen wir sie? Oft nicht. Aber wir akzeptieren sie – zumindest meistens. Und falls Sie das nicht tun, denken Sie mal scharf darüber nach.

Sie wollen mal wieder in Gruppen arbeiten lassen. Was sollten Sie unbedingt regeln? Hier ein paar Anregungen:

- Sitzstrukturen für eine Gruppenarbeit müssen klar sein. Bei sechs Schülern kann man drei Tische in T-Form zusammenschieben.
- Jeder Schüler steht beim Start der Arbeitsphase erst einmal auf.
- Jeder Schüler weiß, wohin er jetzt seinen Tisch und seinen Stuhl schieben muss. Das alles geschieht rasch und leise.
- Jeder Schüler holt sofort danach sein Arbeitsmaterial heraus und beginnt damit, die Aufgaben zu lösen.
- Ist Einzelarbeit angesagt, schweigt jeder in dieser Zeit.
- Der Austausch der Ergebnisse ist geregelt: Erst spricht A, alle anderen hören zu und machen sich Notizen, dann spricht B, und so weiter.
- Die Regeln für die Visualisierung von Ergebnissen sind klar.
- Schluss heißt Schluss: Am Ende der Phase hören die Schüler auf zu arbeiten.

Für Verantwortung beim Lernen sorgen viele Lehrer – Sie bestimmt auch. Kooperatives Lernen und Arbeiten heißt das Zauberwort. Sie wissen schon: Ohne Einzelarbeit geht gar nichts. Dadurch wird jeder Schüler in die Pflicht genommen. Sein Beitrag ist für die spätere Gruppenarbeit nicht nur wichtig, sondern unersetzlich. Machen Sie alles schon? Wir gratulieren. Kooperative Lernprozesse erhöhen wirklich das Verantwortungsbewusstsein der Schüler, da sie dabei in einem konstruktiven Sinn voneinander abhängig sind. Sie brauchen einander, um die Arbeitsaufgaben zu bewältigen. Das Zufallsprinzip tut ein Übriges: Am Ende muss ein Schüler das Lernergebnis vorstellen, das die ganze Gruppe erarbeitet hat. Wer das ist, bestimmt der Lehrer durch Zufall. Sie wissen schon: In wessen Wohnung gibt's die meisten Fenster? Wer hat im Jahr als Letzter Geburtstag? Oder was Ihnen sonst noch einfällt. Das Zufallsprinzip: eine tolle Herausforderung für die Schüler und ein Instrument, um das Mitmachen während des Arbeitsprozesses zu steigern. Schließlich könnte man am Ende ja reinfallen, wenn man nicht bei der Sache war. Und wer will das schon? Und wenn es doch passiert: Halten Sie's aus! Die Schüler werden dadurch viel lernen.

Unterrichtsstart: Wie geht bei Ihnen der Unterricht los? Alle Schüler lümmeln sich irgendwie herum und Sie bitten um Ruhe?

Hoffentlich nicht! Klar, heute wird man sich dreimal überlegen: Sollen die Schüler zur Begrüßung aufstehen? Bei jüngeren Schülern kann das Sinn machen. Jedenfalls wird so ein richtiger Break geschaffen. Und bei älteren? Die müssen wissen, was Sache ist. Betritt der Lehrer die Klasse, heißt es für jeden: Ruhe! Hinsetzen und Material auf den Tisch. Und nicht vergessen: Je schneller Sie dann mit dem Unterricht beginnen, desto größer der Effekt!

Zuhören: Jeder weiß es, nicht jeder kann es. Wirklich zuzuhören ist allemal mehr, als nur den Mund zu halten. Hinhören, genau hinhören ist gefragt, und mitdenken und verstehen. Schüler hören im Unterrichtsgespräch nur selten so konzentriert zu. Stattdessen denken sie oft nur an ihren eigenen Beitrag, den sie gleich loswerden wollen. So kommt es, dass Mark mal wieder das sagt, was vor zwei Minuten Conny schon gesagt hat. Und Bettinas Beitrag schließt nun wirklich nicht an Olivers Beitrag an. Nervig, oder? Daher: Üben Sie das Zuhören. Und geben Sie den Schüler Tipps, wie Sie aufeinander Bezug nehmen sollen.

Klassenregeln: Wer darf während des Unterrichts wann aufstehen? Was sollen die Schüler machen, wenn Sie zu spät zum Unterricht kommen? Welcher Ablauf gilt, wenn jemand während des Unterrichts zur Toilette gehen möchte? Wie sollen Schüler aufzeigen? Welche Sitzordnung gilt für welche Arbeitsphase? Was soll der einzelne Schüler in bestimmten Arbeitsphasen tun? Welche Aufgaben haben die Schüler nach Ende einer Unterrichtsstunde? Wann sollen sie das Entschuldigungsschreiben ihrer Eltern abgeben? Und was gibt's am Ende des Unterrichtstages zu tun? Fragen über Fragen – und bestimmt fallen Ihnen weitere ein, die für Ihren Unterricht eine Rolle spielen. Haben Sie die Fragen beantwortet und mit den Schülern besprochen? Nein, noch nicht? Dann wird's aber Zeit. Profitipp: Regeln aufschreiben und für zwei, drei Monate aushängen. So können Sie immer darauf verweisen. Und die Schüler können's nachlesen.

Sie erinnern sich: Klasse 8 übernimmt die Verantwortung dafür, ein Stück Wand im Schulgebäude sauber zu halten. Welche Konsequenzen könnte es geben, wenn die Wand verdreckt? Klasse 8 muss dazu wissen: Halten wir die Wand nicht von Schmierereien frei, sind wir dran. Entweder wir präsentieren die Übeltäter, und die machen dann alles wieder sauber, oder wir müssen selbst Hand anlegen. Farbe ist schon gekauft. Alternativ: Wir müssen unser Taschengeld zusammenlegen, damit der Hausmeister für uns die Arbeit übernimmt. Und bei Klassenregeln: Wer Regeln wie Bitten des Lehrers versteht und sie nach Lust und Laune bricht, der muss wissen: Es folgen Sanktionen. Die müssen natürlich sinnvoll sein. Und sinnvoll sind sie vor allem dann, wenn sie eine logische Folge des Fehlverhaltens sind. Da fällt Ihnen – zusammen mit Ihren Schülern – bestimmt einiges ein! Statt Verantwortung zu predigen, sie auch wirklich übertragen – das ist die Devise. Klasse 8 ist für den Abschnitt links hinter dem Musikraum zuständig. Die Wand darf keine Kratzer kriegen. Schleifspuren und schwarze Striche wollen wir nicht sehen. Klasse 8 hat die Verantwortung. Sie muss dafür sorgen, dass eine weiße Wand auch morgen noch weiß aussieht, auch in einem Monat und in einem Jahr. Klar, das schaffen Achtklässler nicht allein. Also stellen wir den Schülern einen Paten an die Seite. Am besten den Klassenlehrer. Eine Prise Organisation brauchen wir noch. Schließlich sollen auch alle anderen Klassen auf das Gebäude aufpassen. Jeder kriegt seinen Teil an der Verantwortung ab. Und siehe da, es entsteht eine sinnvolle Konkurrenz unter den Klassen: Wer hat die schönste Wand im ganzen Land? Eigentlich doch ganz einfach, oder?

Das lassen Sie lieber

»Der Sabbat ist für den Menschen da, nicht der Mensch für den Sabbat.« Bestimmt kennen Sie diesen Satz aus dem zweiten Kapitel des Markusevangeliums. Und seine Bedeutung? Jesus warnt vor einer übertriebenen Hingabe an Regeln. »Ich habe doch alles richtig gemacht. Ich habe die Regel ganz genau befolgt.« Und Jesus preist den Menschen, der souverän mit Regeln umgeht. Regeln sind immer nur eine Stütze, niemals Selbstzweck. Für Sie als Lehrer heißt das: Exekutieren Sie Regeln nicht. Sorgen Sie für das Einhalten der Regeln immer zugleich mit Herz und Verstand. Das schließt Konsequenzen bei Regelverstößen keineswegs aus, macht Sie aber viel menschlicher. Und es schließt eine Haltung ein, die wir viel öfter zeigen sollten: Lassen Sie mal Fünfe grade sein.

Haben Sie auch einen Steuerberater? Das ist nicht weiter schlimm, zeigt aber vielleicht dies: Viele Menschen fühlen sich durch die zigtausend Steuerregeln überfordert. Man blickt einfach nicht durch. So würde es auch Ihren Schülern gehen, wenn Sie es mit der Zahl der Regeln und Rituale übertreiben. Weniger ist hier unbedingt mehr. Und vor allem: Nie mehr als zwei, drei Dinge zur selben Zeit. Denken Sie daran: Regeln sagen und hören ist das eine, Regeln vermitteln und einüben das andere.

12. Unterrichtseinstiege gestalten

Montagmorgen im Sekretariat. Sie schauen in Ihr Postfach: Siehe da, die Ankündigung für den nächsten pädagogischen Tag. Pädagogischer Tag? Sie lesen weiter: Es geht um »Unterrichtseinstiege«. Vielleicht denken Sie: »Warum eigentlich nicht? Unterrichtseinstiege sind ja in jedem Fach wichtig!« Vielleicht denken Sie aber auch: »Warum gerade das? Fachschaftsarbeit an den neuen Kernlehrplänen wäre im Moment viel wichtiger!« Sie grübeln noch über Sinn und Unsinn von pädagogischen Tagen, als jemand neben Ihnen klare Kante zeigt. Ihr Kollege Herr von Gestern blickt auf die Ankündigung: »Überflüssig! Absolut überflüssig!« Sie schauen fragend. Von Gestern setzt nach: »Es gibt nur einen sinnvollen Unterrichtseinstieg: ›Wo waren wir beim letzten Mal stehen geblieben?‹ Die Formel haut immer hin. Die Schüler müssen vorbereitet sein. Und weil dann niemand drankommen will, ist sofort Ruhe im Laden. So einfach ist das.« Sagt's und entschwindet ins Lehrerzimmer. So ganz geheuer ist Ihnen das nicht. Ist das wirklich so einfach? Dann wären Sie doch sicher schon längst selbst auf diese Lösung gekommen.

Das sollten Sie wissen

»Für den ersten Eindruck gibt es keine zweite Chance.« Kennen Sie das Sprichwort? Wenn Sie jemanden zum allerersten Mal treffen, sind Ihre Sinne hochsensibel. Sie sehen diese Person, hören ihre Stimme, nehmen Gerüche wahr – und all das verarbeitet Ihr Gehirn ganz ohne Ihr Zutun, unwillkürlich und größtenteils unbewusst. Und das Gehirn ist schnell. Alles geht in Bruchteilen von Sekunden – ganz so wie bei einem guten Automatikgetriebe im Auto! So bekommen Sie, ob Sie es wollen oder nicht, den ersten Eindruck von einer Person. Ein Vorurteil ist geboren. Und dieses »Vor-Urteil«, dieser erste Eindruck, so schnell er auch entstanden sein mag, ist sehr nachhaltig. Er geht Ihnen sozusagen nicht mehr aus dem Kopf. Dieser erste Eindruck bestimmt, wie Sie sich in Zukunft diesem Menschen gegenüber verhalten. Vielleicht nicken Sie jetzt innerlich? Aber was hat das mit Unterrichtseinstiegen zu tun?

Unterrichtseinstiege sind auch so etwas wie der erste Eindruck, und zwar der erste Eindruck, den Ihre Schüler von einer Unterrichtsstunde haben. Zu Beginn des Unterrichts sind auch Ihre Schüler sensibel: Vielleicht kommen sie gerade von zu Hause, sind also noch fit und ausgeruht. Vielleicht kommen sie gerade aus der großen Pause, haben gegessen und getrunken, sind bereit für etwas Neues. Oder sie sind genervt vom Matheunterricht, der gerade stattfand, oder aufgedreht von einer Klausur, die sie haben schreiben müssen. Und Sie haben die Aufgabe, die Schüler auf das richtige Emotionslevel zu holen. Mal heißt das, eher Animateur zu sein, mal aber auch, beruhigend zu wirken. Und diese tollen Momente des Anfangs können Sie mit Ihrem Unterrichtseinstieg gestalten – eine echte Weichenstellung in Richtung Begeisterung und Motivation! Oder, wenn es schiefgeht, in Richtung Langeweile und Frustration. Denn Ihr Unterrichtseinstieg sorgt mit für das Gelingen oder Misslingen der ganzen Unterrichtsstunde. Für den ersten Eindruck gibt es keine zweite Chance, das Vor-Urteil muss passen. Und wenn Sie den ersten Eindruck vergeigen, werden Sie es anschließend schwer haben. Oder möchten Sie ein zweites Date mit jemandem, der schon beim ersten fast eingeschlafen wäre? Anders herum: Ein gelungener Unterrichtseinstieg sensibilisiert die Schüler für das Unterrichtsthema und gibt ihnen Orientierung. Spannung und Transparenz – eine super Kombination.

Ganz allgemein: Unterrichtseinstiege sind immer Gelenkstellen, sind immer Übergänge von Pause zu Arbeit. Daher haben sie immer eine Disziplinierungsfunktion; sie schaffen eine angemessene Gesprächs- und Arbeitsatmosphäre, indem sie auf die Sache fokussieren. Darüber hinaus können Unterrichtseinstiege weitere Funktionen erfüllen. Manchmal ist eine Funktion besonders wichtig, zum Beispiel, wenn sich die Schüler orientieren und Fragen entwickeln sollen, die dann in der Erarbeitungsphase beantwortet werden. Meist haben Unterrichtseinstiege aber gleich mehrere Funktionen: Sie disziplinieren, geben inhaltliche Orientierung, aktivieren die Schüler und ihr Vorwissen. Einstiege motivieren und informieren über den weiteren Unterrichtsverlauf.

Soviel zur Funktion des Unterrichtseinstiegs. Kollege von Gestern hat gut zugehört und wendet ein: »So weit, so gut! Aber auch mein Standardeinstieg erfüllt mindestens zwei dieser Funktionen: Die Schüler werden diszipliniert und aktivieren ihr Vorwissen! Das reicht doch wohl.« Nun ja, zwei Funktionen werden erfüllt, lieber Kollege. Das lässt sich nicht bestreiten. Aber ein Unterrichtseinstieg sollte niemals Angst und Schrecken verbreiten. Und eine bloße Reproduktion des Gelernten ist zwar schon etwas, aber nicht wirklich besonders viel. Die Schüler haben mehr verdient, mehr Herausforderungen vor allem. Von Gestern ist halt von gestern und vergisst: Anspruchsvoll wird es dann, wenn die Schüler bereits Gelerntes in neuen Zusammenhängen anwenden. Sie wissen schon: Kompetenzorientierung! Ein guter Unterrichtseinstieg gibt den Schülern – um es fußballerisch zu sagen – einen Steilpass, auf direktem Weg zum Tor! Auf dem Fußballplatz braucht es dazu Kompetenz: Pass annehmen und verwandeln – und im Unterricht ebenfalls: Einstiegsmedium aufnehmen und verwerten.

Das können Sie tun

Welche Funktion hat der Unterrichtseinstieg in der Dramaturgie Ihrer nächsten Unterrichtsstunde? Das hängt davon ab, was Sie mit der Stunde erreichen wollen. Sie beginnen ein neues Thema? Dann wählen Sie einen Einstieg, der die Schüler neugierig macht. Die Schüler sollen Fragen stellen und sich für das neue Thema interessieren. Wollen Sie ein bekanntes Thema vertiefen? Dann (re-)aktivieren Sie durch den Einstieg vor allem das Vorwissen und die Vorerfahrung der Schüler, bringen Sie das Bekannte mit etwas Neuem in Verbindung. Befinden Sie sich in einer Übungsphase? Dann bietet sich ein zügiger, informierender Einstieg an, am besten gleich mit einer raschen Überleitung zur Übungsphase. Steht gerade Projektunterricht an? Dann gestalten Sie den Einstieg so, dass die Schüler die weiteren Arbeitsschritte planen und mitbestimmen können.

Nutzen Sie für Unterrichtseinstiege verschiedene Medien, gekoppelt mit kreativen Impulsen. Das motiviert und bietet die Chance, Gelerntes in analogen Kontexten anzuwenden. Wie das geht?

Projizieren Sie einen Cartoon oder Comic; die Schüler beschreiben zunächst und ergänzen anschließend Sprech- oder Gedankenblasen. Oder zeigen Sie ein Bild oder ein Foto. Schaffen Sie dazu Denk- und Redeanlässe: Fügen Sie eine widersprüchliche oder provokante Aussage hinzu und bringen Sie die Schüler miteinander ins Gespräch. Daraus kann die Leitfrage für die Unterrichtsstunde erwachsen. Sie wissen schon: der Transparenz wegen. Es gibt viele Einstiegsmedien und Impulse; Ihrem Einfallsreichtum sind keine Grenzen gesetzt. Die Schüler werden es Ihnen danken!

Aller guten Dinge sind drei: Wenig Text! Viele Sinne! Köpfe hoch! Das bedeutet: Gestalten Sie Ihr Einstiegsmedium unkompliziert, sodass die Schüler es am besten auf einen Blick wahrnehmen können. Wenige Worte genügen, zum Beispiel ein kurzes Zitat oder eine provokante These. Also bitte nicht zehn Zeilen Text aus dem Grundgesetz. Einfach, knackig, verständlich. Wenn Ihr Einstiegsmedium dabei mehrere Sinne anspricht, wirkt es umso besser. Wenn möglich kombinieren Sie Schrift mit gesprochenem Wort und (bewegtem) Bild, vielleicht sogar mit etwas, das man anfassen und im wörtlichen Sinn be*greifen* kann. Stichwort: Realien! Wichtig: Sorgen Sie dafür, dass jeder Schüler das Einstiegsmedium wahrnehmen und gleichzeitig auch Sie und die Mitschüler sehen kann. So kommt man leicht miteinander ins Gespräch. Wenn Ihr Einstiegsmedium zum Beispiel bloß eine Fotokopie ist, senken die Schüler den Blick – und das war's mit Ihrem kommunikativen Unterrichtseinstieg! Im Zeitalter digitaler Medien müssen Sie schon etwas mehr auf der Pfanne haben.

Haben Ihre Schüler gerade eine Klassenarbeit oder Klausur geschrieben? Dann nutzen Sie einen Unterrichtseinstieg, der auflockert, die Schüler aktiviert und aufnahmefähig macht. Solche Warm-ups stimmen nicht unbedingt auf das Thema der Stunde ein. Aber die Schüler und Sie profitieren trotzdem. Wie das geht? Zum Beispiel so: Zu Beginn der Englischstunde laufen die Schüler schweigend durch den Raum. Auf Ihr Signal begrüßt jeder Schüler den Schüler, der ihm am nächsten ist – und zwar auf Englisch. Und: Mit Ihrem Signal geben Sie den Schülern die Art der Begrüßung vor: freundlich, distanziert, herzlich, höflich oder überschwänglich. Sie werden sehen: Das Eis ist schnell gebrochen, die Zungen sind gelöst und die Schüler bereit für die anschließende Podiumsdiskussion.

In Ihrer Klasse geht's immer zu wie in der Vorhalle des Hauptbahnhofs? Immer etwas los, jeder mit jedem im Gespräch und einige total erschöpft? Vielleicht probieren Sie's mal mit einer Traumreise zum Start der Stunde: Köpfe auf den Tisch, Augen zu und tief durchatmen. Und dann kommen Sie mit einer tollen Geschichte, die Sie den Kindern erzählen. Vielleicht geht's ans Meer, vielleicht in die Berge, und überall ist es ganz ruhig. Zehn Minuten Entspannung am Anfang der Stunde schaffen bestimmt zwanzig, dreißig Minuten hochkonzentriertes Arbeiten. Wie? Das trauen Sie sich nicht zu? Sie kennen doch das Sprichwort: Nur wer wagt, der gewinnt.

Das lassen Sie lieber

Nehmen Sie den Unterrichts*einstieg* beim Wort! Kurz und knackig sollte er sein. Sie wollen bei einem Vortrag doch auch nicht eine halbe Stunde warten, bevor der Redner zur Sache kommt. Also nicht bei Adam und Eva anfangen, sondern gleich in die Mitte des Geschehens. Der Einstieg in eine Unterrichtsstunde (45 Minuten) darf drei bis sechs Minuten dauern – länger nicht. Denn nach dem Einstieg brauchen Sie noch etwas Zeit für die Problemorientierung, vielleicht bilden Ihre Schüler noch erste Hypothesen. Dann folgen Erarbeitung und Ergebnissicherung, am besten noch eine Vernetzungsphase. Mit einer 25-minütigen Einstiegsphase wird aus Ihrer Stunde keine runde Sache.

»Wo waren wir beim letzten Mal stehen geblieben?« Vielleicht am Rhein? Neben diesem zweifelhaften Standardeinstieg gibt es einen weiteren Klassiker: »Hefte raus. Ich komme herum und sehe mir eure Hausaufgaben an.« Welch eine schöne Drohung! Klar, Hausaufgaben können den Unterricht vorbereiten. Und Sie sollten regelmäßig prüfen, ob und wie die Schüler die Hausaufgaben erledigen. Aber zum Stundeneinstieg taugt die Hausaufgabenkontrolle nun wirklich nicht: Die Anfangsdynamik der Stunde verpufft, die Schüler langweilen sich, Sie verschenken wertvolle Zeit. Hausaufgaben integrieren Sie am besten an anderer Stelle in den Unterricht.

13. Schüler zum Denken und Urteilen bringen

Kollege Sporty hat's drauf. Er belästigt seine Schüler im Grundkurs Sport nicht mit unnötigem Denkballast. Warum auch? Heute geht es in seinem Kurs wieder hoch her: Trampolinspringen ist angesagt. Die Aufgabe für die Schüler: Eine Kür soll es sein – mit Musik natürlich. Nach fast einer Stunde haben die Schüler drei Sprünge intus und können sich auch einigermaßen sicher auf dem Trampolin halten. Sporty ist begeistert. »Stellt das doch mal den anderen vor.« Der Didaktiker nennt das wohl Präsentation von Schülerergebnissen. Gesagt, getan. Eine Schülergruppe nach der anderen springt, was das Trampolin hält. Sporty nach jeder Darbietung: »Nun, sagt doch mal was dazu.« Vanessa lässt sich nicht lumpen: »Die haben das ganz gut gemacht.« »Ja, klasse, Vanessa, das siehst du ganz richtig!«, fällt Sporty Vanessa ins Wort. »Dann mal gleich zur nächsten

Gruppe.« Spannend wird's noch mal am Ende der Doppelstunde. Sporty holt zum kognitiven Salto mortale aus: »Wo kommt das denn sonst noch vor?«, fragt er in die Runde. Verdutzte Gesichter. Schweigen in der Arena. Andreas fragt etwas kleinlaut: »Was meinen Sie denn, Herr Sporty?« »Na, das ist doch klar: Wo kommt das Springen denn sonst noch so vor?« Thomas hat die rettende Idee: »Ja, beim Eiskunstlauf. Rittberger oder so...« Es klingelt zum Ende der Stunde. Sporty eilig und emphatisch: »Thomas, eine tolle Idee. Vielleicht sollten wir das nächste Mal...« Die Schüler sind längst in der Umkleide.

Das sollten Sie wissen

Kommt Ihnen das irgendwie bekannt vor? Nein, nicht die Frage, ob Ihnen auch immer Zeit fehlt, den Unterricht wirklich rund zu machen. Läuft Ihr Unterricht auch so anspruchsvoll ab? Die leise Ironie haben Sie sicher gemerkt. Die Frage ist durchaus ernst gemeint. Denn unsere Erfahrung ist schon, dass viele Kollegen viele Schüler viel zu wenig fordern. Klar, heute diskutiert man angesichts voller Lehrpläne meist darüber, ob die Schule unsere Kinder nicht überfordert. Doch was glauben Sie, wie viel Wattepädagogik alltäglich praktiziert wird – ja den Schülern nicht zu viel zumuten... Und das sieht dann so aus wie beim Kollegen Sporty. Kompetenzorientierung verwechseln viele Lehrer mit Aktionismus, mit reiner Output-Orientierung. Das läuft dann auf so etwas hinaus wie: »Sag mal, was dir gerade einfällt. Und wenn ein richtiger Begriff dabei ist, gebe ich dir schon mal die Hälfte der Punktzahl.« Wir schwärmen von einem Gedanken, den Theodor Ballauf formulierte: »Erziehung heißt Einbezug ins Denken.« Was könnte das heute im 21. Jahrhundert für unseren Unterricht bedeuten?

Was Kollege Sporty so treibt, ist eine Karikatur dessen, was wir meinen. Schülerpräsentationen funktionieren in Sportys Unterricht wie eine Quizsendung im Fernsehen: Pure Unterhaltung. Die Schüler schauen sich das an. Kriterien der Beobachtung? Fehlanzeige! Aber wer setzt sich auch schon vor den Fernseher, um eine Sendung, die er anschaut, kriterienorientiert auszuwerten? Sie doch auch nicht, oder? Eben ein Unding im Zeitalter des puren Medienkonsums. Sporty hat das verstanden: Die Schüler sollen sich unterhalten, und, so glaubt er, nebenbei lernen sie dann auch noch was. Quizfragen bilden eben auch. Die Bildung der Schüler wird dann – ganz nebenbei – auch deutlich: »Das ist ganz gut.« Die Standardformel des Nichtssagenden. Und Sporty bleibt sich treu: Nachfragen? Fehlanzeige! Immerhin: Sporty will mehr, will gedanklich hoch hinaus. Er fragt nach Bezügen zum Trampolinspringen. Und die Schüler folgen ihm auf dem Fuß: Die Antwort ist genauso dumm wie die Frage. Irgendwie scheint Sporty zu spüren: So ganz war's wohl nicht das, was die Schüler hätten erkennen sollen. Aber was um alles in der Welt hat Sporty denn als Antwort erwartet?

Und die Alternative? Eigentlich ganz einfach:

Klarer Arbeitsauftrag
Die Schüler brauchen für ihre Kür einen klaren Arbeitsauftrag: Wie viele Sprünge? Wie lang? Mit welcher Musik? Vielleicht auch eine Story, die sie mit ihrer Kür darstellen sollen. Und die Schüler brauchen fachspezifische Kriterien für die Qualität einer Trampolinkür: Sprunghaltung, Körperspannung, Synchronität mit der Musik und so weiter.

Beobachtungsauftrag
Das Darbieten der Küren darf Freude machen, aber in erster Linie soll daran gelernt werden. Die Zuschauer brauchen Beobachtungsaufgaben. Hier kommen die Kriterien ins Spiel, die die Gestaltung der Kür ausmachen. In welchem Maße hat die Gruppe, die ihre Kür präsentiert, diese Kriterien erfüllt? Ganz wichtig: Beobachtungen müssen aufgeschrieben werden.

Beobachtungen auswerten, Leistung beurteilen
Nach der Präsentation geben die Beobachter Rückmeldung; dabei nutzen sie ihre Notizen. Für Sie als Lehrer: Die Schüler müssen jetzt fachspezifisch sprechen: »Ihr wart während der ganzen Übung absolut synchron mit der Musik. Fabian, du hast beim Sprung Y deine Arme nicht synchron gehalten. Vanessa, deine Körperspan-

nung war in dem Moment zu gering, als du abgesprungen bist.« Nur qualifizierte Rückmeldungen sind sinnvolle Rückmeldungen. Alles andere ist Gerede, kostet Zeit und bringt nichts. Erst kriterienbezogene Rückmeldungen ermöglichen den Schülern sachliche Urteile über die Leistung ihrer Mitschüler.

Verknüpfen, vertiefen, vernetzen
Wir glauben: Erst nach der Präsentation von Schülerergebnissen und deren Beurteilung durch Schüler beginnt im Unterricht der eigentliche Erkenntnisprozess. Nein, nicht einfach so, sondern durch Ihre nächste Intervention: Die Schüler haben gerade etwas Neues gelernt. Um das Neue zu behalten, müssen sie es verknüpfen, sie müssen es mit Bekanntem vernetzen. Bekanntes kann Unterrichtswissen sein, das wäre am besten. Bekanntes darf aber auch Alltagswissen sein. So platt, wie Sporty das macht, funktioniert das aber nicht. Der Bezugsrahmen muss präziser sein, und es muss natürlich ein konstruktiver Bezug herstellbar sein. Ein Beispiel: Für anspruchsvolles Denken ist es hilfreich, wenn bei einem Vergleich mehrere Vergleichspunkte bestehen. »Gesprungen wird in vielen Sportarten. In welchen Sportarten braucht man wohl ähnliche Fähigkeiten beim Springen, wie wir sie beim Trampolinspringen brauchen?« Der gedankliche Horizont, den dieser Impuls eröffnet, ist sehr komplex. Vielleicht zu komplex für manche Schüler. Aufgabe des Lehrers ist es dann, durch eingrenzende Hinweise den kognitiven Spielraum zu begrenzen. Wie man das macht? In Situation 17 »Gespräche moderieren« erfahren Sie mehr dazu.

| Klare Aufgabe | Klare Sprache | Komplexe Urteile und Vernetzungen | → | **Kompetenz** |

Das können Sie tun

Werden Sie zum Herausforderer und bringen Sie Ihre Schüler ins spannende Denkspiel. Sie brauchen noch ein paar Hinweise, wie Sie das Denken und Urteilen Ihrer Schüler anregen? Bitte schön: Wolf Schneider, Sprachpapst und ehemals Journalistentrainer, gibt wunderbar einfache Hinweise, wie man sich klar und verständlich ausdrücken kann. Ein paar davon haben wir hier verarbeitet und auf die Situation von Lehrern angewendet. Ein tolles Instrumentarium, das Ihnen Spaß machen wird:

- Das Wichtige gehört immer in den Hauptsatz. Kurz und knackig. Statt: »Danach könnt ihr damit anfangen, die Überschrift zu deuten« lieber: »Deutet die Überschrift«.
- Erklärungen packen Sie in den Nebensatz. Statt: »Danach schaut ihr euch noch einmal das Thema des Aufsatzes ganz genau an. Und dann schreibt ihr dazu alle Begriffe auf, die euch wichtig vorkommen« lieber: »Schreibt alle Begriffe heraus, die auf das Thema des Aufsatzes hindeuten«.
- Den Nebensatz stellen Sie immer ans Ende. »Ihr könnt die Zusatzaufgabe lösen, wenn ihr mit den Pflichtaufgaben fertig seid.«
- Sparen Sie Wörter, die nicht nötig sind. Statt: »Stellt zwischen dem gelesenen Text A und dem vorgelegten Bild einen differenzierten Vergleich an« lieber: »Vergleicht den Text mit dem Bild«.
- Partizipien sparen Sie sich am besten ganz. Statt: »Die erarbeiteten Ergebnisse nehmt ihr zum Anlass, um über die erwarteten Schreie der weinenden Zuschauer nachzudenken« lieber: »Was bedeuten die Schreie der Zuschauer?«
- Das Passiv ersetzen Sie durchs Aktiv. Statt: »Beurteilt, wie die Zuschauer in dem Stück von den Moderatoren unterhalten werden« lieber: »Beurteilt, wie die Moderatoren die Zuschauer unterhalten«.
- Haben Sie Beispiele parat, die an die Lebenswelt der Schüler anknüpfen. Statt: »Lasst uns mal über die Strategien nachdenken, die TV-Produzenten heute nutzen, um ihre Sendungen für ein Massenpublikum besonders anziehend zu machen« lieber: »Ihr seid ab heute Produzent der Serie ›Deutschland sucht den bes-

ten Suppenwürfel‹. Was würdet ihr tun, damit eure Sendung die höchste Einschaltquote bekommt?«

Vernetzen und vertiefen kann man auf zigfache Weise. Ein paar Beispiele:
- mit einer anderen Theorie vergleichen
- mit Alltags- oder Sachwissen in Beziehung bringen
- in einer Diskussion anwenden
- in einem Rollenspiel verarbeiten
- eine Rede zum Thema schreiben und halten
- zentrale Begriffe des Gelernten ermitteln und in einem Cluster ordnen
- eine Geschichte weiter oder zu Ende schreiben lassen
- einen Dialog entwerfen und vortragen
- eine Reportage schreiben oder filmen
- über die Sache ein Referat mit Visualisierung halten
- die Sache aus der Perspektive einer anderen Person oder Gruppe einschätzen
- eigene Beurteilungen abgeben
- Fragen zur Sache entwickeln
- Schwachpunkte und Leerstellen einer Theorie oder Aussage finden
- die Bedeutung einer Sache für einzelne Personen oder Personengruppen klären
- Gelerntes in eine andere historische Epoche verlagern und die Folgen abschätzen
- Prognosen für die Zukunft stellen
- den Unterricht auf der Basis des Gelernten weiterplanen

Profitipp: Wie Sie vernetzen oder vertiefen, ist gar nicht so wichtig. Entscheidend ist, dass Sie es tun und dass Sie dafür genügend Zeit vorsehen. Erst das Vernetzen schafft Erkenntnisse. Und die braucht es zum Entwickeln von Kompetenzen.

Die Sache mit dem Urteilen ist gar nicht so einfach. »Nimm Stellung zu...« Wie oft haben Sie das gesagt oder es in einer Klassenarbeit oder Klausur als Aufgabe formuliert? Schüler haben daraufhin ihre Meinung gesagt, und Sie haben die Hände über dem Kopf zusammengeschlagen. »Was für ein Quatsch! Unbegründet. Unsinn!« Und die Schüler waren anschließend enttäuscht, natürlich auch über die Note, die sie bekamen. Schlimmer noch ist der Rückschluss, den viele Schüler aus solchen Erfahrungen ziehen: »Der Lehrer wollte etwas anderes hören. Wir haben seine Meinung nicht getroffen« – schlimm, weil es zeigt: Der Lehrer hat viel versäumt. Er hätte den Schülern genauer sagen müssen, was eine Stellungnahme ist. Schüler können im engeren Sinn keine »eigene Meinung« haben. Sie können aber Erkenntnisse und Urteile des Unterrichts nutzen, um auf deren Grundlage schlüssige Einschätzungen zu einer Sache abzugeben, die sie bis dahin nicht kannten. Schüler, die das schaffen, sind kompetent. Sie können Erkenntnisse auf neue Zusammenhänge übertragen. Auch Sach- und Werturteile sind in diesem Sinne Transferleistungen. Nicht mehr und nicht weniger. So wie kein Schüler im Unterricht den Satz des Pythagoras »beweist«. Mithilfe des Lehrers und auf der Grundlage von Erkenntnissen denken die Schüler den Beweis nach. Gelingt das rasch und fehlerfrei, ist das eine tolle Leistung, aber eben nur eine Verlängerung von Bekanntem.

Sie haben noch ein wenig Zeit am Ende der vierten Unterrichtsstunde? Klasse! Dann haben Sie mal Mut zum Unfug. Absurdes Vernetzen nennen wir das. Und das geht so: »Was hat Omas Schlupfkuchen mit Habermas' Kommunikationstheorie zu tun?« »Peters Lieblingstier ist Klara, eine wunderbare Katze. Was würde Klara wohl sagen, wenn ihr Jesus begegnen würde?« »Menschen werden manchmal rot im Gesicht. Abends wird der Himmel rot. Was hat das eine mit dem anderen zu tun?« Aufpassen: Die Antwort »Nichts!« gilt nicht. Lassen Sie die Schüler sich an scheinbarem Unfug abarbeiten, der sich als spannende Herausforderung herausstellen wird. Was müssen die Schüler bei diesen Vergleichen leisten? Das, was ein Vergleich immer verlangt: Sie müssen prüfen, ob und welche Vergleichsgesichtspunkte es gibt. Und immer daran denken: Auch halbe Parallelen sind Übereinstimmungen, die man nennen darf. Die konstruktivistische Leistung dabei ist immens. Und immer beachten: Es geht ums Versprachlichen. Die Schüler müssen dabei sprechen, Sachverhalte umwälzen und neu sortieren. Das schafft im Gehirn neue Netze, die das Gelernte fest verankern. Ein

Segen, wenn man auf solche Netze bei der nächsten Klassenarbeit zurückgreifen kann.

Das lassen Sie lieber

Vergessen Sie die Schwachen nicht. Urteilsbildung und Vernetzung ist eine Menge kognitives Holz. Anforderungsbereich 3, sagt der Kenner. Höchster Anspruch also. Nicht jeder Schüler kann das so einfach mal aus dem Stand. Wenn Sie Unterricht nicht nur mit den sechs Besten machen wollen, müssen Sie auch für die schwächeren Schüler sinnvolle Aufgaben dabei haben. Also: Leistungsdifferent denken, urteilen und vernetzen lassen.

Sie glauben, Ihnen fehlt die Zeit dafür, sinnvoll vertiefen und urteilen zu lassen? Alles Ausrede: Hat man Ihnen nicht schon in der Ausbildung gesagt: Exemplarisch unterrichten! Was das heißt? Zuerst einmal: Weniger ist mehr! Und dann: An Wenigem möglichst viel veranschaulichen. Das können Sie bestimmt. Und schon haben Sie genug Zeit für das Wesentliche.

14. Schüler herausfordern

Dienstag, dritte Stunde, SoWi bei Herrn Knaller. Eine tolle Diskussion ist unter den Schülern entbrannt: Soll man nun den Mindestlohn erhöhen oder nicht? Kollege Knaller schafft es, mit wenigen Impulsen die ganze Truppe in Schwung zu bringen. Offenbar ist der Mindestlohn ein Thema, das viele angeht. Herr Knaller ist begeistert: Nina, Tina, Tricksy, Louis, Luka und Leon, die sechs sind die Stars des Kurses. Und sie alle haben sich wie erwartet toll beteiligt. Da meldet sich Paul. Kollege Knaller atmet tief, er verzieht sein Gesicht, beinahe so, als habe ihn eine Kugel getroffen. Nach sehr interessanten, aber sicher nicht motivierenden Bewegungen von Lippen und Gesichtsmuskeln quält Knaller dann irgendwie den Namen Paul aus sich heraus. Sie wissen schon – mit diesem Unterton von Müssen und Nichtwollen. Paul ist sichtlich gerührt von so viel knalliger Begeisterung und hebt zu einer Rede an, die keiner hören will; und dann redet er und redet und redet und redet. Niemand weiß so recht, worüber eigentlich. Mindestlohn – Mittelmaß – Minderheit – Minderwert – Mieterhöhung – Mittelalter. Nein, kein Kinderreim fürs 21. Jahrhundert, sondern die bunte Mischung von Assoziationen, die Paul sich so zusammendenkt. Knaller ist genervt, und genauso kommentiert er Pauls Wortballon voll heißer Luft: »Klasse, dass du auch mal wieder deinen Senf beigetragen hast. Mehr an der Sache vorbei ging's wohl kaum.« Sagt's und wendet sich Amelie zu, zaubert ein Lächeln auf sein und ihr Gesicht und spricht gelassen aus: »Amelie, würdest du bitte noch einmal da ansetzen, wo wir vor Pauls Äußerung stehen geblieben sind...«

Das sollten Sie wissen

Pauls gibt es viele: Schüler, die durchaus wollen, aber in manchen Situationen einfach nicht schaffen, was sie wollen – gute Beiträge liefern. Aber es gibt auch viele Knaller-Kollegen: Lehrer, die gar nicht erst wollen und es auch nicht können, nämlich Schülern wie Paul den Rückhalt und die Rückmeldung zu geben, die sie brauchen, um sich entwickeln zu können. Paul wird Knallers Spiel nicht mehr lange mitspielen. Er wird frustrieren, dann resignieren und schließlich aufgeben. Für Knaller ein Meisterstück: Endlich bin ich die Labertasche los! Sehr pädagogisch ist das aber sicher nicht. Denn Paul will ja offenbar, und er hat auch viel zu bieten. Zu sprechen traut er sich, lang reden kann er, offenbar sogar vernetzten, wenngleich nicht immer sinnvoll. Daraus kann man doch etwas machen, oder?

Gehen wir mal mit einem anderen Blick an die Sache heran. Paul ist sicher kein Musterschüler, aber offenbar willens, sich zu engagieren. Das ist doch schon mal was. Stellen wir es uns so vor: Die Autobahn A führt ohne Umwege von dem kleinen Ort Verträumt zu der großen Stadt Halligalli. So läuft auch Unterricht: Alle Schüler werden am Start auf die Spur gebracht, dann heißt es »Achtung, fertig, los...« und dann sollen die Schüler gefälligst auf der Spur bleiben, bis der Unterricht am Ziel ist. Schöne Idee. Haben Sie die auch? Dann vergessen Sie diese Idee am besten wieder. Die Realität ist anders! Nicht unbedingt schwieriger, aber eben anders. Die vielen Pauls denken nämlich gar nicht daran, dem Mainstream zu folgen, sie fahren bei der nächsten Gelegenheit von der Autobahn ab. Schließlich haben Landstraßen einen besonderen Reiz: Hier sieht man wenigstens etwas, und vieles davon hätte man wohl nie gesehen, wäre man der Autobahn blind gefolgt. Eine echte Bereicherung also. Was sagt uns das? Neben der Spur kann es ganz schön spannend sein.

Nur dass die Fahrt auf der Landstraße manchmal ein Umweg ist – und oft kostet das Zeit, zu viel Zeit. Also: Back to the roots. Und wie kommt man von der Landstraße wieder auf die Autobahn? Meistens ziemlich leicht, mit Navigationssystem noch leichter. Also: Paul ist nicht verschollen, wenn er neben der Spur fährt, er ist eben nur vom Weg abgekommen, und vielleicht hat er das sogar selbst entschieden. Schließlich gibt es genügend Autofahrer, die die Autobahn satthaben und daher ganz bewusst die Landstraßen nutzen. Kollege Knallers Kopfschütteln und seine völlig abweisende Reaktion auf Pauls Beitrag sind also nicht sehr sinnvoll. Was sollte Knaller tun? Richtig: Er sollte Navi spielen und Paul den Weg zur Autobahn zurückweisen. Wie das geht? Mit spannenden Herausforderungen, welche Paul die tollen (Luft)Schlösser an der Landstraße vergessen lassen. Ein bisschen zu poetisch, ein bisschen zu fantastisch? Keineswegs!

Herausforderungen sind eine besondere Form von Rückmeldung. Man nutzt sie in Gesprächsphasen des Unterrichts, zum Beispiel im erschließenden Einstieg oder in der vertiefenden Erarbeitung. Herausforderungen begleiten auch die Reflexion und die Vernetzung der Unterrichtsergebnisse, indem sie die Lernprozesse der Schüler vorantreiben. Der Lehrer regt in der kommunikativen Interaktion die Lern- und Denkoperationen an. Hierbei wird er nachfragen, problematisieren und akzentuieren (vgl. zu diesem Kapitel auch Kliebisch/Meloefski 2013a).

Voraussetzung beim Lehrer: Er benötigt eine klare Vorstellung von der Schüleraussage, die er als Basis für die Herausforderung nutzt. Dazu müssen Sie nicht nur den Unterrichtsverlauf gut planen und stets vor Augen haben, Sie sollten auch Ihre Schüler und deren Kompetenzen möglichst genau kennen. Wenn Paul vom Weg abkommt, hat das vermutlich andere Ursachen als bei Tricksy, die eine Überfliegerin ist. Unter dieser Voraussetzung kann der Lehrer auch sein eigenes Verhalten in der Interaktion kontrollieren. Herausforderungen sind direkte Rückmeldungen. Das funktioniert nicht ohne Sprache. Die Sprachniveaus von Schülern sind oft ganz unterschiedlich. Der Lehrer muss sich darauf einlassen können, selbst aber Sprachvorbild sein. Sie wissen schon: Hier geht's nicht darum, ständig wie ein Lexikon daherzureden. Es geht um grammatikalisch korrekte Satzmuster. Die müssen nicht immer vollständig sein. Nein, da darf auch mal was fehlen. Unterrichtssprache darf auch leben. Aber die Lehrersprache muss zielsicher sein, sie muss den Punkt treffen, um den es geht. Begrifflich klar und zugleich anschaulich. Viel verlangt? Ja, manchmal schon, und für manchen ganz besonders. Aber glauben Sie nicht auch, die Schüler haben Sie als Sprachvorbild verdient? Warum das alles? Die Schüler können die Lehrersprache imitieren und so ihr eigenes Sprachniveau anheben. Das Prinzip Native Speaker also... Hier ein paar Beispiele:

Nachfragen / Nachhaken

- »Was kannst du sonst noch dazu sagen?«
  → Sammeln von Details, um ausreichend Informationen für spätere Aufgaben zu haben
- »Würdest du das bitte noch einmal in anderen Worten sagen?«
  → Klären des Schwerpunkts; Eröffnen eines weiteren Aspekts
  Oder:
  – »Kannst du das noch genauer sagen?«
  – »Sag es doch bitte etwas genauer.«
  – »Wie meinst du das?«
  – »Habe ich dich richtig verstanden, dass …«
  – »Ich habe dich so verstanden: …«
- »Zeig es uns an der Karte. Dann kann ich sehen, was genau du gemeint hast.«
  → Verlagern auf einen anderen Wahrnehmungskanal

Akzente setzen

- »Du bist auf dem richtigen Weg. Wie geht es weiter?«
  → unvollständige Aussage; Anregung, weiterhin nachzudenken
  Oder:
  – »Du bist / ihr seid der Lösung schon sehr nahe.«
  – »Noch nicht ganz…«
  – »Fast.«
- »Das ist richtig. In welchen Fällen trifft das zu?«
  → Anregung, die Aussage auf ihre Tragweite und ihre Konsequenzen zu überprüfen
- »Das ist eine Möglichkeit. Welche anderen Möglichkeiten fallen dir / euch ein?«
  → Sammeln von Vermutungen; Anregung, weitere Vermutungen anzustellen
  Oder:
  – »Gibt es noch andere Meinungen?«
  – »Teilen alle diese Meinung?«
  – »Wer teilt die Meinung (nicht)?«

Problematisieren / Provozieren

- »Inwieweit glaubt ihr das wirklich?«

→ Anregung, einen Zweifel zu äußern, um einen Widerspruch auszulösen oder eine Auffassung zu begründen
Oder:
- »Ist diese Maßnahme denn gerechtfertigt?«
- »Kann man das überhaupt so sagen?«
- »Dann überzeugt mich mal.«
- »Woran würde man das denn erkennen?«
→ Anregung, eine begründete Position zu finden und dabei Argumente gegenseitig auszutauschen
Oder:
- »Welche Meinung überzeugt euch?«
- »Welche These ist aus eurer Sicht praxisnäher?«
- »Was würdet ihr eher tun?«
- »Geht das nicht vielleicht doch?«
→ Ziel: einen Widerspruch auslösen oder eine Wissenslücke provozieren
Oder:
- »Kann man das als ... bezeichnen?«
- »Ist das denn so gemeint?«
- »Würde das aus Sicht der Befürworter anders aussehen?«
- »Dagegen spricht aber ...«
→ durch eine Gegenbehauptung eine neue Perspektive eröffnen
Oder:
- »Das widerspricht aber dem, was die Gegner dazu sagen.«
- »Vor gut einem Jahr hat X das Gegenteil nachgewiesen.«
- »Das ist nur zum Teil richtig. Denn ...«

Durch Problematisieren können Sie verschiedene gedankliche Operationen anregen. Zweifel können herausgefordert werden, um nach weiteren Bedingungen zu suchen. Oder Sie regen eine intensivere Auseinandersetzung an, um die Schüler eine übergreifende Begründung finden zu lassen. Über eine problematisierende Rückfrage können Sie auch Denkhilfen anbieten. Also keine Angst vor dem Problematisieren! Auch die problematisierende Rückmeldung gibt den Schülern Anregungen, um auf unterschiedliche Weise weiterzudenken.

Keine Intervention ohne Klärung der Voraussetzungen. Was heißt das? (1) Der Lehrer muss die Lernvoraussetzungen kennen, die die Schüler mitbringen. Herausforderungen machen nur Sinn, wenn die Schüler sie auch bewältigen können. Sonst ist Misserfolg programmiert – und der demotiviert. (2) Für das erfolgreiche Herausfordern sind auch situative Bedingungen von Belang: Haben die Schüler gerade eine Klassenarbeit geschrieben? Klettert das Thermometer mal wieder über 32°C? Hat Paul heute Geburtstag? Oder hat Clementine gestern ihre Führerscheinprüfung vergeigt? Ist der Stoff diesmal so komplex, dass eine ganz besondere Aufmerksamkeit und Konzentration nötig sind? Klar: Für den Lehrer ist es schwierig, all diese Faktoren zu kennen. Noch schwieriger ist es oft, diese Faktoren im laufenden Unterricht zu analysieren. Beides aber braucht der Lehrer. Erst dann findet er eine geeignete inhaltliche und sprachliche Form der Herausforderung, die den Fortgang des Gesprächs sichert. Sicher ist das manchmal wie die Quadratur des Kreises. Aber eben nur manchmal; viel öfter werden Sie erfolgreich sein. Und Sie wissen doch: Nichts geht über Probieren.

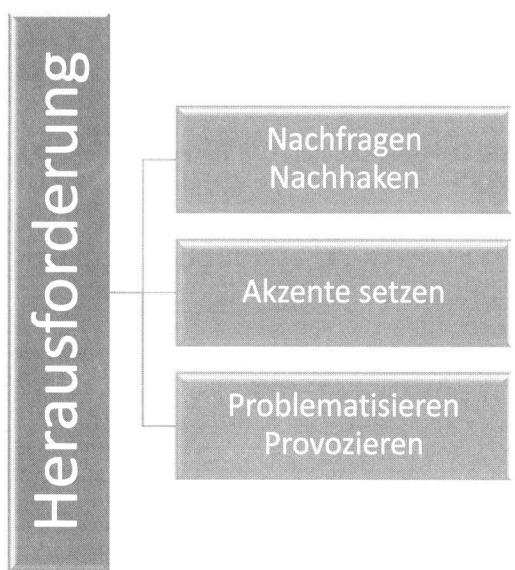

Das können Sie tun

Werden Sie zum Herausforderer und bringen Sie Ihre Schüler ins spannende Denkspiel! Klären Sie die Lernvoraussetzungen Ihrer Schüler. Welche sozialen Hintergründe haben die einzelnen Schüler? Welches Denkniveau? Welches Arbeitsverhalten beobachten Sie? Welches Sozialverhalten fällt Ihnen auf? Welche Schüler werden schon durch spezielle Maßnahmen der Schule individuell gefördert? Welche Schüler haben besondere Handicaps? Und wer kann mit wem wie gut zusammenarbeiten? Wer kann sich gut oder weniger gut konzentrieren? Welcher Schüler wiederholt die Klasse? Wer ist besonders alt, wer besonders gut, wer auffallend reif in seiner Persönlichkeit und wer wirkt noch wie ein Kind? Sie merken: Hier gibt es viel zu tun! Packen Sie's an; denn es lohnt sich. Sie werden von Ihren Erkenntnissen profitieren und Ihre Schüler immer besser verstehen. Eine der wichtigsten Voraussetzungen für produktives Herausfordern! Sie brauchen noch mehr Infos zu diesem Thema? Haben wir für Sie: Schauen Sie in Situation 20 nach.

Engagiert und doch neben der Spur: Was machen Sie mit Schülern wie Paul? »Die intellektuelle Decke ist da wohl zu kurz«, würde Kollege Knaller sicher sagen. Und Kollegin Pessimist und Kollege Superfaul würden eifrig mit dem Kopf nicken. Lassen Sie sich nicht beirren. Solche Feststellungen dienen nur den »Passifisten« Knaller, Pessimist und Superfaul. Wer Schülern Dummheit zuschreibt, braucht sich nicht mehr zu kümmern. Dummheit ist dann so etwas wie eine Krankheit, die man nicht heilen kann. Ein hoffnungsloser Fall sozusagen. Werden Sie zu Professor Simoni aus der Sachsenklinik: Kümmern Sie sich bis zum Letzten – und Sie werden staunen, was Sie erreichen können. Klar, Sie müssen Ihre Sprechstunde nicht auch nachts abhalten. Aber sprechen Sie so oft wie möglich mit den Pauls und Claras, die viel erzählen, nur nicht immer das Richtige. Beraten Sie die Schüler und finden Sie heraus, was sie daran hindert, mehr zu leisten. Manchmal sind es kleine Hemmnisse, manchmal auch große, und oft ist es große Angst vor dem Versagen. All das gehört in eine Lernberatung. Sie möchten mehr wissen? Situation 19 hilft Ihnen weiter.

Wann ist eine Problematisierung geeigneter als eine Akzentuierung? Wann ist Provozieren besser als bloßes Nachfragen? Das kann man nicht allgemein klären. Es ist halt wie im richtigen Leben: Wie Sie wann mit wem sprechen, hängt immer vom Kontext ab und von den Bedingungen, die gerade herrschen. Die Kassiererin bei ALDI erwartet bei einer Reklamation sicher eine andere Art der Ansprache als Ihr Schulleiter, wenn Sie ihm mal so richtig die Meinung sagen wollen. Entscheidend ist für unseren Kontext: Welche gedanklichen Operationen muss der Schüler erbringen, um den Unterrichtsgegenstand zu erschließen? Am besten, die Rückmeldung ist nicht nur für Paul, sondern für alle Schüler der Klasse eine gedankliche Herausforderung. Je mehr Schüler sich herausgefordert fühlen, desto mehr gewinnt das Gespräch an Fahrt. Den richtigen Steuermann gibt es dafür ja schon: Das sind Sie! Und wenn Sie noch nicht so richtig wissen, wie es geht: In Situation 17 erfahren Sie eine ganze Menge über das Moderieren von Gesprächen.

Auch die Schüler dürfen und sollen den Gesprächsverlauf beeinflussen und mitbestimmen. Im Unterrichtsgespräch reagieren sie nicht nur, sonst wären sie ja Marionetten und Statisten. Das wollen Sie sicher nicht. So wie der Lehrer auf Schüleraussagen reagiert, reagieren die Schüler auf Aussagen und Interventionen des Lehrers, aber auch auf Aussagen ihrer Mitschüler. Heißt im Klartext: Die Schüler können und sollen sich auch gegenseitig gedanklich herausfordern. Ein Hirngespinst? Keineswegs! Erklären Sie den Schülern, dass Sie dies erwarten. Und bringen Sie ihnen bei, wie sie durch Weiterdenken und Weiterfragen mit Ihnen zusammen das Gespräch voranbringen können.

Das lassen Sie lieber

»Du bist auf dem Holzweg.« Eine tolle Herausforderung, nicht wahr? Außer für Förster vielleicht. Damit Ihre Herausforderungen nicht zum Bumerang werden, packen Sie alle Schwächen Ihrer Schüler in den Sack und werfen ihn über dem Atlantik ab. Sie brauchen ihn nicht mehr. Machen Sie sich eine Liste positiver Formulierungen, die zugleich herausfordern: »Bis hierhin hast du das richtig gesehen. Denk doch noch einmal an diesem Punkt weiter.« Das kommt Ihnen seltsam vor? Freuen Sie sich: Dann haben Sie etwas zu üben. Eine schöne Herausforderung für Sie. Andernfalls geht Ihr Unterricht gleich mit Ihnen den Bach hinunter, weil Sie einfach nur schlechte Stimmung verbreiten und die Beziehung zu Ihren Schülern aufs Spiel setzen.

Überfordern – Herausfordern – Unterfordern: Gut, dass im Deutschen die Dinge sprachlich so schön nebeneinanderliegen. Also Achtung: Beim gedanklichen Fordern geht es immer auch ums rechte Maß. Dabei geht es zu wie beim Sport: Ein wenig mehr als das, was schon immer ging, darf es ruhig sein. So schieben Sie die Grenzen Ihrer Schüler weiter hinaus. Dauerndes und deutliches Über- oder Unterfordern dagegen hilft niemandem. Auch Ihnen nicht: Denn entweder werden Sie frustriert, weil Ihre Schüler aus Ihrer Sicht versagen, oder aber Sie täuschen sich über die wahren Ressourcen Ihrer Schüler.

15. Gerecht benoten

Mittwochmorgen, halb zehn. Große Pause. Und heute hält die große Pause, was sie verspricht. Zumindest für Sie. Die Kopien für die nächste Stunde liegen vor Ihnen und der Kaffee schmeckt. Immerhin hat sich Ihr Kollegium eine vollautomatische Kaffeemaschine vom Feinsten gegönnt. Was will man mehr? Und die lieben Kollegen? Die meckern über das letzte Spiel ihres Fußballclubs und übers Fernsehprogramm und merken daher von der Pause nicht viel. Ihre Kollegin Frau Rührig steht in der Tür des Lehrerzimmers und führt bereits das dritte Gespräch mit Schülern. Rührend! Herr Breit hat sich mindestens zehn Wörterbücher unter den Arm geklemmt und hastet in Richtung Klausurraum. Toll! Und Frau Scheu? Gerade noch am Telefon, kommt sie nun wie ein begossener Pudel auf Sie zu. Mit beeindruckender Halsschlagader platzt es aus ihr heraus: »Das war Jessicas Mutter. Sie wissen doch: Jessica aus der 9 B. Die meint, ich hätte ihre Tochter zu schlecht benotet. Dabei sind meine Noten absolut gerecht. Und ich hätte meine Lieblinge, die immer gute Noten bekommen.« Und nach kurzer Schnappatmung: »Eine Unverschämtheit ist das!« Ohne den Fall zu kennen: Sie wissen genau, wovon Kollegin Scheu spricht. Da klingelt das Telefon schon wieder. Spannung wie in einem Hitchcock-Thriller... Die Bösen sind immer die Eltern, oder was?

Das sollten Sie wissen

Noten sind ein echtes Phänomen. Jeder kennt sie, jeder hat sie schon mal bekommen. Und jeder hat sich schon einmal ungerecht benotet gefühlt. Sie nicht? Ob Sie sich da nicht etwas vormachen? Weiter im Text: Oft sind es eben diese (angeblich) ungerechten Noten, die man in Erinnerung behält – von der Schule, vom Studium, vom Referendariat, von der Revision auf die Beförderungsstelle. Manchmal noch nach Jahrzehnten: »Die Fünf in Mathe auf dem Zeugnis damals, das war ein echter Witz! Sowas von ungerecht!« Unzählige Schüler haben diese oder ähnliche Sätze von ihren Eltern und Großeltern, von ihren Tanten und Freunden schon gehört. Sind ungerechte Noten so etwas wie eine Tradition? Und gerechte Noten nichts anderes als die Quadratur des Kreises? Jeder gibt sie, obwohl es sie nicht gibt. Unstrittig ist: Wenn es um Noten geht, hört der Spaß auf. Dann geht's ans Eingemachte. Denn Noten geben eine unmittelbare Rückmeldung zu dem, was ein Schüler geleistet hat. Zum Beispiel in einem Vokabeltest, einer Klassenarbeit, einer Klausur oder sogar im ganzen Halbjahr. Ganz zu schweigen vom Abitur. An den Noten hängen rosige oder weniger blumige Berufsträume und manchmal eine ganze Lebensplanung. Schlimm wird's bei schlechten Noten. Wer schlechte Noten erntet, denkt oft: »Ich bin schlecht.« Und wer fühlt sich schon gern als schlechter Mensch? Da liegt es doch nahe, diesen Gedanken wegzuschieben. Das geht am besten, indem die Verantwortung für die schlechte Note gleich mit weggeschoben wird – am besten in Richtung desjenigen, der benotet hat. Voilà, da ist sie, die ungerechte Note! Und den Schuldigen kennen wir auch schon!

Gibt es sie denn eigentlich, die gerechte Note? Die meisten Lehrer sind davon überzeugt: Ihre Noten sind nicht (!) ungerecht, sondern gerecht. Und obendrein noch objektiv. Andere sind sich da nicht so sicher, räumen ein, dass gerechtes Benoten ein schwieriges Geschäft ist. Warum das? Es ist doch schließlich immer der Lehrer, der die Leistungen der Schüler durch seine ganz persönliche Brille wahrnimmt, dabei seine ganz persönlichen Erwartungen und Maßstäbe zugrunde legt. Diese ganz persönliche, durch und durch subjektive Brille kann kein Lehrer ablegen. Und aus genau diesem Grund geben Richtlinien und Lehrpläne der Fächer vor, welchen Kompetenzstand ein Schüler zu welchem Zeitpunkt erreicht haben soll. In der Regel konkretisieren die Fachschaften an den Schulen diese Vorgaben noch weiter: Schulinterne Curricula weisen genau aus, was welcher Schüler zu welchem Zeitpunkt und in welchem Maße wissen und können muss. Bedeutet »gerecht benoten« also nichts anderes als »den administrativen Vorgaben entsprechend benoten«? Das klingt doch gar nicht so schwer, gleichzeitig aber auch ziemlich unromantisch.

Doch was einfach klingt, kann in Wahrheit recht kompliziert sein. Nähern wir uns dem Phänomen »gerechte Note« einmal schrittweise an. Erstens und grundsätzlich: Gerechtes Benoten fordert die diagnostische Kompetenz des Lehrers heraus! Schön gesagt, nicht wahr? Der Lehrer muss geeignete Verfahren der Leistungsbewertung nutzen, die das Handeln der Schüler überprüfbar machen und zuverlässig in den Blick nehmen. Der Haken: Die für alle Schüler verbindlichen Standards liefern wichtige Kriterien, sind aber eben nicht die einzige Bezugsnorm. Zweitens: Die Klasse oder der Kurs ist als soziale Bezugsnorm wichtig: Wie ist Paulas Leistung im Vergleich zu den Leistungen der übrigen Gruppenmitglieder einzuschätzen? Und drittens: die individuelle Bezugsnorm. Sie betrachtet die Entwicklung des einzelnen Schülers: Wie ist Bens Leistung heute im Vergleich zu seinen früheren Leistungen zu sehen? Ein Lehrer, der bei der Notenfindung alle Bezugsnormen angemessen berücksichtigt, hat sein Möglichstes getan. Klar: Was heißt hier angemessen, werden Sie vielleicht fragen. Eine gute Frage. Aber die Antwort bleiben wir Ihnen schuldig. Wir stellen Ihnen lieber diese Frage: Werden Schüler die Note eines Lehrers automatisch als gerecht erleben, wenn der Lehrer verschiedene Bezugsnormen verwendet? Nicht unbedingt. Aber Schüler werden sich dann gerecht benotet fühlen, wenn der Lehrer sie an der Benotung beteiligt.

Eine gerechte Note ist also aus Lehrersicht eine gerechtfertigte Note und gleichzeitig eine Note, die vom Schüler als gerecht erlebt wird. Dass das Ganze auch noch vor den kritischen Augen einer Behörde oder eines Richters Bestand haben muss, müssen wir wohl nicht erwähnen. Noten kennen wir als Ziffernnoten auf einem Zeugnis. Dabei ist die Note weit mehr als eine bloße Nummer. Die gerechte Note, vor allem auf Abschlusszeugnissen, hat eine Zuweisungsfunktion: Sie eröffnet dem Schüler passende Zugänge zu weiteren Bildungs- und Ausbildungsgängen. Das ist wie die Eintrittskarte ins Kino: Reihe 9, Platz 15. Den Platz haben Sie sicher, auch wenn es nicht immer der beste ist. Eine Note hat zudem eine rechtliche Funktion, ist rechtssicher, kann aber unter Umständen mit juristischen Mitteln angefochten werden. Gerechte Noten dienen grundsätzlich dazu, dem Schüler eine Rückmeldung über seinen Entwicklungsstand zu geben, ihn zu motivieren, manchmal sogar zu disziplinieren. Und zuletzt: Die gerechte Note sozialisiert den Schüler. Nein, selbstverständlich sind Schüler von Vornherein soziale Wesen. Die Note bereitet die Kids allerdings darauf vor, sich in einer leistungsorientierten Gesellschaft zurechtzufinden.

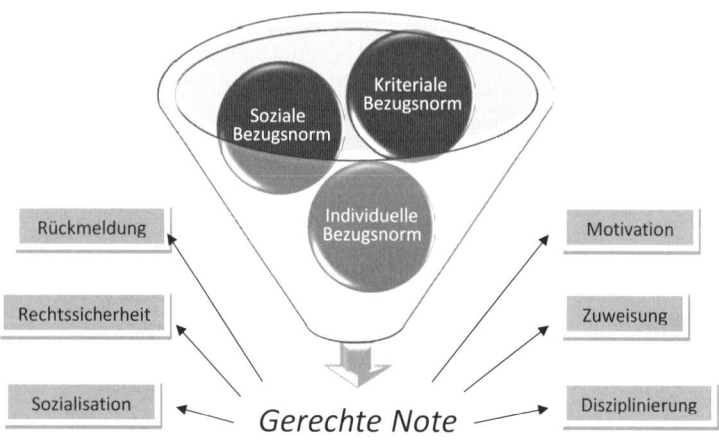

Das können Sie tun

Bringen Sie Licht ins Dunkel Ihrer Bewertung! Und das von Anfang an. Was das bedeutet? Schüler wissen oft nicht, worum genau es im Beurteilungsbereich »Sonstige Mitarbeit« geht. Daher: Erklären Sie ihnen zu Beginn des Schuljahres ausführlich, nach welchen Kriterien Sie die »Sonstige Mitarbeit« beurteilen. Was da eine Rolle spielen kann? Zum Beispiel Beiträge im Unterrichtsgespräch, und die können lang oder kurz, präzise oder unklar und natürlich reproduktiv oder anwendungsbezogen sein. Dann gibt's da Präsentationen von Gruppenergebnissen oder das Lesetagebuch zum Roman, den Sie behandeln wollen. Wichtig dabei: Was müssen die Schüler in diesen Bereichen qualitativ und quantitativ leisten, um die Noten »gut« und »ausreichend« zu erhalten? Erläutern Sie das der Lerngruppe so präzise wie möglich. Und nicht vergessen: Das müssen Sie nicht erfinden. Einfach in die Lehrpläne schauen!

Gleiches gilt für Klassenarbeiten und Klausuren: Das Zauberwort ist Transparenz! Und die erzeugen Sie, indem Sie punktebasierte Bewertungsraster nutzen. Schöne Formulierung, nicht wahr? Klingt das für Sie nach Abiturklausuren? Klar, Sie haben recht: Solche Bewertungsraster sind im Abitur üblich, und schließlich bereiten Sie die Oberstufenschüler auf das Abitur vor. Sie müssen es ja nicht übertreiben: Ihre Bewertungsraster können durchaus etwas abgespeckt daherkommen. Wichtig ist, dass Sie Ihre Notenfindung nachvollziehbar und nachprüfbar gestalten. Schüler müssen durchschauen, wie Sie zu einer Note kommen. Und das kann man bereits in der Sekundarstufe I anbahnen. Ein gutes Hilfsmittel: die Bewertung der Klassenarbeit in einem kurzen schriftlichen Kommentar zu erläutern.

Dokumentieren Sie Schülerleistungen, am besten jeden Tag nach dem Unterricht! Es muss nicht immer eine Ziffernnote sein – Finden Sie dazu Ihr eigenes System, zum Beispiel unterschiedliche Symbole, die für punktuelle Leistungen oder Lernentwicklungen stehen. Plus- und Minuszeichen oder einen Kreis zum Beispiel könnten Sie verwenden. Aber bestimmt sind Sie erfinderisch und Ihnen fallen Varianten ein, die viel besser zu Ihnen passen. Auch wenn Sie Ihrem Gedächtnis vertrauen: Wer viele Kurse unterrichtet, vergisst schnell, welcher Schüler sich wie beteiligt hat. Wer unmittelbar und regelmäßig dokumentiert, schafft sich eine sichere Bewertungsgrundlage, und zwar für sich selbst und für die Schüler. Außerdem: Im Falle eines Widerspruchs ist Ihre Note dann justiziabel, wenn sie auf regelmäßigen und präzise dokumentierten Beobachtungen beruht. Justiziabel – hört sich ziemlich schrecklich an. Ist es auch, wenn Sie auf das Dokumentieren verzichtet haben.

Sie meinen, Benotung ist Lehrer- und somit Chefsache? Klar, am Ende legen Sie, und nur Sie, die Note fest. Aber beteiligen Sie die Schüler an der Benotung! So lernen sie, sich und ihre Leistungen realistisch einzuschätzen. Je besser Ihre Schüler das können, desto mehr wird sich die Selbstwahrnehmung der Schüler der Fremdwahrnehmung des Lehrers annähern. So ersparen Sie sich unangenehme Gespräche über Noten, die oft dann entstehen, wenn Schüler ihre Leistungen nur undifferenziert reflektieren (können). Wie können Sie vorgehen? Zum Beispiel mit Portfolios, Lerntagebüchern oder Lernjournalen. Die Idee: Schüler beobachten ihren Lernprozess anhand von Kriterien, nennen Schwierigkeiten, planen das weitere Vorgehen. Kurzum: Sie steuern und überwachen das Lernen der Schüler und erkennen so, was sie geleistet haben und an welchen Stellen es noch Entwicklungsbedarf gibt.

Das lassen Sie lieber

Welcher Lehrer hört schon gern den Vorwurf: »Die Note, die Sie mir gegeben haben, ist absolut ungerecht!« – meist noch verbunden mit emotionaler Sanktionierung. Ein Schüler dampft mit diesen Worten ab, begrüßt Sie in der nächsten Stunde nicht und würdigt Sie keines Blickes. Sie können diese Note rechtfertigen, der Schüler hingegen empfindet sie als ungerecht, als persönliche Beleidigung. Vorsicht: Knicken Sie nicht ein, sondern suchen Sie ein klärendes Gespräch mit dem Schüler. Verdeutlichen Sie nochmals, wie Sie zu der Note gekommen sind. Richten Sie den Blick nach vorn in den neuen Bewertungszeitraum. So bewahren Sie Ihre Glaubwürdigkeit und geben dem Schüler die Chance, sich zu entwickeln.

»Milan, wenn du nicht sofort aufhörst zu quatschen, gibt es eine Sechs!« Ein Klassiker der etwas anderen Art. Ein Lehrer fühlt sich gestört, kommt mit pädagogischer Ansprache nicht weiter und zieht als *ultima ratio* den Joker namens »Amtsautorität«. Der Regelkreis ist schneller da, als man glaubt. Milan kassiert die Sechs; und da die Stunde damit für ihn gelaufen ist, stört er den Unterricht erst recht. Der Lehrer nimmt das wahr und schlägt wiederum mit der Notenkeule nach. Und so weiter und so weiter. Werden Noten nur als Druckmittel eingesetzt und wahrgenommen, nutzt sich der disziplinierende Effekt schnell ab. Durchbrechen Sie diesen Regelkreis und gehen Sie differenziert vor: Reagieren Sie pädagogisch, wenn Schüler aus der Reihe tanzen. Und nicht vergessen: Noten sollten gerecht sein und sind kein Mittel, sich an Schülern zu rächen.

Haben Sie auch das Gefühl: Jede Note wird immer ungerechter, je länger Sie über sie nachdenken? Oder denken Sie vielleicht das Gegenteil? Irgendwie komisch: Viele Menschen bringen die Zeit, die ein Bewertungsvorgang dauert, mit der Frage in Verbindung, wie gerecht das Ergebnis wohl sei. Zwei Hinweise sind sicher berechtigt: Schnellschüsse gehen oft daneben. Entscheidungen im Schneckentempo machen vieles nicht besser. Super, nicht wahr? Damit sind wir soweit wie am Anfang, nur etwas klüger.

16. Copyright beachten

Kollege Vielfalt ist mal wieder voll in Action. In der großen Pause hat er sich das Workbook für Englisch geschnappt und den Schulkopierer besetzt. Am Ende waren es 200 Kopien für seine 25 Schüler. »Mann, was für ein Aufwand«, sagt sich Vielfalt mit der Einfalt, die ihm eigen ist. Und wir fragen uns: Darf der das überhaupt? Da loben wir uns Kollegin Singsang: Die hat immer ein Lied auf den Lippen, Summen gehört zum Tagesgeschäft. Und damit die Schüler bei Singsang auch in Sangeslaune bleiben, bringt sie gleich eine Michael-Jackson-CD mit. Schließlich will man ja »in« sein und bleiben. *Love never felt so good* heißt das gute Stück, das Singsang gleich im Unterricht vorspielen möchte. Natürlich, um danach eine tolle Song-Analyse zu starten. »Die Schüler werden bestimmt ganz Ohr und von den Socken sein«, prophezeit sie. Und wir fragen uns: Was werden Michael Jacksons Medienanwälte dazu wohl sagen?

Das sollten Sie wissen

Gehören Sie auch zu denen, die sich auf YouTube Musikvideos anschauen? Tun Sie's ruhig; schauen Sie weiter auf YouTube, was der Monitor so aushält. Aber man kann ja noch viel mehr tun, als nur zuzuschauen – den Stream zu rippen, heißt das wohl: Video ansehen, Software anwerfen, die Tonspur des Videos aufzeichnen und einfach auf den PC ziehen. Die MP3-Datei dann vom Rechner auf den Player kopieren, und schon ist der Song auch beim Joggen im Wald mit dabei. Alles ganz einfach. Aber auch ganz legal? Ja, Sie dürfen es. Und zwar so lange, wie Sie den Song nur privat nutzen und er nicht aus einer dubiosen Quelle stammt, die »offensichtlich rechtswidrig« ist. YouTube ist in diesem Sinne keine offensichtlich rechtswidrige Quelle; zumindest darf der User erst einmal davon ausgehen. Oder haben Sie schon mal etwas anderes gehört? Man weiß ja: Manche Plattenfirmen stellen inzwischen ganz gezielt Songs auf YouTube ein. Die wollen sozusagen, dass man das kopiert. Und selbst wenn ein YouTube-User ein Video einstellt, an dem er keine Rechte besitzt: Wer das Video herunterlädt, kann das in der Regel nicht erkennen und macht daher nur eine legale Privatkopie des Videos. Und das ist eben in Deutschland erlaubt. Feine Sache!

Aber einen Haken scheint es zu geben: die allgemeinen Nutzungsrichtlinien von YouTube. Da steht: Das Speichern der Videos und damit auch der Tonspuren sei nicht erlaubt. Dumm nur für YouTube, denn haben Sie jemals den Geschäftsbedingungen von YouTube zugestimmt? Keine Sorge, Sie haben nichts falsch gemacht. Das muss man nämlich gar nicht, wenn man einfach mal so auf YouTube surfen will. Und was heißt das für uns? Wenn Sie die Hausratversicherung bekommen, ohne dafür einen Vertrag zu unterschreiben, dann gilt für Sie das Kleingedruckte im Vertrag erst gar nicht. Alles klar? Also: Wenn Sie auf YouTube surfen können, ohne irgendeinen Klick auf irgendeine Bestimmung, dann surfen Sie sozusagen bedingungslos. Die Juristen würden dazu wohl sagen: Die Nutzungsbestimmungen von YouTube sind in diesem Punkt rechtsunwirksam. Wohl wirklich dumm gelaufen – für YouTube.

Anders sieht's aus, wenn Sie auf einer Internetseite die Top 100 der aktuellen Music Charts finden – zum kostenlosen Download, versteht sich. Dann muss Ihnen ein Licht aufgehen und der gesunde Menschenverstand sagen: Da stimmt was nicht! Wer das ins Netz stellt, handelt offensichtlich rechtswidrig. Und für Sie heißt es dann: Finger weg! Wenn Sie die Lieder jetzt herunterladen, ist das keine legale Privatkopie mehr. Denn Sie nutzen eine Quelle, die auch für Sie als Laien erkennbar rechtswidrig ist.

Spannend, nicht wahr? Und wo steht das alles? Die Regeln für Privatkopien finden Sie im Urheberrechtsgesetz (UrhG). In § 53 (1) heißt es da: »Zulässig sind einzelne Vervielfältigungen [...] zum privaten Gebrauch auf beliebigen Trägern [...].« Und was ist jetzt mit dem Kollegen Vielfalt? Der kopiert auf Teufel komm raus, aber doch sicher nicht für den privaten Gebrauch. Richtig erkannt. Und welche Regeln gelten hier? Da hilft ein Blick in § 53 (3) des Urheberrechtsgesetzes: Erlaubt sind das Kopieren »von kleinen Teilen eines Werkes, von Werken von geringem Umfang oder von einzelnen Beiträgen, die in Zeitungen oder Zeitschriften erschienen oder öffentlich zugänglich gemacht worden sind [...]«, und zwar »zur Veranschaulichung des Unterrichts in Schulen [...]« und auch »für staatliche Prüfungen und Prüfungen in Schulen [und] Hochschulen [...].« So weit, so gut. Leider sagt der § 53 etwas später auch: »Die Vervielfältigung eines Werkes, das für den Unterrichtsgebrauch an Schulen bestimmt ist, ist stets nur mit Einwilligung des Berechtigten zulässig.« Jetzt scheint Kollege Vielfalt aufgeschmissen: Er kopiert ja aus einem Schulbuch, und dessen Autoren hat er garantiert nicht um eine Zustimmung gebeten.

Aber Rettung ist in Sicht. Schließlich gibt es da noch den Gesamtvertrag der Bundesländer mit den Verlagen, die Medien für den Unterricht veröffentlichen. Kollege Vielfalt kann aufatmen. Der Vertrag gibt grünes Licht: Vielfalt darf 10 Prozent, aber höchstens 20 Seiten eines Schulbuches kopieren. Zur Sicherheit rechnen wir kurz nach: Das Workbook hat 108 Seiten, in Vielfalts Klasse sitzen 25 Schüler, und der Kollege hat 200 Kopien angefertigt. Das heißt: Jeder Schüler kriegt acht Seiten; das liegt allemal unter den kritischen Grenzen: weniger als 20 Seiten pro Werk und weniger als 10 Prozent des Buches. Glück gehabt. Jetzt muss Vielfalt nur noch beachten, dass auf die Vervielfältigungen unbedingt eine Quellenangabe gehört! Und für demnächst: Wenn es kein Schulbuch gewesen wäre, hätte Kollege Vielfalt ein dünnes Heftchen sogar komplett kopieren dürfen. Die Grenze: 25 Druckseiten. Dicker darf das Heft nicht sein. Und nicht vergessen: 25 Seiten sind nicht 30 Seiten.

Und die ambitionierte Kollegin Singsang? Macht auch sie alles richtig, wenn sie ihren Schülern im Musikunterricht Michael Jacksons *Love never felt so good* vorspielt? Ein tolles Lied übrigens. Aber zur Sache: Vorspielen ist nicht kopieren. Indes geben wir auch hier Entwarnung. Frau Kollegin Singsang steht auf der rechtssicheren Seite. Die Regeln dazu: Sie darf den Song abspielen, sofern sie die CD legal erworben hat. Und das hätte sie auch dann, wenn sie den Song aus einem YouTube-Video extrahiert hätte. Stichwort: legale Privatkopie. Es macht dabei keinen Unterschied, ob der Song von einer Original-CD stammt oder die Kollegin eine MP3-Datei abspielt.

Aber Achtung: Vorführen ist nicht dasselbe wie Bereitstellen! Nehmen wir Frau Singsangs tollen Unterricht: Die Kollegin stellt ihren Schülern den Song *Love never felt so good* übers Intranet zur Verfügung. Die Schüler können die MP3-Datei also auf ihre eigenen Rechner herunterladen. Ist das erlaubt? Macht Kollegin Singsang hier alles richtig? Am Anfang steht immer dieselbe Frage: Hat die Kollegin die Musikdatei selbst rechtmäßig erworben? Eine illegale Kopie des Musiktitels dürfte sie den Schülern selbstverständlich nicht zum Download anbieten. Aber wir kennen ja die Kollegin: Natürlich hat sie die Datei selbst gekauft und bezahlt. Frau Singsang besitzt also eine legale Kopie des Songs. Aber die Legalität der Datei ist nur ein Baustein im Rechte-Puzzle. Jetzt kommt eine weitere Regel ins Spiel: Kollegin Singsang darf den Schülern legale MP3-Dateien zum Download anbieten. Aber es gibt eine Grenze, was die Länge der Stücke angeht. Die magischen Zahlen: 12 Prozent des Stückes oder fünf Minuten. Frau Singsang muss also prüfen: Wie lang ist *Love never felt so good*? Sie hat die Langversion des Stücks, und die ist länger als übliche Popsongs: Ganze 6 Minuten und 46 Sekunden. Pech für Frau Singsang. Sie darf ihren Schülern nicht den ganzen Michael Jackson-Song als MP3-Datei zum Download anbieten. Fünf Minuten – mehr geht nicht. Und eh wir's vergessen: Natürlich muss der Downloadbereich für die Schüler durch ein Passwort geschützt sein. Und die Schüler dürfen die MP3-Dateien nicht einfach so weiterreichen.

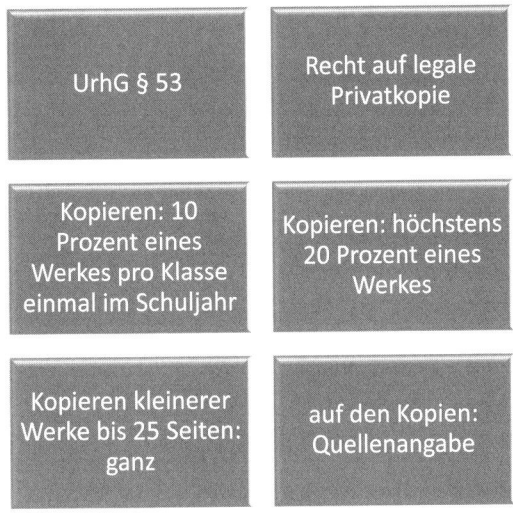

Viel Holz... mag sein. Aber Autoren haben oft eine Menge Arbeit in ein Buch, ein Bild oder ein Musikstück gesteckt. Sehr viel Arbeit! Und Sie würden es doch vermutlich auch nicht mögen, wenn andere von Ihrer Arbeit profitieren – einfach so zum Nulltarif? Sehen Sie! Autoren von Texten und Musiktiteln sind da nicht anders. Wir übrigens auch nicht! Daher hoffen wir doch stark, dass Sie von unserem tollen Buch, das Sie gerade lesen, auch nur legale Privatkopien besitzen. Und weiterreichen dürfen Sie die übrigens an höchstens sieben Menschen. Ganz legal! Jedenfalls sieht das der Bundesgerichtshof so (BGH, GRUR 1978, S. 474).

Das können Sie tun

Beim Urheberrecht gibt es manche interessante Fallsituation. Ein paar haben wir für Sie zusammengestellt: Sie wollen stets auf dem neusten Stand der Pädagogik sein? Das macht Sie sympathisch. Und Sie möchten Ihre Schüler mit aktuellem Unterrichtsmaterial beglücken? Das macht Sie noch sympathischer. Dürfen Sie denn auch für Ihren Leistungskurs in Erziehungswissenschaft einen Beitrag aus der Zeitschrift *Pädagogik* komplett kopieren? Ja, das dürfen

Sie. Denn die Aufsätze in der *P*ädagogik sind kleine Werke, kein Unterrichtmaterial und nicht länger als 25 Seiten. Wir hoffen, Sie finden auch den richtigen Aufsatz!

Sie möchten in Ihrem Deutschunterricht »Die Blechtrommel« lesen. Mitfühlend, wie Sie nun mal sind, wollen Sie den Schülern die Anschaffung ersparen, zugleich aber auch das Urheberrecht beachten. Ihre Idee: Der Roman hat 816 Seiten. 10 Prozent oder höchstens 20 Seiten dürfen Sie kopieren. Wenn Sie das nun für jede Unterrichtsstunde machen… Nein, so geht das nicht! Sie dürfen pro Klasse nur einmal pro Schuljahr aus einem Werk eine entsprechende Anzahl von Kopien machen. Dann ist Schluss! Vielleicht ist da die Anschaffung des Romans doch die bessere Lösung.

Sie sind mit den modernen Medien vertraut? Großartig! Wir beglückwünschen Sie. Also scannen Sie vier Seiten einer Musikedition ein, die insgesamt gerade mal sechs Seiten stark ist. Und damit es für die Schüler schön bequem ist, schicken Sie ihnen das Ganze als E-Mail-Anhang. PDF-Datei! Was wird Ihr Medienanwalt dazu wohl sagen? »Alles richtig gemacht«, dürfte der kommentieren. Denn Musikeditionen, also Musiktexte oder Notenausgaben, dürfen Sie komplett kopieren, sofern sie nicht mehr als sechs Seiten umfassen. Sie haben aufgepasst? Gut! Denn kopieren ist nicht einscannen. Einscannen dürfen Sie die Noten nur dann, wenn die Edition nicht vor 2005 erschienen ist. Andernfalls heißt es eben kopieren. Viele Verlage entbehren nämlich der digitalen Rechte für Werke, die vor dieser Zeit erschienen sind. Wichtig: Immer die Quelle genau angeben, bevor Sie das Ganze auf die digitale Reise schicken.

Sie sind Referendar? Na, dann haben Sie's ja hoffentlich bald geschafft. Für Ihre Prüfung haben Sie sich viel vorgenommen, auch, so manches zu kopieren. Für Ihre Erdkundestunde brauchen Sie drei Grafiken, vier Bilder und einen zweiseitigen Textauszug aus einem Unterrichtswerk. Natürlich kopieren Sie das alles in Klassenstärke für die Schüler, und die Bilder haben Sie zusätzlich auf einem USB-Stick gespeichert. Den bringen Sie zu Ihren Prüfungsstunden mit, um die Dateien von dort über einen Beamer in der Klasse zu zeigen. Und klar: Alles Notwendige haben Sie auch für die Mitglieder der Prüfungskommission vervielfältigt. Tausendmal passiert, aber auch rechtlich zulässig? Ja, alles im grünen Bereich. Der

Reihe nach: Bilder und Grafiken dürfen Sie kopieren, digitalisieren, speichern und den Schülern (und natürlich auch der Prüfungskommission) über entsprechende Medien wieder zugänglich machen. Insoweit alles paletti. Bleibt nur noch der Text. Aber auch da wissen Sie inzwischen Bescheid: 10 Prozent des Werkes oder höchstens 20 Seiten. Und da sind Sie mit den zwei Seiten, die Sie brauchen, auf der sicheren Seite. Und wie immer: Quellenangabe nicht vergessen, auch bei gescanntem Material!

Das lassen Sie lieber

Das Lehrwerk mit mehr als 300 Seiten stammt aus dem Jahr 2008. Sie scannen fünf Seiten ein, um sie im Unterricht über ein Whiteboard zu präsentieren. Ihr Kollege Nimmersatt findet das nicht nur ganz toll, sondern möchte den Scan auch gleich selbst haben. Achtung: Kollegialität hat ihre Grenzen. Scannen: Ja! Fünf Seiten: Ja! Den Schülern das Material vorstellen: Ja! Dem Kollegen den Scan überlassen: Nein! Da ist ein Riegel vor: Sie müssen verhindern, dass Dritte Zugriff auf den Scan bekommen. Das Material ist nur für Ihren Unterricht bestimmt und nur für Ihre Schüler. Gleiches gilt, wenn Sie den Schülern das Material über das Intranet anbieten. Denken Sie dabei an den Passwortschutz.

Ihre Klasse hat 28 Schülerinnen und Schüler. Warum sollten Sie es so genau nehmen? Sie machen gleich mal 35 Kopien. Beim Verteilen geht ja immer mal etwas verloren. Und richtig: Am Ende sind alle Kopien weg. Sie wissen auch nicht so recht, wie das möglich war. Gut, jetzt sind wir vielleicht etwas zu pingelig. Aber wenn Sie es ganz genau nehmen, liegt der Hase hier im Pfeffer des Details: Sie dürfen in Klassenstärke kopieren und eben nicht in Klassenstärke plus x. Und wenn Sie das schon tun, dann müssten Sie die Kopien, die übrig sind, auch wieder einsammeln und vernichten. Na, meinen Sie, dass wir Sie jetzt beschummelt haben? Gibt es diese Regelung wirklich? Wäre doch toll, wenn Sie einfach mal selbst recherchieren würden.

Teil III:

Professionell kommunizieren: Eltern und Schüler beraten und mit Kollegen zusammenarbeiten

17. Unterrichtsgespräche moderieren

Kollege Fauch besucht jede Fortbildung. Sein jüngstes Forschungsprojekt: Unterrichtsgespräche. In letzter Zeit hat er wirklich viel dazu gelernt. Selbst in seiner Freizeit kümmert er sich um das Thema: Kaum eine Talkshow verpasst er, eben wegen der Moderation. Und Kollege Fauch fühlt sich täglich bereichert durch die super Techniken, die er in den Sendungen von Kannja Raisberg, Junebrit Filter und Matze Hartglas abschauen kann. Die ersten Früchte machen sich schon in seinem Religionsunterricht bemerkbar. Wir haben mal mit verstecktem Mikrofon gelauscht:

Fauch: »In welcher Zeile steht das? Jetzt guckt mal genau hin. Das dürfte doch nicht so schwer sein... Oliver.«

Oliver: »In der Zeile 31.«

Fauch: »Lies bitte mal den Satz... Ja, okay, Svenja, du kannst das ja mal machen. Und streng dich dabei mal vernünftig an. Ihr habt ja schon öfter Texte aus der Bibel gelesen. Ihr wisst ja, das ist nicht irgendein Buch. Und die anderen sind jetzt mal ganz still, damit ihr auch genau zuhören könnt. Später stell ich euch dann Fragen dazu. Also, jetzt bitte mal alle ganz genau aufpassen.«

Svenja: »Liebe deinen Nächsten...«

Fauch: »Erst mal bis dahin. Wir wollen ja nicht so viel auf einmal machen. Jetzt nehmt mal eure Finger runter... Wer ist denn euer Nächster? Jens.«

Jens: »Zum Beispiel mein Nachbar...«

Fauch: »Stopp, Jens. So einfach ist das nicht. Jetzt nehmt doch mal die Hände runter. Wir sind doch jetzt schon viel weiter. Also: Wer ist euer Nächster? Miriam.«

Miriam: »Vielleicht der Mitmensch?«

Fauch: »Das Wort nehmen wir. Super, Miriam, du hast es erfasst. Ich schreib das gleich mal auf. Ihr habt wirklich toll mitgemacht bei diesem interessanten Unterrichtsgespräch, und ihr habt auch alles rausbekommen, was ich wollte. Als Hausaufgabe fasst ihr das alles einfach mal zusammen.«

Ole: »Was meinen Sie damit?«

Fauch: »Ja, eben zusammenfassen, Ole. Mann, das kannst du doch! So, ich muss jetzt aber weg. Zur Pausenaufsicht. Also, macht mal jetzt ein bisschen schneller…«

Ole: »Ach, so…«

Wir überlegen uns mal kurz, wie wir das wohl kommentieren…

Das sollten Sie wissen

Ach so, könnte man da sagen. Wir sind alle beeindruckt, hatten wir doch etwas ganz anderes erwartet als eine Realsatire. Wenn das der Einfluss deutscher Talkshows auf den Religionsunterricht ist… Schauen wir mal genauer hin. Was ist denn eine Moderation? Der Blick in den Duden hilft dabei: Ein Moderator könnte ein Ansager sein. In diesem Sinne ist der Lehrer zum Beispiel Moderator, wenn er die Hausaufgaben verkündet. Meinen wir das hier? Nein. Ein Moderator könnte auch ein Vermittler sein. Nein, kein Versicherungsvertreter, sondern jemand, der zwischen zwei Parteien vermittelt. Zum Beispiel könnte der Lehrer zwischen zwei Streithähnen vermitteln, die verbal (hoffentlich nur verbal!) aufeinander einprügeln. Machte er das noch systematisch, wäre er ein Mediator und das ganze Verfahren hieße Mediation. Manche Schulen haben ein Konzept für Mediation entwickelt, bei dem Schüler die Aufgaben des Mediators übernehmen. Die Akzeptanz des Vermittlers und auch der Ergebnisse der Mediation wachsen dadurch enorm. Sind wir jetzt weiter? Leider noch nicht. Der Duden nennt drei weitere Begriffe, um das Moderieren zu erklären: Führung, Lenkung, Leitung. Jetzt kommen wir der Sache auf die Spur. Der Lehrer, der Unterrichtsgespräche moderiert, muss offenbar führen, lenken und leiten. Wie macht er das?

Die Moderation von Unterrichtsgesprächen ist etwas anderes als die Moderation eines Talkmasters. Im Unterrichtsgespräch geht es immer darum, den Schülern neue Erkenntnisse zu vermitteln. Diese Aufgabe hat der Talkmaster nicht. Er ist eher der additiv Fragende oder der Impulsgeber, der nacheinander einzelne Themenblöcke anspricht, jeden Gast zu Wort kommen lässt und für einigermaßen gleiche Redezeiten sorgt. Der Zuschauer darf dann daraus machen, was ihm gefällt. Und Sie im Unterricht? Fleißig, wie Sie sind, haben Sie Ihren Unterricht gut geplant, eben auch das Unterrichtsgespräch. Ihre tolle Planung zahlt sich jetzt aus. Sie wissen nämlich: Was soll bei dem Unterrichtsgespräch herauskommen? Genauer: Welcher Lernertrag soll für die Schüler am Ende des Gesprächs stehen? Und schon dürfen Sie sich auf die Schulter klopfen: Ihre Aufgabe als Moderator ist viel komplexer als die des Talkmasters. Wie viel komplexer, sieht man nicht nur an Kollegen Fauchs Katastrophenmoderation.

Sicher wollen Sie es besser machen als Kollege Fauch. Basis ist immer eine konkrete Gesprächsstruktur. Welche gedanklichen Schritte sollen die Schüler in welcher Reihenfolge durchlaufen? Die Struktur haben Sie vorbereitet. Und wenn Sie schon ein paar Jahre im Dienst sind? Na ja, dann klappt's vielleicht auch ohne Vorbereitung. Zugleich muss das Gespräch möglichst alle kognitiven Anforderungsbereiche umfassen; es muss also Möglichkeiten zum Wiedergeben von Gelerntem, zum Vergleichen und In-Bezug-Bringen sowie zum Urteilen und Bewerten bieten. Dadurch werden Schüler mit unterschiedlichen kognitiven Voraussetzungen gleichermaßen gefordert und gefördert. Also, bitte merken: Ohne eine klare Gesprächsstruktur läuft nichts, zumindest nichts Sinnvolles. Bloßes Palaver ist kein Unterrichtsgespräch. »Hauptsache, wir haben darüber gesprochen« – das war einmal und schon damals ein Flop. Ein Profitipp, um Gequatsche von zielführenden Gesprächen zu unterscheiden: Kann das Gespräch am Ende einer Unterrichtsstunde ohne den Rest der Stunde stattfinden? Wenn Sie jetzt Ja sagen, haben Sie etwas falsch gemacht. Das Unterrichtsgespräch am Ende der Stunde muss etwas von dem aufnehmen, was die Schüler in der Stunde gelernt haben; erst dann entsteht für die Schüler ein Erkenntniszuwachs. Sonst haben Sie die Schüler schick beschäftigt, mehr aber auch nicht.

Wie moderieren Sie diesen Prozess? Jede Gesprächsetappe bauen Sie gleich auf. Sie starten immer mit einer offenen Frage oder einem offenen Impuls, möglichst im niedrigsten Anforderungsbereich. Sie wissen nicht, was offene Fragen oder Impulse sind? So etwas zum Beispiel: »Beschreibt / Kommentiert bitte A.« »Was fällt euch auf, wenn ihr A anschaut / bedenkt?« Es gibt immer mehr als eine Antwort. Das Ziel dabei: möglichst viele Schülerbeiträge, auch von leistungsschwachen Schülern. Der Einstieg in jede Gesprächsphase ist also immer eine Chance für alle Schüler, sich zu beteiligen. So sie denn wollen! Offene Fragen und Impulse führen aber nicht nur zu vielen Reaktionen, sondern zwangsläufig auch zu einigen falschen oder mit Blick auf das Gesprächsziel zumindest unbrauchbaren Schülerbeiträgen. Beiträge, die eher hinderlich sind, gleichen Baustellen, die man umfahren muss. Wie das geht? Filtern Sie hinderliche Beiträge aus und lenken Sie die Aufmerksamkeit auf Wortmeldungen, die weiterführen. »Ihr habt viele spannende Dinge zu der Sache A gesagt. Lasst uns doch mal an dem Punkt weiterdenken, den Simone erwähnt hat.« Mit solchen enger führenden Impulsen oder Fragen steuern Sie das Gespräch auf das erste Etappenziel zu, das Sie in der Gesprächsstruktur vorgesehen haben.

Am Ende der ersten Phase lässt man die Schüler den Stand des Gesprächs bilanzieren, oder aber der Lehrer übernimmt diese Aufgabe selbst. Dann geht's mit Schwung in die zweite Gesprächsphase. Der erste Impuls oder die erste Frage: Wieder offen, jetzt aber muss der Lehrer die Erkenntnis aus der Phase davor mitnehmen und sollte den Anforderungsbereich erhöhen. Schließlich sollen die Schüler nicht einschlafen. »A sieht also so aus. Vergleicht das doch mal mit B. Über B hatten wir ja in der letzten Stunde gesprochen.« Zack, da kommt ein Vergleich ins Spiel. Ganz schön anstrengend für die Schüler. Der weitere Ablauf in Phase 2 entspricht dem aus Phase 1 des Gesprächs. Und das alles wiederholt sich dann so oft, wie Sie es vorgesehen haben. Achtung: Am Ende des Gesprächs die Gesamtbilanz nicht vergessen: »Wo sind wir gestartet und was haben wir insgesamt erkannt?«

Führen, lenken, leiten – Sie erinnern sich? Ja, Sie führen das Gespräch. Aber sinnvoll führen können Sie das Gespräch nur dann, wenn Sie wissen, wo Sie ankommen möchten. Das Unterrichtsgespräch muss ein klares Ziel haben. Und Sie müssen den Weg zu diesem Ziel kennen. Auf diesem Weg gibt's Etappen: Auch die Etappenziele haben Sie vorüberlegt. Diese Gesprächsstruktur ist Ihre halbe Miete. Und die andere Hälfte? Das ist die Art, wie Sie das Gespräch lenken und führen. Grundprinzip: Möglichst viele Schüler müssen mitmachen können. Dazu orientieren Sie sich an folgenden Prinzipien: vom Konkreten zum Allgemeinen, vom Einfachen zum Komplexen. Für jeden ist dann etwas dabei. Und jetzt brauchen Sie noch die passenden Sprachmuster: offene Impulse, offene Fragen. Warum? Weil dadurch viele Antworten möglich sind und zugleich der Anspruch an die Antwort reduziert ist. Die Alternative zu offen ist aber nicht gleich geschlossen. Das mag bei Ihrem Metzger nach 19 Uhr der Fall sein. Bei Unterrichtsgesprächen gibt es noch etwas dazwischen: offene Formulierungen, die einzelne Aspekte fokussieren und dadurch deutlicher lenken. Zum Vergleich: »Welchen Eindruck habt ihr von dem Text?« Das ist die ganz offene Variante. Offen, aber fokussiert könnte es sich so anhören: »Welche Informationen zu A liefert der Text?«

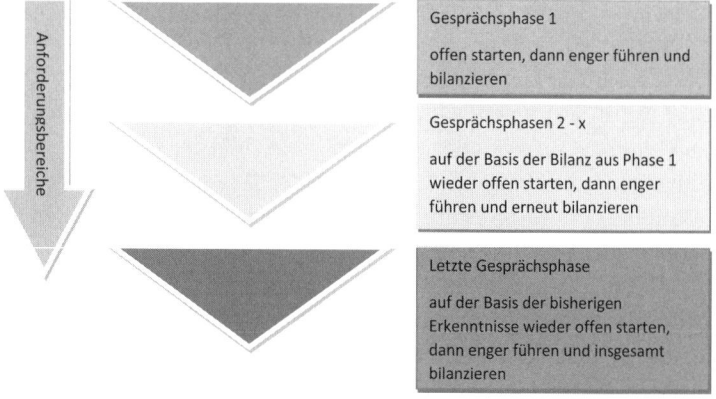

Und was sagen Sie jetzt zu Kollege Fauchs tollem Unterrichtsgespräch? Sehen Sie: Das ist eine ganz offene Fragestellung. Wie für Sie geschaffen, um gerade Gelesenes gleich mal anzuwenden. Also: Nichts wie zurückblättern und überprüfen, was so hängen geblieben ist.

Das können Sie tun

Sicher ist sicher, sagt sich so mancher Talkmaster und nutzt Karteikarten. Am besten sind die wunderbar groß, sodass der Zuschauer auf der Rückseite der Karten auch den Titel der Sendung lesen kann. Ja, wenn Sie vergesslich und unsicher sind, sollten Sie auch im Unterricht auf Karten nicht verzichten. Am besten sogar noch mit der Klasse und dem Unterrichtsfach auf der Rückseite, damit die Schüler auch genau wissen, in welcher Gruppe sie sind und was nun angesagt ist. Perfekt, oder? Die Kehrseite: Sie wirken dann auch unsicher und – schlimmer vielleicht – ziemlich steril. Oder haben Sie auch Karteikarten dabei, wenn Sie mit Ihrer Liebsten flirten wollen? Sehen Sie! Gespräche im Unterricht leben von der Suggestion: Alles kommt aus dem Augenblick. Obwohl doch alles sorgfältig geplant ist. Als Anfänger, als Referendar fällt dieser Spagat zwischen Sein und Schein (noch) ziemlich schwer. Trotzdem: Je weniger Sie aufschreiben und ablesen, desto natürlicher wirkt Ihr Gesprächsverhalten. Karten lesen heißt immer auch den Blick abwenden. Das ist nicht besonders beziehungsfördernd. Aber: Sag niemals nie. Wenn Sie schon Karten nutzen wollen, dann beachten Sie folgende Regeln:

- Karten handtellergroß wählen, dann können Sie sie fast wie ein Zauberer vor den Augen Ihrer aufmerksamen Schüler verschwinden lassen. Tipp: Zu Hause üben, damit Ihnen nicht alles aus der Hand rutscht.
- Sie sind ein Farbfreak? Sehr gut! Die Farbe der Karten und die Schriftfarbe sollten einen schönen Kontrast liefern, zum Beispiel schwarz auf gelb. So erkennen Sie Geschriebenes auf den ersten Blick. Aber Achtung: Lila Karten sind trotz allem nichts für den Unterricht.
- Für die ganz Nervösen, die hin und wieder alle Karten auf dem Boden einsammeln müssen: Karten immer nummerieren. Dann sammelt es sich leichter. Die Zahl gehört oben rechts in die Ecke der Karte.
- Karten immer nur einseitig beschriften. Umdrehen macht sich nicht gut und lenkt zu stark ab – Sie und Ihre Schüler.

- Groß und deutlich schreiben, am besten große Druckbuchstaben. Das liest sich am leichtesten, und Ihr Blick kann schnell wieder bei den Schülern sein.
- Markieren erlaubt: Es lohnt, einzelne Wörter hervorzuheben. Auch das hilft Ihnen, die Info auf der Karte schnell zu erfassen.

Ein Blick sagt mehr als tausend Worte. Schauen Sie die Schüler an, während Sie mit ihnen sprechen. Wenn Annette redet, geben Sie ihr die meiste Aufmerksamkeit. Aber auch die übrigen Schüler müssen Sie in der Zeit im Blick behalten. Und lächeln nicht vergessen.

Reden ist Silber, Nicken ist Gold. Was das bedeutet? Mimik und Gestik sind neben den Augen tolle Möglichkeiten, Stimmung zu verbreiten und Impulse zu setzen. Schultern oder Augenbrauen hochziehen – und jeder weiß Bescheid.

Stumme Impulse setzen Sie nicht nur durch Mimik und Gestik. Schreiben Sie ein Wort an die Tafel, weisen Sie mit der Hand darauf, und schon wissen alle, was gespielt wird.

Operatoren sind nützlich. Für jedes Fach gibt es genügend davon. Das sind die tollen Verben, die die Schüler bei Klassenarbeiten und Klausuren kennen müssen. Also die Verben, die Aufgaben strukturieren: benennen, diskutieren, vergleichen... Seit dem hohen Lied auf die Operatoren kursieren manchmal schreckliche Meldungen: Fragen darf man nicht mehr stellen. Und wehe, wenn ein Impuls keinen Operator enthält. Sind Sie auch schon operatorgeschädigt? Hier die Spritze, die Ihnen wieder auf die Beine hilft.

- Stellen Sie Fragen und erfreuen Sie sich daran. Aber Achtung: immer nur eine – und dann erst mal abwarten, was passiert.
- Nutzen Sie Alltagssprache, wo immer es geht. Also statt: »Gebt den Inhalt wieder« einfach mal: »Was steht denn im Text?«

Je offener Sie fragen, desto besser. Und je länger Sie das durchhalten, desto ergiebiger. Klar, irgendwann ist Schluss mit offen. Dann müssen Sie lenken. Ein Beispiel: Offen: »Was haltet ihr von dem Text?« Lenkender: »Was haltet ihr von der Wortwahl in dem Text?« Noch stärker steuernd: »Schaut doch mal in den zweiten Abschnitt. Woran erinnert euch die Wortwahl?«

Staus sind nicht nur auf der Autobahn ein Ärgernis, vor allem, wenn man selbst drinsteht. Was machen Sie, wenn das Unterrichtsgespräch stockt und all Ihre Karten Ihnen auch nicht weiterhelfen? Die meisten machen dann so weiter. Noch eine Frage, noch ein Impuls, noch eine Frage. Und das Ende vom Lied: Sie sagen den Schülern, was Sie hören wollen. Natürlich damit es schneller geht und Sie endlich weiterkommen. Und eine Viertelstunde später im Lehrerzimmer wissen Sie ganz genau: »Die Schüler sind blöd.« Wer hier blöd ist, na ja... Wenn es stockt, heißt die Devise: »Machen Sie etwas anderes.« Was? Zum Beispiel dies:

- Sie haben eine richtig tolle Frage gestellt? Klasse! Dann seien Sie nicht verwirrt, wenn die Schüler eine Weile brauchen, um die Antwort zu finden. Schlendern Sie im Raum umher ... 21 ... 22 ... 23 ... Wirkt Wunder!
- Ihr toller Impuls war so gewieft, dass Schlendern nichts bewirkt? Kein Problem: Wechseln Sie die Sozialform. Packen Sie alles aus, was Sie über kooperatives Arbeiten wissen. Die einfachste Variante: das Gespräch unterbrechen und die Schüler in Einzelarbeit über den Impuls nachdenken lassen. Nicht vergessen: Jeder soll etwas aufschreiben, damit nicht nur geklönt und keinesfalls gedöst wird.
- Ihre tolle Frage haut selbst den Stärksten um? Dann wechseln Sie mal rasch die kognitive Ebene und gehen Sie einen Schritt zurück, Sie kennen doch Ihre Gesprächsstruktur. Wann waren noch alle Schüler an Bord? Da wieder starten, einspuren wie beim Skilanglauf und Sie werden sehen: Jetzt passt es schon viel besser.
- Ihr toller Impuls hätte Albert Einsteins Fable für abstraktes Denken voll befriedigt? Manchmal ist das der Knockout für jedes Unterrichtsgespräch, vor allem, wenn Sie weiter im abstrakten Nebel herumstochern. Dann heißt es: Raus aus dem Tal der dunklen Theorie, rein in die helle Vorstellungswelt der Schüler. Liefern Sie den Schülern einen lebensnahen Kontext, in dem die Abstraktion ganz konkret wird. Also: Statt die ethische Theorie Kants im Wolkenkuckucksheim zu verhandeln, Butter bei die Fische: Konstruieren Sie eine Fallsituation, in der sich

ein Mensch so verhält, wie es der Kategorische Imperativ vorschreibt: »Nimm an, du bist der Personalchef der Firma Kunterbunt. Vor dir steht deine Mutter. Sie möchte eingestellt werden, das wollen aber auch noch zehn andere...« Und danach wieder zurück in die abstrakten Höhen. Sie werden staunen, wie viele Schüler jetzt die passenden Bergschuhe dabei haben.

Das lassen Sie lieber

Viel Gesprächstechnik hilft viel. Das stimmt; aber nicht immer. Desinteresse, kognitive Handicaps und Verhaltensprobleme löst man nicht allein durch Technik. Vertrauen Sie auf die Kraft der Metakommunikation. Beschreiben Sie den Schülern, was Sie wahrnehmen. Keine Wertung bitte! Keine Vorwürfe! Gardinenpredigten sind sowieso tabu. Und besprechen Sie mit den Schülern, wie Sie gemeinsam mit ihnen aus dem Gesprächsdilemma herauskommen. Nehmen Sie dabei die Wahrnehmungen, aber auch die Lösungen der Schüler sehr ernst. Sie wollen doch selbst auch ernst genommen werden, oder?

Nicht jeder Inhalt spricht jeden an, nicht jede Unterrichtsstunde ist wie jede andere, nicht jeder Tag wie der nächste und manchmal ist es einfach zu heiß. Suchen Sie Gründe für das Misslingen von Gesprächen nicht immer gleich bei sich und vor allem nicht mit tiefenpsychologischer Akribie bei Ihren Schülern. Manchmal ist alles ganz banal, eben der Föhn draußen, die verdorbene Pizza oder das Bier zu viel am Abend vorher.

18. Schülern Rückmeldung geben

»Sechs! Setzen!« Kollege Vokabelfit hat wieder mal so richtig zugelangt. Diesmal hat es Claudia erwischt. Und wieder mal ging's um diese lästigen Vokabeln: Ein Fehler ist erlaubt, beim zweiten hagelt's die Sechs. Zumindest bei Kollege Vokabelfit. Claudia weiß ganz genau, wie es läuft. Das nennt man wohl »Transparenz des Vorgehens«. Und darauf ist Vokabelfit auch sehr stolz: »Ich sag den Schülern immer ganz genau, was ich von ihnen erwarte.« Und noch etwas macht Vokabelfit stolz: »Meine Schüler kriegen immer eine klare Rückmeldung über ihre Leistung. Ich mache das nicht so wie diese Wattepädagogen, die auch den letzten Mist immer noch schönreden.« Recht hat er, der Kollege Vokabelfit. Oder vielleicht doch nicht so ganz?

Das sollten Sie wissen

Wozu gibt es Navigationsgeräte für das Auto? Richtig: Sie helfen uns, den Weg zu finden, der uns am schnellsten zum Ziel führt. Sie helfen aber auch, auf dem Weg zum Ziel zu bleiben. Gerade das ist nicht immer einfach. Schließlich muss man manchmal Staus umfahren oder auf dem Weg zusätzliche Punkte anfahren. Auch im Unterricht ist der schnellste Weg zum Ziel nicht immer der kürzeste. Eigentlich sollten die Schüler längst wissen, was eine Tangente ist. Aber der Unterricht zeigt: Pustekuchen! Dann heißt es nach- und aufarbeiten, erst dann kann die Fahrt weitergehen. Solche Umwege merken oft sogar die Schüler. Aber jeder Schüler muss darauf vertrauen dürfen, dass der Lehrer ihn auf dem richtigen Weg hält und auch ans Ziel bringt. Was braucht der dazu? Natürlich eine sinnvolle und klare Planung seines Unterrichts. Wer gar nicht weiß, wohin er will… Na, Sie wissen schon. Und wie hält der Lehrer die Schüler in der Spur? Er gibt ihnen Rückmeldung. Dadurch wissen die Schüler, an welcher Stelle des Weges sie sind. Was haben wir schon geschafft? Was müssen wir noch tun? Rückmeldung hilft so zur Standortbestimmung und bietet die Chance, die Schüler an der weiteren Planung zu beteiligen. Welche Schritte müssen wir jetzt gehen? Welche danach? Und dabei das Ziel immer fest im Blick!

Das geht nicht ohne Transparenz. Schafft der Lehrer genügend Transparenz, sehen Schüler auch das Ziel des Lernens. Die Sicht auf das Ziel und eine fortlaufende Rückmeldung über den Stand des Lernens ermöglichen es dem Schüler, sein eigenes Lernen zu bewerten, zu kontrollieren und mitzusteuern. Mehr Selbstbestimmtheit geht nicht!

Rückmeldung – ein schöner Begriff, überall und nirgends wird er gebraucht. Was meint dieser Begriff in unserem Zusammenhang? Rückmeldung ist keine Kritik. Wäre sie das, würde sie ihren Sinn verfehlen. Kollege Vokabelfit macht es aber auch nicht richtig: Mal eben so einem Schüler sein Unvermögen um die Ohren zu hauen – das ist weder die feine englische noch die feine pädagogische Art. Und eine Rückmeldung schon gar nicht! Eine Rückmeldung informiert den Schüler und die Lerngruppe über den Stand des Lernprozesses. Im Unterricht möchte der Lehrer einzelne Schüler in ihrer Denkfähigkeit fördern; er möchte die Schüler unterstützen, ihre Denknetze zu erweitern. Das ist konstruktivistische Hilfe vom Besten. Zugleich soll die ganze Lerngruppe vorankommen, und zwar in der Erschließung und auch in der Klärung der Sache. Dazu brauchen die Schüler Anregungen. Der Lehrer muss in der Unterrichtssituation entscheiden, welche Rückmeldung er auf eine Schüleraussage gibt. Keine leichte Aufgabe für den Lehrer. Denn dazu muss er während des Unterrichtsgesprächs Schüleraussagen differenziert erfassen und deren Gehalt beurteilen. Wie kommt er zu einer vernünftigen Einschätzung darüber, wie gut oder schlecht ein Schülerbeitrag ist? Hier hilft dem Lehrer seine differenzierte Unterrichtsplanung. Sie ist der Maßstab, an dem er die Bewertung von Schülerbeiträgen vornimmt. Gut ist eine Schüleräußerung dann, wenn der Beitrag in der Verlängerung des Unterrichtsgeschehens auf das Ziel einer Unterrichtsstunde zuläuft. Gut kann ein Beitrag aber auch sein, wenn er über das Ziel hinausschießt, ein Schüler also zeigt, dass er komplexer denkt, als es eine einzelne Unterrichtsphase oder sogar eine einzelne Stunde von ihm verlangt. Besonders begabte Schüler können das und tun es auch. Und klar, auch Beiträge, die vom Weg abführen, können tolle Anregungen liefern, nicht zuletzt für eine Auseinandersetzung und nochmalige Klärung von Aspekten.

Die Rückmeldung ist für den Schüler ein Angebot (vgl. zu diesem Kapitel auch Kliebisch/Meloefski 2013a). Sie fördert sein Interesse an der kognitiven Auseinandersetzung und hilft ihm, seine kognitiven Fähigkeiten zu entdecken und zu entfalten. Eine Rückmeldung hat also den Charakter einer Aufforderung zum Denken und bezieht den Schüler ins (Weiter-)Denken ein. Jede Rückmeldung ist natürlich vom Expertenwissen des Lehrers bestimmt; nur der Lehrer kann in letzter Konsequenz beurteilen, was sachlich zutreffend, was weiter- und zielführend ist und was völlig neben der Spur liegt. Eine Rückmeldung muss sachbezogen und objektivierbar sein und darf sich nur auf die kognitiven Operationen beziehen, die im Unterricht gefragt sind. Sie möchten von Ihrem Metzger doch auch keine Info über die Qualität der Putenbrust, wenn Sie gerade Lammkeule gekauft haben.

Rückmeldungen wirken unmittelbar auf der Beziehungsebene. Sie können sie sowohl zum Lern- als auch zum Leistungsverhalten der Schüler geben. Wie funktionieren Rückmeldungen? Eine Rückmeldung kann einen Schüler zum Mit- und Weiterdenken auffordern. So stabilisieren Sie den Lernprozess des Schülers und zeigen ihm: »Dein Beitrag geht in die richtige Richtung.« Oder: »Du kannst einen Beitrag leisten, der dich dem Ergebnis näherbringt.« Ganz klar, das Ganze gilt natürlich auch für die Klasse insgesamt: »Eure Ideen haben uns schon mächtig weit nach vorn gebracht.« Und ganz pfiffig sind Sie, wenn Sie das auch noch loben...

1) Ermutigen – die Botschaft an den Schüler: »Du bist schon so weit gekommen, du kommst auch noch weiter.«

Beispielsätze:
- Wie kann man das wohl bestätigen / klären / herausfinden / widerlegen / infrage stellen / mit unserem bisherigen Wissen überprüfen?
  → einen Anlass zur Gesprächsbeteiligung formulieren

- Da bist du auf dem richtigen Weg. Die Richtung, in die du denkst, ist völlig richtig. Ja, die Perspektive solltest du weiterverfolgen. Den Ansatz kannst du weiterverfolgen.
  → das Selbstvertrauen stärken
- Das passt noch nicht ganz. Hier solltest du noch einmal nachsehen / überprüfen / klären, damit die Sache noch klarer / genauer / zutreffender / zielführender wird.
  → Fehlleistungen dem Schüler zugestehen

2) Bestätigen – die Botschaft an den Schüler: »Du hast eine tolle Leistung erbracht. Das habe ich gemerkt.«

Beispielsätze:
- Tatsächlich hat A das so gesagt. Richtig, diese Feststellung hat es so nicht gegeben. Klar, wenn man sich den Text genau ansieht: Dann stimmt das, was du sagst.
  → eine Aussage sinngemäß oder zutreffende Anteile davon wiederholen (paraphrasieren)
- Richtig. Denk doch zusätzlich mal an... Super, du hast uns jetzt schon einen Vergleich mit A gebracht. Lasst uns mal Folgendes überlegen: Wie sähe das denn aus der Perspektive von B aus? Eine großartige Idee: Die Beziehungsseite ist hier ganz entscheidend. Und die Sachseite?
  → Vorwissen nutzen

3) Verstärken – die Botschaft an den Schüler: »Du hast eine tolle Leistung erbracht. Bestimmt fällt dir durch meine Anregung noch mehr ein.«

Beispielsätze:
- ...bis dahin passt es (ausgezeichnet); das ist zutreffend / richtig. Es fehlt noch (mindestens) ein Gesichtspunkt. Eine ganz runde Sache ist es noch nicht. Mir würden diese Argumente noch nicht ausreichen, um alles zu verstehen.
  → Stufen im Lösungsweg anerkennen
- Ja, die physikalische Dimension war für A wichtig, aber auch die ethische. Du hast Albert Schweitzer absolut richtig zitiert. Und was sagt eure Erfahrung dazu? Brechts episches Theater sieht

das genauso vor, wie du es sagst. Klasse! Inwieweit muss man Brechts Vorstellung teilen? Den Text habt ihr richtig wiedergegeben. Was müsste man jetzt tun?
→ Gedanken ergänzen und weiterführen

Gut. Einverstanden. Prima. Das haben Sie bestimmt auch schon im Unterricht gesagt, wenn Sie eine Schülerleistung mal so richtig würdigen wollten. Nein? Dann sollten Sie es tun – am besten aber gleich noch etwas mehr: Verbinden Sie Wertschätzung so mit einer Aufforderung, dass der Schüler zum Nach- und Weiterdenken ermutigt wird. Lob allein kann faul machen. Wollen Sie das? Sicher nicht. Fordern Sie den Schüler heraus: Er soll Begründungen für seine gute Aussage suchen, die Bedeutung einer These einschätzen oder Konsequenzen bedenken, die sich aus seiner Feststellung ergeben. Der Schüler erfährt: Die Erschließung der Sache kann und muss noch weitergeführt werden. Das Ende meines Denkens ist noch nicht das Ende der Fahnenstange.

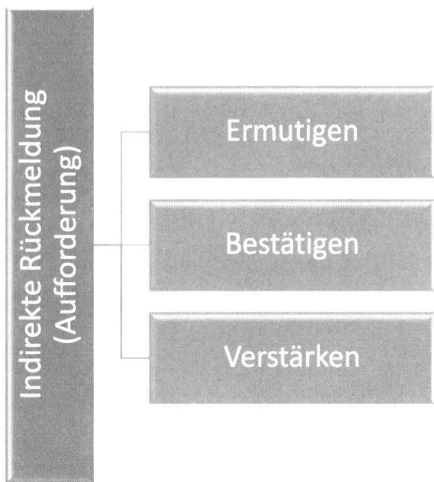

Beispielsätze:
- Gut! Wie lässt sich das rechtfertigen?
- Richtig! Welche Belege kannst du dafür (noch) angeben?
- Prima! Aber unter welcher (weiteren) Bedingung ist das möglich?

- Einverstanden! Wo stehen wir jetzt mit Blick auf unsere Ausgangsfrage?

Sie wollen die Schüler noch mehr herausfordern? Glückwunsch! Eine sinnvolle Entscheidung. Mehr dazu finden Sie in Situation 21.

Das können Sie tun

Werden Sie zum Rückmelde-Profi und ermutigen Sie Ihre Schüler, sich aufs (Weiter-)Denken einzulassen:

Abkanzeln, Disqualifizieren oder Beleidigen sind tabu. Rückmeldung heißt immer: Schüler ermutigen und nach vorn blicken lassen. Kollege Vokabelfit hat da noch manches zu lernen. Beachten Sie: Eine konstruktive Rückmeldekultur im Unterricht fängt im Kopf des Lehrers an.

Kurz, knapp und knackig – so sollte eine Rückmeldung formuliert sein. Langes Reden vernebelt eher und bläst das Selbstverständliche zu etwas Großartigem auf. Unnötig! Wichtig: Sagen Sie genau, was Sie meinen. Um den heißen Brei herum streichen doch nur Katzen.

Nicht immer, aber immer öfter – nein, wir werben nicht für Bier, aber für ein rechtes Maß an Rückmeldung. Wenn Sie wirklich jeden Schülerbeitrag würdigen, erkennt bald niemand mehr den roten Faden eines Gesprächs. Rückmeldungen verstehen Sie am besten auch als einen Beitrag zur individuellen Förderung. Sinnvoll, aber nicht zu jeder Zeit.

Können Sie aus dem Stand drei Meter hoch springen? Sehen Sie! Das geht auch Schülern so. Nicht alles ist machbar, nicht alles ist veränderbar. Rückmeldungen mit Anregungen zum Weiterdenken sind gut, wenn die Schüler das Weiterdenken auch tatsächlich leisten können. Hier brauchen Sie als Lehrer ganz besonders Ihr Expertenwissen: Ist die Anregung für diesen Schüler sinnvoll? Ist die Anregung für die Klasse sinnvoll? Sinnlos sind Anregungen, die zu Überforderung führen. Wer will schon versagen? Sie doch auch nicht, oder?

Rückmeldungen sind nicht nur Text. Achten Sie daher auf Tonfall, Lautstärke und alles Nonverbale, wenn Sie Rückmeldungen geben. Sie kennen doch Ihren Watzlawick: Jede Kommunikation hat eine Inhalts- und eine Beziehungsebene. Die Beziehungsebene prägen wir vor allem durch Mimik, Gestik und Paraverbales. Nutzen Sie diese Chance. Rückmeldungen gehen ohnehin auf die Beziehungsebene; sie sind dann besonders wirksam, wenn sie die Beziehung zwischen Ihnen und den Schülern auch stärken.

Das lassen Sie lieber

Es ist immer wieder ein tolles Gefühl für den Lehrer: Eine auffordernde Rückmeldung führt zu einer wahren Flut an Schülerbeiträgen. Achtung: Wie immer beim Ermutigen und Bestärken trifft Sie bald der Bumerang, wenn Sie nicht aufpassen. Lassen Sie sich durch positives Schülerverhalten nicht zum Affen machen. Denn genau der sind Sie, wenn Sie jeden Unsinn positiv rückmelden.

Klar, die Qualität der Rückmeldung ist immer von der Expertise des Lehrers abhängig. Aber Sie können Schülern so viel beibringen, dass die sich auch gegenseitig Rückmeldung geben können. Sicher nicht in jedem Bereich, aber ebenso sicher in ausgewählten Bereichen! Noch unsicher? Kein Problem: Lesen Sie mal unter Situation 31 nach, was es so zum Stichwort »Feedback« zu sagen gibt.

19. Schüler mit Lernschwächen beraten

Die Englischarbeit in Klasse 8 A ist insgesamt wirklich gut ausgefallen. Sie sind stolz – auf die Schüler, und natürlich auch auf Ihren guten Unterricht! Nur Finn macht Ihnen Sorgen: Die Arbeit: eine Fünf, die letzten beiden Vokabeltests Sechsen! Und im Unterricht? Funkstille! Wie soll Finn auch mitarbeiten? Gemachte Hausaufgaben? Fehlanzeige! Materialien? Schon seit langem als vermisst gemeldet. Aber Finn ist doch clever genug, das wissen Sie genau. Sie hatten all diese Schwierigkeiten schon vor Wochen beobachtet und natürlich darauf reagiert. Ein Anruf bei Finns Eltern genügte: zweimal pro Woche Nachhilfe in Englisch, und freitags nach der sechsten Stunde kümmert sich ein Oberstufenschüler um Finn. Außerdem stellen Sie ihm übers Wochenende Förderaufgaben. Mehr kann man doch nicht machen, oder?

Das sollten Sie wissen

Lehrer wollen nur das Beste für ihre Schüler. Fragt sich manchmal nur, was das ist. Arbeiten die Schüler gut mit und schreiben sie ordentliche Klassenarbeiten und Klausuren? Dann ist ja alles bestens. Aber wenn es hakt? Wenn Klassenarbeiten schief- und Klausuren den sprichwörtlichen Bach hinuntergehen? Dann denken die meisten Lehrer zuerst an Wissenslücken bei den Schülern. Und jeder weiß: Wissenslücken schließt man durch systematisches Auswendiglernen und intensives Pauken, Unsicherheiten behebt man durch Üben, Üben, Üben. Die Wiederholung ist die Mutter der Pädagogik – eine pädagogische Binsenweisheit. Doch in Finns Fall hilft viel eben nicht viel – und das ist kein Einzelfall. Im Gegenteil: Viel gut gemeinte Hilfe geht oft nach hinten los; statt zu motivieren führt sie zu Frustration und Resignation. Woran liegt das?

Minderleistungen in einem Fach können durch mangelnde Fach- und Methodenkompetenz entstehen. In diesem Fall mag Förder- und Nachhilfeunterricht durchaus sinnvoll sein. Wenn es gut läuft, holen Schüler tatsächlich auf, schließen Wissenslücken und entwickeln ihre methodischen Fähigkeiten. Solche Schüler sind nach kurzer Zeit wieder fachlich fit und schaffen den Anschluss. Aber bei Finn und vielen anderen Schülern hilft noch mehr Unterricht einfach nicht weiter – vielleicht am Anfang, aber dann stagniert die Entwicklung. Denn die Ursachen für fachliche Mängel liegen oft nicht da, wo Lehrer sie zunächst vermuten. Der Blick muss in eine andere Richtung gehen. Ein unproduktives Lern- und Arbeitsverhalten bringt die Schüler viel öfter in Bedrängnis, als man glaubt. Wie sich das äußert? Schüler wie Finn können ihre Leistung in Unterrichts- oder Prüfungssituationen nicht abrufen. Das Problem: Sie wirken dann weniger kompetent, als sie es eigentlich sind. Diese Schüler scheitern an inneren Widerständen. Die Hürden: viel zu hoch! Den Rubikon zu überqueren – unmöglich! Die Folge: Schüler wie Finn werden ihr Lernen nicht autonom steuern, teilen ihre Lernzeit nicht sinnvoll ein und lassen sich viel zu oft von den Aufgaben ablenken, die sie erledigen sollen. Und Ablenkungen gibt es bekanntlich reichlich! Was diesen Schülern fehlt? Ein flexibles Reagieren auf unterschiedliche Lernbedingungen. Wie hilft man diesen Schülern? Eben nicht durch noch mehr Unterricht, und auch nicht durch stupides Üben und Pauken. Solche Schüler muss man begleiten und beraten, sie brauchen systematische, überfachliche Hilfe zur Selbsthilfe.

Lernberatung als Hilfe zur Selbsthilfe? Unbedingt! Schüler wie Finn müssen Sie dabei unterstützen, ihr problematisches Lern- und Arbeitsverhalten selbst (!) zu erkennen, zu verstehen und zu ändern. Ungünstiges Verhalten wird (wie auch günstiges) schnell zur Routine, ist immer auch Überzeugungssache. Nichts, was wir tun, tun wir ohne Überzeugung – Überzeugzungen wie: »Das habe ich doch immer so gemacht« oder: »Das machen Julia und Damian doch auch so«. Überzeugungen müssen nicht immer sinnvoll sein, manchmal sind sie geradezu absurd: »Alle meine Schüler müssen mich mögen«, ist so eine unvernünftige Überzeugung. Wer das glaubt, wird sein ganzes Verhalten danach ausrichten – und am Ende scheitern. Überzeugungen machen uns aus; sie sind sehr stabil. Überzeugungen ändert man nicht beiläufig, sondern nur mit Anstrengung und auf längere Sicht. Insofern steht und fällt Lernberatung auch mit der Frage: Wie viel Einsatz und Zeit wollen Schüler aufbringen, um ihr Lern- und Arbeitsverhalten zu entwickeln? Das Ziel muss stets im Blick sein – und es geht um einiges! Lernberatung zielt darauf ab, Frust und Leidensdruck zu nehmen. Erfolgreiche Lernberatung schafft eine Menge: Schüler können wieder mit Begeisterung lernen, sie erleben Selbstwirksamkeit und Bestätigung. Das Arbeiten geht ihnen leicht von der Hand, ist selbstbestimmt und selbstkonstruktiv. Da stimmt nicht nur der Output, sondern ebenso der Lernprozess selbst. Wie man das hinkriegt? Dazu schlagen wir eine Lernberatung in fünf Schritten vor:

1) Ziele formulieren

»Wer nicht genau weiß, wo er hin will, darf sich nicht wundern, wenn er ganz woanders ankommt.« Finns Lernberatung beginnt in Anlehnung an den großen Mark Twain. Vielleicht weiß Finn auch nicht so recht, wohin die Reise gehen soll. Oder er greift zu hoch, möchte gern zum Musterschüler werden und nur noch Einsen schreiben. Hier sind Sie als Lernberater gefragt. Formulieren Sie die Ziele der Lernberatung mit Finn gemeinsam. Zum Beispiel:

»Ich löse die Zettelwirtschaft im Fach Englisch bis zum kommenden Freitag auf.« Oder: »In den nächsten drei Wochen liefere ich in jeder Englischstunde mindestens zwei angemessene Beiträge zum Unterrichtsgeschehen.« Neben den konkreten Zielen für heute und morgen geht es auch ums Große und Ganze: »Weshalb möchtest du dich überhaupt in Zukunft im Englischunterricht dreimal pro Stunde beteiligen?« Sprechen Sie mit Finn auch über berufliche Perspektiven, über Lebensträume, damit er Zusammenhänge herstellen lernt zwischen dem, was er heute macht, und dem, was er sich wünscht. Profitipp: Finn könnte seine Ziele visualisieren. »Stell dir vor, du bist am Ziel.« Daraus lässt sich ein wunderbarer Film machen, in dem Finn die Hauptrolle spielt. Für viele Schüler ist das ein tolles Bad in den Zielgefühlen. Das motiviert. Es ist so wie das Gefühl unter der Dusche – nach dem Marathonlauf.

2) Lernzeit vereinbaren

Im zweiten Schritt besprechen Sie mit Finn die Zeitfrage: Wie viel Zeit möchte ich ab sofort täglich für das Lernen reservieren? Sicher nicht mehr als nötig! Und das ist auch gut so; denn Lernen darf effizient sein. Daher sind die Spielregeln der Lernzeit: Alle Hausaufgaben für den Folgetag müssen erledigt werden. Denn das ist dringend und wichtig, wie uns das Eisenhower-Prinzip lehrt. Die Lernzeit darf nicht unter-, bei Bedarf aber überschritten werden. Freizeitaktivitäten dürfen nicht mit Lernzeit kollidieren. Und während der Lernzeit sind keine Nebenaktivitäten erlaubt. Also keine SMS, keine E-Mails oder Telefonate. Achtung: Natürlich kann es sein, dass Finn vor der Zeit fertig ist. Aber was heißt hier fertig? Finn muss wissen: Weiterarbeiten mit der nächsten Aufgabe ist immer möglich. Profitipp: Lassen Sie Finn dokumentieren, für welche Aufgabe er wie viel Zeit aufwendet. War das effizient? Was hätte man anders machen können? Ein Stückweit ist hier Ausprobieren angesagt. Aber denken Sie daran: Begleiten Sie Finn, auch beim Evaluieren der Versuche.

3) Fehler analysieren

Schritt 3 nimmt Finns Fehler in den Blick. Finn wird sein Verhalten kaum selbstkritisch hinterfragen können – dafür haben sich die bisherigen Muster bereits zu stark ritualisiert, verstärkt und verfestigt. Selbstkritik setzt Selbstdistanz voraus. Bei Kindern und Jugendlichen ist die nur begrenzt entwickelt. Starten Sie daher gemeinsam mit Finn eine Bestandsaufnahme. Wie lernt Finn? Sie könnten mit einem Bewertungsbogen arbeiten: Finn nimmt Stellung zu Statements wie »Ich brauche oft lange, um nötige Materialien zu finden«, »Bei den Hausaufgaben laufen zur Unterhaltung TV oder der MP3-Player« oder »Wenn ich Vokabeln lerne und angerufen werde, unterbreche ich das Lernen sehr lange«. Das Ziel: Finns Fehler zu finden, die er in Zukunft vermeiden will. Profitipp: Reflektieren Sie mit Finn, warum bestimmtes Verhalten problematisch ist. Niemand wird Fehler abstellen, die er nicht als Fehler erlebt. Warum stiehlt mir mein Freund in Wahrheit die Zeit, wenn ich mit ihm spreche, während ich eigentlich Vokabeln lernen will? Warum stiehlt mir Unordnung die Zeit, die ich eigentlich damit verbringen möchte, mit meinen Freunden Fußball zu spielen? Finn muss erkennen: Zwischen meinem Lernverhalten, meinen Lernleistungen und meinen Wünschen ans Leben besteht ein Zusammenhang. Und den Zusammenhang kann ich beeinflussen. Erst so wird er vom Opfer zum Gestalter seiner Lernsituation.

4) Wochenplan aufstellen

Schritt 4 konkretisiert Finns Zeitmanagement. Am besten, Sie visualisieren das Ergebnis als Wochenplan. In dem Plan hat die Lernzeit einen festen Platz; dann trägt Finn alle anderen Termine, Aktivitäten und Pausenzeiten ein. Finn gewinnt dadurch mehrfach: Er plant die Lernzeit fest ein, kann aber gleichzeitig die übrige Zeit nach seinen individuellen Bedürfnissen gestalten. Und er sieht: Die Lernzeit muss kein Zeitfresser sein und ihm den Spaß verderben! Im Vergleich zu den anderen Aktivitäten bleibt sie überschaubar. Zuletzt: Der Wochenplan gibt Finn Orientierung und Handlungssicherheit. Er handelt eben nach Plan und trotzdem eigenverantwortlich. So weiß er: Ich tue das Richtige! Achtung: Natürlich wird es immer wieder diesen inneren Schweinehund geben. Finn wird ihn verantwortlich machen für alles, was nicht klappt. Rechnen Sie damit! Das ist die halbe Miete. Und die andere Hälfte? Holen Sie Finn immer wieder da ab, wo er steht. Und loben Sie alles, was er bisher geschafft hat. Fordern Sie ihn heraus, den nächsten Schritt zu gehen: »Du kriegst das hin. Du siehst doch, was du schon alles geschafft hast. Komm, das packst du.«

5) Ziele prüfen
Schritt 5 zieht Bilanz: Inwieweit hat Finn seine Ziele erreicht? Hat er bereits im ersten Anlauf einige Ziele umgesetzt? Spitze! Dann könnten Sie die Lernberatung mit Finn fortsetzen und neue, höhere Ziele setzen. Unterforderung ist tabu! Hat Finn andere Ziele nicht erreicht? Kein Problem! Sprechen Sie mit ihm darüber. Waren seine Ziele zu hoch gesteckt? Was genau hindert ihn daran, seine Ziele zu erreichen? Wie könnte er sein Arbeitsverhalten ändern, um effektiver zu werden? Welche Unterstützung könnte Finn in Anspruch nehmen? Und wie könnten Finn und Sie den Beratungsprozess noch wirksamer gestalten? Hören Sie sich Finns Feedback gut an und bleiben Sie konstruktiv am Ball. Gemeinsam ist man nicht nur stärker, sondern auch erfolgreicher!

Das können Sie tun

Die Formulierung der Ziele ist mehr als eine Formalität. Wenn sie »smart« formuliert sind, wirken Ziele besonders motivierend. Das bedeutet: Sie müssen **s**pezifisch sein, gleichzeitig aber auch **m**essbar und **a**ttraktiv. Zuletzt: Nur **r**ealistische und zeitlich **t**erminierte Ziele kann man fest in den Blick nehmen. Und man muss das sichere Gefühl haben: Das schaffst du!

Ziele können Sie auch malen lassen. Selbst Schüler, die das Gegenteil behaupten, bringen dabei oft tolle Gemälde zustande. Das Bild anschließend an die Wand hängen, am besten in die Nähe des Schreibtisches. Und für Technikfreaks: Das Bild mit dem Smartphone fotografieren und als Hintergrundbild nutzen.

In der Ruhe liegt die Kraft. Und wann hat man am meisten Kraft? Wenn man ausgeruht ist, sich entspannt hat. Die Schüler sollten daher nach Entspannungsphasen lernen. Das bedeutet auch: Lernzeit nach 18 Uhr ist ungünstig! Die kognitive Leistungsfähigkeit nimmt gegen Abend meist ab. Apropos Entspannung: Kinder und Jugendliche sollten sich aktiv entspannen können. Progressive Muskelentspannung oder Autogenes Training kann jeder lernen. Glauben Sie nicht? Dann sind Sie an der Reihe: Bieten Sie mal einen Kurs zu Entspannungstechniken an; natürlich nachdem Sie sich gut genug in die Sache eingearbeitet haben. Oder holen Sie sich jemanden von außen, der das übernimmt.

Ein Wochenplan ist dann ein guter Wochenplan, wenn ein Schüler ihn stets vor Augen hat. Kopieren Sie Finn den Wochenplan mehrmals: Der Plan macht sich gut an seinem Schreibtisch, an der Pinnwand in der Küche, im Flur. Und nutzen Sie die Neuen Medien: Wenn der Plan auch im Kalender des Smartphones auftaucht, geraten die geplanten Aktivitäten sicher nicht in Vergessenheit!

Vereinbaren Sie in regelmäßigen Abständen Feedbackgespräche! Was ist bisher geschehen? Wie erfolgreich warst du? Wo gibt's noch Probleme? Feedbackgespräche helfen Ihnen, schnell und zielführend zu reagieren. Dabei gilt: Kurze Feedbackschleifen einhalten! Ein fest vereinbarter Termin, alle zwei oder drei Wochen, schafft Verbindlichkeit. Und dann bitte nicht einfach nur plaudern, und schon gar nicht zwischen Tür und Angel. Stellen Sie eine Gesprächsatmosphäre her, die klarmacht: Das Ganze ist wichtig und ernst.

Das lassen Sie lieber

Vorsicht: Helfersyndrom! Lernberatung ist Hilfe zur Selbsthilfe. Nicht mehr, und nicht weniger! Auch wenn Sie schnell erkennen, wo der Hase im Pfeffer liegt: Machen Sie die Probleme des Schülers nicht zu Ihren Problemen und nicht größer, als sie wirklich sind. Versuchen Sie nicht, die Probleme stellvertretend für den Schüler zu lösen. Wenn Sie zum Beispiel bei Ihren Kollegen ein gutes Wort für Finn einlegen, kann das nicht im Sinne der Lernberatung sein. Sie nehmen Finn dadurch die Chance, sich zu entwickeln – und das wäre schade. Also merke: Nicht Sie haben das Problem, sondern Finn. Und der soll daran arbeiten.

Lehrer und Lernberater – das sind zwei unterschiedliche Rollen. Beide gleichzeitig zu spielen ist außerordentlich anspruchsvoll! Als Finns Englischlehrer geben Sie Inhalte vor, bewerten seine Leistungen, stellen klare Erwartungen – als sein Lernberater tun Sie all das nicht! Als Lernberater sind Sie Finns Begleiter, fördern seine Selbstständigkeit und Eigenverantwortung. Dieser Spagat ist auch für Finn nicht leicht. Falls nötig: Sprechen Sie mit Finn über die verschiedenen Rollen, in denen er Sie erlebt oder wahrnimmt. Ein gutes Beziehungsmanagement ist die halbe Miete! Über die andere Hälfte der Miete dürfen Sie gern nachdenken.

20. Schüler loben und ermutigen

Simon ist der Star der Erste-Sahne-Schule. In zwei Jahren geht es für ihn zum Abi, nach nur sechs Jahren Gymnasium! G8 und zwei übersprungene Schuljahre machen's möglich. Im Moment steht Simon in allen Fächern Eins. Und alles fliegt ihm irgendwie ganz leicht zu; wirklich arbeiten muss er für die guten Noten nicht. Natürlich ist er an der Schüler-Uni, besucht Vorlesungen in Mathematik und hat schon eine Menge Credit Points gesammelt. Und dass sich Simon noch bei der Freiwilligen Feuerwehr bewährt, dreimal in der Woche im Fitness-Studio seine Muckis trainiert und überhaupt ein sehr sozialverträglicher und gut organisierter junger Mann ist – das sind für Simon beinahe schon Selbstverständlichkeiten. Trotz all dieser Aktivitäten: Simon hat mehr Freizeit als mancher seiner Klassenkameraden, die gerade mal »ausreichend« stehen. Kein Wunder: Simon ist hochbegabt – getestet und amtlich bestätigt.

Kollege von der Strecke ist Simons Mathelehrer und ein echter Haudegen vom alten Schrot und Korn. »Simon, zeig den anderen mal, was 'ne Harke ist. Lös mal eben die quadratische Gleichung nach x auf.« Simon kommt dem Auftrag brav nach. Zwei Minuten später steht das Ergebnis an der Tafel, natürlich bis ins Detail korrekt erklärt. Schon von Simons Sprachfähigkeit könnte sich so mancher eine Scheibe abschneiden, auch Kollege von der Strecke. »So, da könnt ihr mal sehen, wie das geht«, poltert er den Kurs an. »Strengt euch gefälligst mehr an. Das ist doch alles so leicht, das kann man doch von jedem verlangen, der hier rumsitzt.«

Das sollten Sie wissen

Sie müssen die Schüler mehr loben! Vielleicht haben Sie diese wohlgemeinte Aufforderung in Ihrer Ausbildung auch schon gehört. Kommt Ihnen irgendwie bekannt vor? Wahrscheinlich haben Sie's auch geglaubt: Loben macht Sinn. Aber warum denn eigentlich? Und wenn schon, wie überhaupt? Sind Kritik und klare Kante ab sofort verboten? Haben Sie sich das alles wirklich mal gefragt? Auf den ersten Blick sieht das verdächtig nach Kuschelpädagogik aus: nett sein als Dauerprinzip. Wir lächeln Dummheit, Faulheit und Unvermögen einfach gekonnt weg, dann fühlen sich alle wohl. Das ist doch überhaupt das Grundprinzip: Lernen muss Spaß machen. Oder ist vielleicht doch manches ganz anders?

Keine Angst: Sie dürfen und sollen Schülern auch weiterhin sagen, was sie nicht können. Aber es kommt schon darauf an, wie Sie das machen. Zu loben ist tatsächlich allemal besser als zu kritisieren. Warum das so ist? Weil das Belohnungszentrum in unserem Gehirn ganz schön in Schwung kommt, wenn wir gelobt werden. Wir alle wünschen uns Lob – schon als Kind. Wir möchten, dass man uns mag. Na, geben Sie es doch zu: Sie möchten das doch auch! Das ändert sich nicht, wenn wir erwachsen werden. Was meinen Sie, wie viele Lehramtsanwärter im Referendariat nur deshalb ackern, weil Sie auf das Lob ihrer Ausbilder hoffen. Niemand weiß so ganz genau, wie viel nur deshalb passiert, um einem oder mehreren anderen Menschen zu gefallen. Niemand? Ja! Auch der Handelnde selbst ist darüber oft nicht im Bilde. Er glaubt vielleicht, er habe sich bewusst für ein Engagement entschieden, vielleicht ist da aber auch eine gehörige Portion Sozialisation am Werk. Die Eltern zum Beispiel, die uns immer wieder gesagt haben: »Du musst tun, was die Lehrer dir sagen. Dann ist alles gut.« Wir sind halt darauf getrimmt, von der Wiege an.

Nur gut, wenn unsere Eltern uns hin und wieder auch loben. Von ihnen lernen wir eine Lobkultur, die uns prägt. Schlimm, wenn Eltern ihr Kind nicht loben. Ungelobte Kinder sind verstoßene Kinder; sie lernen nicht, sich selbst zu mögen. Die Beziehung zu ihren Eltern ist bei solchen Kindern meist verkorkst, eher angespannt und belauernd. Dabei ist Selbstachtung ein ganz wichtiger Baustoff für unsere Identität, für unser Bewusstsein darüber, wie viel wir anderen Menschen wert sind. Selbstachtung, Selbstwertschätzung und Selbstvertrauen sind der Kitt, der unser Ich zusammenhält. Ohne wertschätzendes Lob geht da gar nichts.

Lernpsychologisch ist die Sache klar: Wer gelobt wird, zeigt immer öfter das Verhalten, das gelobt wurde. Skinners Tauben haben es vorgemacht. Wenn Kollege von der Strecke Simon für seinen Auftritt vor der Klasse lobte, würde Simon sich das nächste Mal um eine gleiche oder ähnliche Aufgabe geradezu reißen. Soweit die Theorie. In der Praxis gibt es viele Barrieren, die die Wirkung des Lobes abschwächen, umlenken oder gar ins Gegenteil verkehren. Das ist genauso wie der Lichtstrahl, der sich bekanntlich in der Theorie niemals krümmt, dann aber in der Nähe schwerer Massen um die Ecke läuft. Sie wissen schon: Die Welt ist ganz anders, als wir denken. Einstein lässt grüßen.

Wann funktioniert ein Lob? Wenn es ehrlich ist! Hört sich selbstverständlich an, ist es aber nicht. Gelobt wird oft völlig unreflektiert, sozusagen aus Prinzip. »Das hast du gut gemacht.« Ein schöner Standardsatz, den wir bald überhören. So ein bisschen wie »Guten Morgen«. Man muss eben loben und macht daraus eine schöne Floskel. Der Gelobte durchschaut schnell, was da los ist. Warum? Weil die unwillkürlichen Reaktionen, die Sie beim Loben mitsenden, nicht zu dem passen, was Sie sagen. Erst wenn verbales Lob und Mimik zusammenpassen, erleben wir ein Lob als ehrlich. Das kriegen Sie nur hin, wenn Sie bewusst loben und genau wissen, warum Sie es tun. Die Leistung muss stimmen, die Sie loben. Nicht alles, was jemand tut, ist daher schon lobenswert. Vieles ist einfach nur selbstverständlich oder erwartbar.

»Richtig«, murmelt Kollege von der Rolle in Richtung seiner Aktentasche. Weiß Corinna aus der letzten Reihe jetzt, dass sie gemeint ist? Von der Rolle hat sich richtig viele Gedanken gemacht. Denn sein »richtig« sollte eine Rückmeldung zu Corinnas Beitrag sein, eben ein Lob. Klar, dass so ein Lob am Empfänger vorbeirauscht wie die Rakete mit Lichtgeschwindigkeit, die wir gar nicht sehen. Der Gelobte muss merken, er muss spüren, dass er gemeint ist. Corinna hat mitgezählt: Von der Rolle sagt in jeder Stunde mindestens zwanzig Mal »richtig« und ebenso oft »genau«, »okay« und allerlei anderes Zeug. Der Profitipp für die von der Rolles unter Ihnen: Zuwenden, anschauen und dann sprechen. Und Achtung: Ihr Gesichtsausdruck und Ihr Augenspiel müssen zu Ihrer Lobeshymne passen. Sonst geht alles nach hinten los: Das Lob wird überhört – wenn Sie Glück haben. Und wenn Sie Pech haben? Dann wirkt es auf den Betrachter noch schlimmer: Ihr Lob erscheint plötzlich wie eine Aussage mit einer Prise Ironie. Dann ist alles verloren und keiner weiß mehr Bescheid. Also: Beim Loben müssen Sie kongruent wirken. Verbales und Nonverbales müssen zusammenpassen: nicht etwa »Guten Morgen« sagen und dabei möglichst griesgrämig gucken. Jeder weiß dann, dass Sie das ganz anders meinen, als es sich anhört.

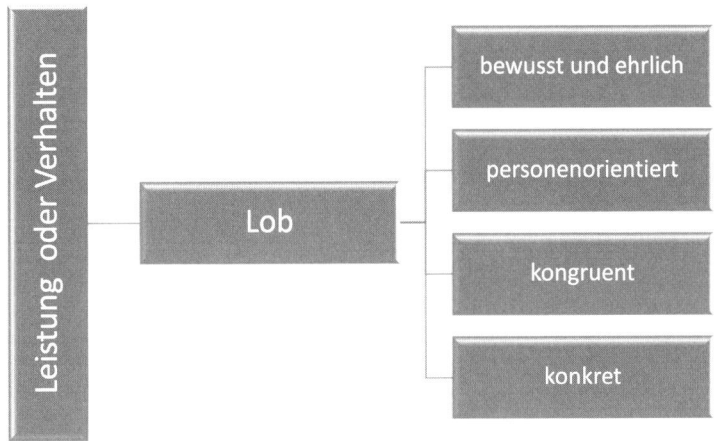

Haben Sie's raus? Wenn nicht: Üben! Dann zum nächsten Hindernis: Sehr gut! Bravo! Richtig! Absolut super. Wer hat diese tollen Ausdrücke nicht alle schon mal gehört? Ein richtiges Lob sind sie nicht. Sagen Sie genau, was Sie loben. Konkret zu sein bringt mehr Wirkung. Pauschales Loben ist dagegen wie Meckern über Gott und die Welt: völlig überflüssig. »Das Wetter ist mies.« »Die Politiker sind schuld.« Generalisierungen sind Quark mit Soße; die schmecken einfach nicht. Sie wissen, es geht besser, und zwar so: »Corinna, du hast meine Frage zu Einstein absolut richtig beantwortet.« Eine schön konkrete Aussage. Jeder weiß, was gemeint ist. Und klar, loben dürfen Sie alles, was Ihnen wichtig ist, also auch das Verhalten von Schülern. »Simon, du hast vorhin Simone geholfen. Das hat mir wirklich gut gefallen.«

Was machen Sie bei Schülern, die wenig Lobenswertes zu bieten haben? Die Fabians, Tims und Christians aus der letzten Reihe, die jeden Morgen zu spät kommen, im Unterricht quatschen, wenn sie nicht gefragt sind, die die Klasse aufmischen und nur mäßige bis schlechte Leistungen in Mathe, Englisch, Deutsch und anderen Fächern erbringen? Schwierig, nicht wahr? Oder vielleicht doch alles nur eine Frage der Sichtweise? Wie groß kommt Ihnen der Eiffelturm vor, wenn Sie davor stehen? Sicher ein bisschen größer als Ihre Schule, oder? Doch wie sieht das aus, wenn Sie in ein Flugzeug steigen und den Eiffelturm von oben sehen? Aha! Sie verstehen? Es ist gar nicht so leicht zu sagen, wie groß der Eiffelturm Ihnen wirklich vorkommt. Alles eine Frage der Perspektive. Und wie könnten Sie Ihre Perspektive auf Fabian, Tim und Christian verändern? Sicher wollen Sie nicht täglich mit dem Helikopter über der Schule kreisen, bevor Sie bei den Dreien Unterricht machen. Den Maßstab für Ihre Urteile können Sie trotzdem ganz leicht verändern: Was leisten die drei Jungs Positives, was andere nicht leisten? Sind die Drei nicht besonders souverän? Wer würde sich sonst trauen, Ihnen so die Stirn zu bieten? Bringen Ihnen die Drei vielleicht sogar besonderes Vertrauen entgegen? Wo sonst glauben Sie, dass sie sich so verhalten dürfen? Oder ist das dreiste Verhalten der drei Schüler vielleicht nur ein Schrei nach Aufmerksamkeit?

Ein bisschen künstlich? Ein bisschen zu wohlwollend? Keineswegs. Jede Sache hat zwei Seiten. Oft sehen wir nur die eine. Oder sind Sie immer souverän, immer gut gelaunt und immer professionell? Sehen Sie. Deuten Sie bei schwierigen Schülern die Sache für sich um. Dann werden aus störenden Schülern emanzipierte, verhaltensoriginelle oder auch hilfsbedürftige Schüler. Und dann wird das Loben ganz einfach. Probieren Sie's aus. Sie werden staunen, was alles möglich ist, wenn Sie erst mal gedanklich im Helikopter sitzen.

Das können Sie tun

Loben lohnt sich. Am besten, Sie fangen gleich heute damit an. Und das könnten Sie tun: »Svenja, dein Beitrag zu dem Aspekt ›Moderne Medien‹ war wirklich ausgezeichnet. Ich denke, das haben auch deine Mitschülerinnen und Mitschüler bemerkt. Wirklich toll. Ich werde mir das gleich aufschreiben. Und natürlich möchte ich das auch deinem Klassenlehrer sagen und deinen Eltern, die ja morgen zum Elternsprechtag kommen. Wirklich ein super Beitrag, Svenja«, formuliert Kollege Nichtsverstanden sinn- und atemlos. Lob als Realsatire! Was läuft hier falsch? Viele Menschen haben damit ein Problem, Lob anzunehmen. Auch viele Schüler. Frei heraus: Die Gelobten fragen sich dann oft, ob sie eigentlich die Verarschten sind. Stellen Sie sich Ihren Chef vor, der in der Aula auf Sie zuläuft und laut schreit: »Kollege Schlaumeier, ich grüße Sie ganz herzlich. Sie sind ja ein Toller. Das, was Sie da gestern wieder auf die Beine gestellt haben, einfach eine Wucht.« Sagt's und umarmt Sie dabei so heftig, dass Sie schon Rippenbrüche befürchten. Da traut man sich kaum noch zu atmen, nicht wahr? Wie ernst kann ein Lob gemeint sein, das völlig überdreht und übertrieben ist – oft auch stimmlich? Da würden Sie doch auch ins Grübeln kommen. Und das heißt? Richtig: kurz, knackig und so sachlich wie nötig. Dann kommt Ihr Lob auch so an, wie es gemeint ist: als ehrliche Wertschätzung.

Brauchen Sie auch so Ihre Zeit beim Korrigieren von Klassenarbeiten und Klausuren? Kollege Ganzgenau macht's wirklich ganz genau: Seine Schüler freuen sich jedes Mal, wenn sie nach vier bis sechs Wochen ihre Arbeiten wiedersehen. Dann ist der Blick in die Arbeit für die Schüler schon deshalb eine Überraschung, weil sie gar nicht mehr wissen, worum es damals eigentlich ging. Pointe verstanden? Also: Nicht nur die gerechte Strafe, sondern auch das Lob folgt auf dem Fuße. Schüler müssen den Zusammenhang zwischen ihrer Leistung und dem Lob unmittelbar wahrnehmen. Sonst verpufft die Wirkung. Leistungen im Unterricht daher am besten sofort loben, spätestens aber am Ende der Unterrichtsstunde. Bitte merken: Das Zehn-Sekunden-Lob, das möglichst sofort kommt, hat die größte Wirkung.

»Klasse, Mark, jetzt hast du es auch verstanden«, sagt der Kollege von der Geduldsfraktion, nachdem er Mark vor versammelter Mannschaft zehn Minuten lang die Würmer aus der Nase gezogen hat. Das sollte so etwas wie individuelle Förderung sein, wurde aber eher so etwas wie öffentliches Zur-Schnecke-machen. Wie sich der arme Mark jetzt wohl fühlt? Sie merken schon: Manches Lob enthält so viel Tadel, dass man besser darauf verzichtet. Also: Loben Sie nach dem Reinheitsgebot, wie Sie es von Ihrem abendlichen Bier her kennen. Nur wo Lob drin ist, sollte auch Lob drauf stehen. Und immer daran denken: Sie wollen Ihr Bier vermutlich auch nicht in der Badewanne trinken – wenn Sie gerade mal untergetaucht sind... Also: Immer auf den Kontext achten, damit Ihr Lob bei dem, den Sie loben, nicht in den falschen Hals gerät.

»Ich finde toll, dass du zu diesem Aspekt die Queen genannt hast. Das ist absolut richtig. Vielleicht denkst du jetzt mal darüber nach, inwieweit der Aspekt auch für andere Personen zutreffen könnte.« Lob oder nicht Lob, das ist hier die Frage. Wir meinen: Echtes Lob darf ruhig eine Anregung enthalten, die zum Weiterdenken oder Weitermachen herausfordert. Dadurch wird das Lob nicht abgeschwächt, wohl aber der Schüler gefordert und damit auch gefördert. Lesen Sie mal in Situation 18 nach, was wir zu dem »Herausfordern und Ermutigen« sonst noch zu sagen haben.

»Das war spitze!« Sie erinnern sich an Hans Rosenthals Dalli-Dalli-Spruch? Und an seinen Sprung, den Kai Pflaume im Remake der Sendung ebenfalls zelebriert? Könnten Sie übrigens auch mal im Unterricht probieren, wenn Ihnen etwas besonders gut gefällt. »Das war Spitze!« So heißt die Übung, mit der Sie Ihren Schülern zu einer wunderbaren Kultur des Lobens verhelfen können. Paare bilden, die vier Wochen zusammenbleiben. Schüler A beobachtet Schüler B während des Unterrichts. Am Ende der Stunde gibt's die Lobesrunde: Jeder Schüler lobt seinen Partner für eine Sache, die ihm in der Stunde positiv aufgefallen ist. Kurz, knackig, schnörkellos. Der Reihe nach. Achten Sie bei den Schülern auf eine angemessene Sprachform und darauf, dass das Lob sich auf echte Leistungen bezieht. Und der Lobende soll der Person, die er gerade lobt, so richtig in die Augen schauen. Nicht vergessen: Eine ruhige und konzentrierte Atmosphäre gehört dazu. Die Zuhörer dürfen nicht etwa lachen oder Witze machen. Dann nimmt keiner mehr ernst, was er sagt und was er hört.

Haben Sie schon mal von Schülern ein echtes Lob gehört? Als Lehrer? Selten, nicht wahr? Und dann wohl eher nach Aufforderung und schriftlich, wenn Sie die Schüler über Ihren Unterricht befragt haben. Eigentlich schade. Lob ist so eine feine Sache, die darf gern auch wechselseitig sein. Hintergrund: Erst wenn Ihre Schüler Sie loben und auch kritisieren dürfen, haben Sie einen Teil des Machtgefälles abgebaut, das zwischen Ihnen und den Schülern besteht. Könnte doch spannend sein, das auszuprobieren. Ihrer Autorität tut das keinen Abbruch und der berühmte Zacken fällt Ihnen dabei auch nicht aus der Krone. Denn persönliche Autorität kommt von innen, nicht von äußerem Machtgebaren, ganz wie die Sache mit der Schönheit… Und für die Schüler wäre es ein großer Nutzen, wenn die auch mal Sie loben dürften: Emanzipation eben.

Das lassen Sie lieber

Dauerlob ist gefährlich. Lob funktioniert am besten, wenn Sie es dosiert einsetzen – wie Medikamente: Zu wenig wirkt nicht genug und zu viel hat oft unangenehme Nebenwirkungen. Welche Nebenwirkungen? Zum Beispiel diese: Kein Schüler nimmt Sie mehr ernst, wenn Sie zu oft und alles loben. Wenn Katrin gut Gedichte vortragen kann, passt das Lob beim ersten Mal. Beim fünften Mal wird Katrin sich fragen, ob Sie noch alle Tassen im Schrank haben. Und wenn Sie einen guten Vortrag ebenso loben wie einen miesen, verunsichern Sie alle Schüler: »Was genau will der denn? Ist das jetzt Trick 17, mit dem der uns linken will?« Übrigens: Manche Medikamente haben eine ganz unangenehme Nebenwirkung: Sie machen müde. Bei Dauerlob kann das auch passieren.

Loben kann fieser Selbstbetrug sein. Gehören Sie auch zu den Lehrern, die jedem Konflikt aus dem Weg gehen, die weder Nein sagen noch klare Regeln durchsetzen? Immer auf der Hut vor einer möglichen sozialen Irritation? Sie fürchten: »Die Schüler mögen mich vielleicht nicht mehr, wenn ich mal auf den Tisch haue«? Na bravo! Dann haben Ihre Schüler jedenfalls viel zu lachen, aber leider wenig Orientierung. Unsicher geworden? Das mögen wir: Lesen Sie einfach mal weiter, was wir in den Situationen 2, 3 und 7 zu bieten haben. Denn Sie wollen doch sicher nicht zum Hanswurst in allen Gassen werden, oder?

21. Im Team arbeiten

Sehr fröhlich geht es wieder zu, als Kollege Hugo Fröhlich-Schwerdthauer den Raum 327 betritt. Draußen an der Tür prangt ein riesiges Schild mit ebenso riesigen Buchstaben: TEAM 8. Keine Angst, hier handelt es sich weder um eine Spezialeinheit des MI6 noch um eine Kommandotruppe der NSA. TEAM 8 ist das Jahrgangsstufenteam für den 8. Jahrgang an der progressiven Komm-ich-heute-nicht-komm-ich-morgen-Schule in Brainland. Fröhlich-Schwerdthauer nimmt Platz an diesem denkwürdigen Tag und beobachtet seine fünf Mitstreiter, die Klassenleiter der übrigen 8. Klassen. Jede Woche findet eine solche Teamsitzung statt, von der Schulleitung verordnet, zwei Stunden müssen die Kolleginnen und Kollegen das aushalten. Aber man hat es sich bequem eingerichtet: Frau Amalie Seidensticker hat zur Feier des Tages Chanel No. 5 aufgelegt und gleich noch einen Pflaumenkuchen gebacken. Jetzt ist sie eifrig beschäftigt, damit auch jeder seinen Happen abbekommt. Und so verfließt die Zeit. Das Fußballspiel am letzten Samstag und der aufsässige Mirko aus der 8 C sind ebenso Thema wie die Grundsteinlegung für Amalies Einfamilienhaus, zu der sie gleich alle schwungvoll einlädt. Hugo platzt langsam der Kragen, aber er weiß, dass es im Team sozial verträglich zugehen muss. Deshalb setzt er seine Smiley-Maske auf und intoniert ohne jeden Unterton: »Was haben wir denn heute vor?« Fünf Minuten später kommt Amalie allmählich zur Sache; sie ist Teamleiterin: »Hat jemand ein Thema für heute?« Herbert meldet sich spontan: »Ich muss erst mal auf Toilette; ihr könnt ja schon mal ohne mich anfangen.«

Als Hildegard Fröhlich-Schwerdthauer ihren Hugo abends nach den grandiosen Ereignissen in der Teamsitzung fragt, hat der endgültig die Nase voll: »Das ist doch der reinste Blödsinn, was da abläuft. Wir sitzen zwei Stunden rum, quatschen über Gott und die Welt, und am nächsten Tag hab ich zwei Pfund mehr auf der Waage...«

Im Team arbeiten **179**

Das sollten Sie wissen

Lehrer sind schon ein ulkiges Völkchen – im Unterricht predigen sie den Schülern das Verhalten A, und nach Unterrichtsschluss spielt A für sie selbst plötzlich keine Rolle mehr, denn B ist ja irgendwie doch viel angenehmer. Sie denken gerade an Ihren Kollegen Flatrate, der das Handyverbot im Unterricht mit eiserner Hand durchboxt, um gleich nach dem Schellen mit seinem tollen Smartphone am Ohr quer durch das Gebäude zu stolzieren? Oder vielleicht an Ihr eigenes Dauergequatsche während der letzten Lehrerkonferenz, obwohl Sie Ihr Schulleiter dabei immer wieder arg streng musterte? Auch gut, aber wir meinten eigentlich etwas anderes. Kooperatives Lernen ist »in«, und fast alle Lehrer üben mit ihren Schülern, wie man als Team effizient zusammenarbeitet. Sie wissen schon: Norm und Kathy Green. Die beiden haben gezeigt, wie man aus einer schläfrigen Gruppenarbeit eine tolle Teamarbeit macht. Dazu braucht man diese Zutaten: positive Abhängigkeit, unterstützende Interaktion, individuelle und Gruppen-Verantwortlichkeit, angemessene Kommunikation und zuletzt eine Evaluation des Arbeitsprozesses.

Davon hat sicher auch Kollege Rosenstiel gehört, und er achtet in seinem Unterricht auch darauf, dass kooperative Arbeitsphasen eben nach diesem Muster ablaufen. Schließlich soll es ja zügig vorangehen, und am Ende soll auch etwas Sinnvolles herauskommen – Stichwort Output-Orientierung! Gut so, Herr Rosenstiel! Aber erkennen Sie die Absurdität der Situation? Rosenstiel würde seinen Schülern ordentlich die Meinung geigen, wenn sie zwei Stunden lang über dies und das quatschen würden, ohne sich um anstehende Aufgaben zu kümmern. Und sein Ärger würde noch größer, wenn es sich seine Schüler in ihrer Unproduktivität auch noch gemütlich einrichteten – mit Cola, Chips und Muffins. Das geht ja mal gar nicht! Genau das ist in Rosenstiels TEAM 8 aber möglich – und sogar erwünscht, zumindest von den meisten der Kollegen, die sich in Raum 327 verirrt haben.

Stellen Sie sich mal folgende Situation vor: Kollege Fröhlich-Schwerdthauer ist von dem Dahingewurschtel im TEAM 8 so genervt, dass er Rosenstiel darauf anspricht und vorschlägt: »Wir könnten die Zusammenarbeit doch ähnlich wie im Unterricht gestalten – effizient und als echte Teamarbeit im Sinne von Norm und Kathy Green. Sie wissen schon: kooperatives Arbeiten und so.« Diesen Angriff pariert Rosenstiel mühelos: »Lieber Fröhlich-Schwerdthauer, unser TEAM 8 ist doch nicht zu vergleichen mit den Gruppenarbeiten der Schüler. Das können wir doch alles schon längst. Unsere Treffen sind doch nett, finden Sie nicht? Und wenn wirklich mal etwas zu erledigen ist, dann übernimmt das Kollege Heißsporn von der 8 D; der ist einer von der ganz schnellen Truppe, und der macht das ja auch gern.« Irgendwie hat Rosenstiel ja recht: Natürlich ist das Jahrgangsstufenteam keine Schülergruppe, der man einfach eine Aufgabe vorsetzt und die nach 35 Minuten eine Folie mit Ergebnissen vorstellen muss. Aber mit der Vorstellung, Lehrerteams bestünden im Grunde aus geschwätzigen Laumalochern und einigen versprengten Einzelkämpfern, die Teamarbeit im Sinne des berühmten »**T**oll, **e**in **a**nderer **m**acht's!« praktizieren – mit dieser Vorstellung können und wollen wir uns keinesfalls anfreunden. Sie doch hoffentlich auch nicht, oder?

   Anders soll es also laufen. Aber wie denn eigentlich? Dazu gehen wir zunächst einen Schritt zurück. Viele Probleme entstehen ja dadurch, dass wir nicht wissen, worüber wir reden. »Team« ist längst zum Alltagsbegriff geworden. Jeder glaubt zu wissen, was er bedeutet. Wissen Sie's wirklich? Hätten Sie so aus der Hand eine schöne knackige Definition parat? Eine, die dann auch noch standhält, wenn wir mal nachfragen? Na ja, *Sie* sind ja hier nicht gefordert, sondern *wir*. Unsere Frage: Was versteht man in der Schule denn idealerweise unter einem Team, in dem Lehrer zusammenarbeiten? Nehmen wir als Beispiel Fröhlich-Schwerdthauers TEAM 8 und stellen wir uns vor, dieses Team wäre ganz anders, nämlich ein gut funktionierendes Team. Dann hätte es drei Merkmale:

(1) Mehrere Personen arbeiten eng zusammen
Fröhlich-Schwerdthauer und das Team treffen sich regelmäßig und können daher schnell auf neue Herausforderungen reagieren. Die Teammitglieder nutzen auch die Zeit zwischen den Meetings: E-Mails und ein FTP-Server stehen zur Verfügung, um Material auszutauschen, wechselseitig zu korrigieren oder erst einmal bereitzustellen. Der Arbeitsprozess verläuft organisiert. Jeder weiß, was der

andere tut. Alle Teammitglieder bringen dabei ihr individuelles Wissen und ihre Erfahrung ein, kommunizieren verlässlich und nutzen kurze Feedbackschleifen.

(2) Die Mitglieder des Teams verfolgen gemeinsame Ziele, teilen grundlegende Werte und beachten die Spielregeln der Kooperation
TEAM 8 hat sich dazu entschieden, für die Schüler der Jahrgangsstufe 8 ein Konzept für eine individuelle Lernberatung zu entwickeln. Individuelle Förderung ist allen Teammitgliedern wichtig; und um rasch mit der Lernberatung beginnen zu können, arbeiten sie sich zu und halten sich an den gemeinsam festgelegten Arbeitsplan. Jeder macht, was er kann und wie viel er kann. Aber jeder macht mit. Immer!

(3) Das Team teilt Aufgaben und Tätigkeiten selbstständig untereinander auf
TEAM 8 hat die Idee einer Lernberatung zwar mit der Schulleitung abgesprochen, setzt sie aber weitgehend autonom um. Was muss organisiert werden? Bis wann soll das geschehen? Wer kümmert sich um welche Aufgaben? In welcher Reihenfolge? Nützlich: Ein Teammitglied ist für die Organisation zuständig, ein anderes für die Einhaltung des Fahrplans. Aufgabenverteilung heißt eben auch Verteilung der Meta-Aufgaben. Und Aufgabenverteilung heißt eben immer auch Verteilung der Verantwortung – ganz im Sinne der Greens. Solche Entscheidungs- und Gestaltungsspielräume motivieren die Teammitglieder und erzeugen ein Gefühl von Selbstwirksamkeit: »Das haben wir gemeinsam geschafft!« Emile Ratelband hätte seine wahre Freude!

Vielleicht fragen Sie sich: Was soll mir das sagen, denn schließlich bin ich nicht Klassenleiter – und damit auch nicht Mitglied eines Jahrgangsstufenteams? Seien Sie beruhigt, es gibt an Schulen noch weit mehr Teams, die sich mit ganz unterschiedlichen Dingen befassen. Haben wir Ihr Interesse geweckt? Dann lesen Sie jetzt bestimmt weiter. Es gibt zum Beispiel die Steuergruppe, die vor allem die Unterrichtsentwicklung an Ihrer Schule gestaltet. Haben Sie noch nie von gehört? Vielleicht haben Sie sich nur konsequent geweigert? Oder denken Sie an den Lehrerrat, der als Vermittler zwischen Schulleitung und Kollegium fungiert. Den kennen Sie, ja? Und da sind die Fachschaften aller Fächer, die an Ihrer Schule unterrichtet werden. Mag sein, dass Sie deren Sitzungen ähnlich fröhlich finden wie die Sitzungen von TEAM 8. Aber jetzt wissen Sie ja, was Sie dagegen unternehmen können. Vielleicht setzt Ihre Schule auf die Neuen Medien? Gibt es Tablet- oder Laptopklassen, dann gibt es sicher auch ein Team, das für das didaktische Konzept dieses Projekts verantwortlich ist. Sie sehen: Es gibt eine Menge spannender Möglichkeiten, an Ihrer Schule zu einem echten Teamplayer zu werden! Und nicht vergessen, wenn Sie Amalie, Hildegard oder Hugo heißen und bisher mit Teamarbeit wenig am Hut hatten: Es ist wirklich nie zu spät, seine Einstellung zu ändern. Man ist einfach nur zu faul, wenn man es nicht tut und mit dem Finger auf die anderen zeigt.

Das können Sie tun

»Ich finde das ja auch blöd, aber die anderen haben mich einfach überstimmt!« Haben Sie diesen Satz auch schon mal von Kollegen gehört? Zum Beispiel neulich, als es um die Zustimmung des Lehrerrats zur neuen Tabletklasse ging? Ja, so ist das, wenn man einem Team angehört und dort Entscheidungen treffen muss. Die sind ja bekanntlich nicht immer leicht, ziehen aber fast immer einen langen Rattenschwanz weiterer Aufgaben hinter sich her. Entscheidungen im Team zu treffen bedeutet auch, diese Entscheidungen zu verantworten und nach außen zu vertreten. Wer A sagt, muss auch B sagen, manchmal sogar C, und ein guter Teamplayer wird die Entscheidung des Teams auch als seine eigene Entscheidung begreifen. Das können Sie nicht, weil Sie ein Individualist sind? Dann üben Sie's! Zurückrudern ist »out«, Rückgrat zeigen und Verantwortung übernehmen »in«, vor allem unter Teamplayern.

Die Fachschaft Französisch rund um den Kollegen Fröhlich-Schwerdthauer ist ein bunt zusammengewürfelter Haufen, ein bisschen wie die Gallier in *Asterix und Obelix*. Klar, alle Mitglieder dieses Teams haben etwas gemeinsam – sie unterrichten Französisch. Aber da ist zum Beispiel die Muttersprachlerin Frau Marchand, die sprachlich die übrige Fachschaft locker in die Tasche steckt. Dann gibt es noch den Fachleiter Didaktomat, und der versteht wirklich etwas von der Didaktik seines Faches. Dumm nur seine Vorstellung, dass Theorie und Praxis immer übereinstimmen müssen. Die beiden Lehramtsanwärterinnen sind auch mit im Boot, aber eher still, da noch nicht ganz sicher und routiniert bei der Sache. Hinzu kommt, dass Didaktomat ihr Ausbilder ist. Und wer möchte da schon im Kreise der Kompetenten durch »dumme« Kommentare unangenehm auffallen? Also lieber ducken und den Mund halten. Ab und zu kommt Schulleiter Klausewitz vorbei und setzt die Kostenbremse an: Sind denn wirklich neue Lehrbücher nötig? Die alten sind doch gerade mal zwölf Jahre alt.

Sie sehen: In der Fachschaft Französisch ist immer etwas los, und das liegt vor allem daran, dass dort so viele unterschiedliche Leute mit unterschiedlichen Interessen, Perspektiven und Vorstellungen zusammenhocken. Aber ein echtes Team ist das längst noch nicht. Ein Team wird daraus erst dann, wenn jedes (!) einzelne Teammitglied sich selbst und alle anderen als gleichberechtigten Teil des Ganzen versteht – wechselseitig menschlich und fachlich akzeptiert. Natürlich wird niemand ernsthaft leugnen, dass der Schulleiter am Ende größere Entscheidungsbefugnisse hat als andere Mitglieder dieses Teams. Aber auch das macht einen guten Teamplayer aus: Zurückhaltung und Diplomatie statt Säbelrasseln!

Was verstehen Sie eigentlich unter Kritik? Zucken Sie auch immer gleich zusammen, wenn Sie und Ihre Arbeit kritisiert werden sollen? Eigentlich ist diese Angst unangebracht; denn Kritik bedeutet zunächst nichts anderes als dies: Ein Gegenstand oder eine Handlung wird anhand von Maßstäben beurteilt, und das ganz wertfrei. Kritik kann also positiv ausfallen und äußert sich dann als Lob, oder sie kann negativ ausfallen und wird dann auf Mängel und Schwächen hinweisen. Eben so wie die Kritik des Tatorts vom Sonntagabend: mal besser, mal schlechter. Jede Kritik in diesem Sinne nur als Feedback zu verstehen, ist mindestens die halbe Miete, um Kritik für sich selbst produktiv zu nutzen.

Haben Sie das Gefühl, wir betreiben hier nur begriffliche Haarspalterei? Fehlt Ihnen der Bezug zur Situation »Im Team arbeiten«? Sehr gut, bleiben Sie immer kritisch. Wir nehmen Ihre Kritik sehr ernst. Denn hier kommt er schon, der Bezug zum Thema: Wenn man in einem Team mit anderen Kollegen zusammenarbeitet, ist jede Kritik eine große Chance zur Entwicklung und damit zur Verbesserung. Ein Lob bestätigt, dass Ihr Team an einer bestimmten Stelle bereits gute Arbeit leistet und in der bisherigen Form weitermachen kann. Kritik im negativen Sinne stößt einen Lernprozess an: Wie können wir in Zukunft anders beziehungsweise besser vorgehen? Aber: Ganz konkret muss sie schon sein, die Kritik. Sätze wie »Das habt ihr gut gemacht« oder »Welch ein Mist« sind ungeeignet, um Entwicklung zu befördern. Diese Kritik ist eben nicht konkret genug. »Der 15-Minuten-Takt am Elternsprechtag hat mir gefallen. Denn da habe ich endlich mal genug Zeit für jedes Elternpaar gehabt.« Das hört sich doch schon viel konkreter an und ist es auch.

Die Sache mit der Kritik kann aber nur funktionieren, wenn sich die einzelnen Mitglieder des Teams durch die Kritik nicht persönlich angegriffen fühlen. Gar nicht so einfach. Sie kennen solche Fälle. Zum Beispiel Kollege Kleinschmidt, der kürzlich in der Fachkonferenz Sport seine Basketball-AG direkt an den Nagel hängen wollte. Warum? Hausmeister Krause hatte angemerkt, dass die Basketbälle nach dem Training nicht immer dort landen, wo sie eigentlich landen sollten, nämlich im abschließbaren Schrank. Eine Lappalie? Nicht für den zart besaiteten Kleinschmidt. Übrigens: Man kann Rückmeldungen so und so geben; die einen hauen den Empfänger einfach nur aus den Schuhen, die anderen sind konstruktiv und bauen auf. Wie man's richtig macht? Schauen Sie in Situation 39.

Ende des Schuljahres wird Ihre Kollegin Mittendrin in den wohlverdienten Ruhestand gehen, und das nach fast vierzig engagierten Dienstjahren an Ihrer Schule. Mittendrin hat ihren Abgang nicht nur angekündigt, sondern dem Kollegium gleichzeitig eine Aufgabe gestellt: »Wer möchte denn zum kommenden Schuljahr meinen Platz im Lehrerrat einnehmen? Freiwillige vor!« Ziemlich große Fußstapfen, keine Frage! Mittendrin war halt immer mittendrin, nicht nur dabei. Und Sie haben genau beobachtet, wie oft und wie lange der Lehrerrat tagte. Aber irgendwie finden Sie die Vorstellung durchaus spannend, zum Lehrerrat zu gehören. Macht ja mächtig was her, nicht? Was tun? Unser Tipp: Bedenken Sie, dass Teamarbeit an der Schule nicht gleich Teamarbeit ist! So ist jeder Lehrer ganz automatisch Mitglied mehrerer Teams, und zwar seiner Fachschaft(en) und des Großteams Lehrerkollegium. Ohne Wenn und Aber. Und dann gibt es noch weitere Teams, in denen die Mitarbeit (mehr oder weniger) freiwillig ist; der Lehrerrat ist so ein Team von Freiwilligen. Und bevor man dort einsteigt, sollte man einige Dinge bedenken: Möchte ich den manchmal hohen Zeitaufwand auf mich nehmen? Kann ich mir eine Zusammenarbeit mit den übrigen Mitgliedern des Lehrerrats überhaupt vorstellen? Bin ich der Verantwortung dieser Position eigentlich gewachsen? Teile ich die grundsätzlichen Ansichten und Werte, für die der Lehrerrat an meiner Schule einsteht? Habe ich die nötigen Kompetenzen, um die Arbeit im Lehrerrat zielführend zu erledigen? Sie verstehen uns richtig: Bangemachen gilt nicht, das ist auch gar nicht unsere Absicht. Aber ein voreiliges Ja kann schnell zum lästigen Bumerang werden. Prüfen Sie genau, was die Mitarbeit in einem Team an Ihrer Schule für Sie bedeuten würde – und entscheiden Sie erst dann.

Das lassen Sie lieber

Hugo Fröhlich-Schwerdthauer hat sich einem neuen Verein angeschlossen: Zum nächsten Schuljahr wird er die Steuergruppe seiner Schule verstärken. Der Kollege hat große Pläne. Vorbei die Zeiten des Dahindümpelns in TEAM 8! In der Steuergruppe soll nun richtig die Post abgehen! Und in seinen ganz ehrlichen Momenten gibt Fröhlich-Schwerdthauer auch zu, dass sein Engagement in der Steuergruppe eine Art Karriereturbo werden soll – schließlich wird auch Schulleiter Klausewitz immer dabei sein und mitsteuern. Fröhlich-Schwerdthauer möchte sich empfehlen und hat schon mal überlegt, wie er die Sache angehen könnte. Bislang war nämlich Kollegin Kurzform für das Protokollieren der Steuergruppensitzungen zuständig, und das Ergebnis war stets ernüchternd: kaum Inhalte, formale Fehler, langweiliges Layout – und das Ganze erst fünf Wochen nach der Sitzung. So wird das Kollegium nie auf die Arbeit der Steuergruppe aufmerksam. Also wird sich Fröhlich-Schwerdthauer selbst als neuen Protokollanten vorschlagen, wird natürlich alles besser machen und hat dazu schon ein peppiges Layout entwickelt.

Doch damit nicht genug: Auch Kollegin Fuchs soll ersetzt werden. Sie hat sich in der Steuergruppe um die Kontakte mit externen Stellen wie den Zentren für schulpraktische Lehrerausbildung, Kompetenzteams und Universitäten gekümmert. Und auch dieses Rad möchte Fröhlich-Schwerdthauer neu erfinden, hat schon ein neues, besseres Netzwerk vor Augen und möchte Kollegin Fuchs ganz offensiv den Rang ablaufen. Mal ehrlich: Was halten Sie von Fröhlich-Schwerdthauers Vorgehen? Eigentlich doch ganz nützlich, zumindest unter dem Aspekt »Konkurrenz belebt das Geschäft«, oder? Immerhin purzeln die Preise beim Discounter A doch auch nur, weil Discounter Z sie gerade mal wieder gesenkt hat. Wir sind da eher skeptisch, was die Preise an Fröhlich-Schwerdthauers Schule angeht. Wer einen Konkurrenzkampf innerhalb des Teams anzettelt, wird sich wundern und findet sich schnell im Abseits wieder. Denn er macht die Preise kaputt und befindet sich schnell im Shitstorm der Moralapostel. Klar: Neue Ideen vorschlagen, andere Perspektiven einbringen, alternative Ansätze vorstellen – all das kann für ein Team sehr nützlich sein. Aber die anderen Teammitglieder bloßzustellen und dem Team persönliche Ziele als neue Leitideale aufzuzwingen, ist sicher nicht im Sinne des Erfinders! Die moralische Entrüstung angesichts solch wüsten Vorgehens ist nicht nur groß, sondern ganz und gar berechtigt.

Sie kennen ihn alle, den Kollegen Wattebausch, der alles toll findet, für den jeder noch so pubertierende Teenager ein bewundernswerter Freigeist ist und der in seinem Kunstunterricht jedes noch so dahingeschmierte Bild als sensationelles Kunstwerk feiert. Sie wissen schon: Kollege Wattebausch ist Kuschelpädagoge, stets auf Wohlfühlkurs unterwegs. Manchmal sind Sie sich nicht so ganz sicher, ob nicht sogar System dahintersteckt. Denn wer alles und jeden toll findet, der wird auch nicht mit Konfrontationen rechnen müssen. Die eine Krähe hackt der anderen bekanntlich kein Auge aus. Eine hohe sozialkommunikative Kompetenz hat eben etwas für sich: Alles ist angenehm, niemand fällt hart, niemand wird überfordert. Einfach toll für jeden, der auf Harmonie und Dauerkonsens gepolt ist. Klar, das mag alles so sein, aber Ihnen ist doch völlig klar: Wer so agiert, wird nicht weiterkommen! Und zwar einerseits mit Blick auf die Sache; die Bilder, die in Wattebauschs Kunstunterricht entstehen, werden immer der Schrott bleiben, der sie nun mal sind. Und andererseits mit Blick auf die Menschen: Wattebauschs Schüler werden ungezügelt weiterpubertieren, ohne eine Chance auf persönliche Weiterentwicklung. Gewähren lassen hat meist nur eine Konsequenz: Soziale Irritationen sind geradezu programmiert. Vielleicht nicht in Wattebauschs Unterricht – vielleicht –, aber ganz sicher bei den Kollegen Klare-Kante und Ab-durch-die Mitte. Die werden sich die Folgen von Wattebauschs Schaumbadpädagogik nicht gefallen lassen und ihren Schülern die Ohren lang ziehen.

Was wir damit sagen wollen? Auch in Lehrerteams gibt es solche Kuschelkollegen, die grundsätzlich alle noch so unpassenden Ideen, sinnfreien Vorschläge und blödsinnigen Kommentare super finden. Alles ist wichtig, alles muss man ernst nehmen. Konfliktfreiheit als Leitziel – oder doch eher als Lightziel? Das alles mag kollegial nett sein, aber die Arbeit im Team wird dadurch eher ausgebremst. Also: Klare Kante statt Kuschelkurs, ab durch die Mitte statt im Schaum der Nettigkeit baden gehen. Aber immer schön sachlich und konstruktiv bleiben!

22. Eltern informieren

»Das waren noch Zeiten!«, denkt sich der beleibte Kollege Halbtagsjobber, als er sich nach der sechsten Stunde in die dritte Etage schleppt. »Ja, damals fanden Elternsprechtage noch ganztägig statt! Jetzt muss man morgens unterrichten und sich danach mit verhaltensoriginellen Eltern herumärgern. Damals war pro Elterngespräch eine Viertelstunde geplant, und heute sind es lächerliche 6,75 Minuten. Verrückt!« Herr Halbtagsjobber betritt den Klassenraum seiner 6 D, stellt zwei Stühle vor das Pult und beschäftigt sich die nächsten zehn Minuten mit dem Sportteil seiner Tageszeitung. Montags ist da immer besonders viel zu tun. Halbtagsjobber ist mittlerweile tiefenentspannt und schreckt erst hoch, als es um Punkt 14 Uhr an der Tür klopft. Ach ja, da war ja was – der Elternsprechtag! Mürrisch legt er die Zeitung beiseite und knurrt: »Herein!« Die Tür geht auf, und herein kommt Frau Dr. Müller-Wohlfahrt samt Töchterchen Larissa aus der 6 D. Müller-Wohlfahrt kommt gleich zur Sache: »Wie entwickelt sich meine Tochter denn im Moment? Zu Hause nehme ich Larissa als zunehmend selbstständig wahr. Sie ist ja auch immer schon selbstständig gewesen, schon damals mit fünf, als sie meist bei ihrer Tante... und ich würde gern wissen, ob Sie ähnliches beobachten, also vor allen Dingen in kooperativen Arbeitsphasen könnte ich mir vorstellen, dass Larissa ihre Kompetenzen zum Wohle der Gruppe einbringen kann und... ganz zu schweigen von... und überhaupt...«

Halbtagsjobber kann dieser Bandwurmfrage schon lange nicht mehr folgen und will es eigentlich auch gar nicht. Stattdessen fragt er sich: »Wer sind die beiden überhaupt? Habe ich die Kurze schon mal gesehen? Ist die womöglich in meinem Unterricht?« Und während Halbtagsjobber verzweifelt versucht, sich an Gesichter und Namen der Schüler zu erinnern, die er unterrichtet, schaut Frau Müller-Wohlfahrt ihn erwartungsvoll an. »Nun, liebe Frau ähh, ja, also jedenfalls macht Ihre Tochter das alles eigentlich ganz ordentlich. Und die Arbeit kürzlich hat sie ja auch gar nicht so schlecht geschrieben. Und die tolle Kompetenz Ihrer Tochter, die sie gerade ansprachen, beobachte ich auch oft, zum Beispiel kürzlich, als wir die Exkursion in den Recyclinghof gemacht haben. Hin und wieder, ja, hin... und... wieder, ja, da könnte sie vielleicht, aber ich denke, vielleicht auch nicht, wenn ich sie mir jetzt so anschaue.« Müller-Wohlfahrt ist sofort klar, was Sache ist. Halbtagsjobber hat keine Ahnung, wer vor ihm sitzt, denn eine Arbeit wurde in diesem Schuljahr noch gar nicht geschrieben, und die Exkursion hat der liebe Herr Lehrer offenbar mit einer anderen Klasse gemacht, jedenfalls nicht mit Larissa und der 6 D.

Das sollten Sie wissen

Stellen Sie sich folgende Situation vor: Bei einem Spaziergang mit Ihrem Hund hat es Sie kalt erwischt – zunächst sind Sie in einen sintflutartigen Regenschauer geraten, dann haben Sie sich völlig durchnässt durch die Kälte nach Hause durchgeschlagen. Das folgerichtige Ergebnis: Husten, Schnupfen sowie Hals- und Kopfschmerzen – ein echtes Problem. Was tun? Klar, Sie suchen einen Arzt auf und hoffen dort auf sachkundige Hilfe. Dieser Spezialist wird Ihnen schon genau sagen können, was Sache ist, wird Sie beraten, Ihnen Lösungen anbieten – das eine oder andere Medikament –, und wenn es gar nicht anders geht, wird er Sie krankschreiben. Und nun erinnern Sie sich an Frau Müller-Wohlfahrt und ihre Tochter Larissa; erkennen Sie die Parallelen? Ist doch klar: Die zwei laufen ebenfalls mit einem Problem im Gepäck auf, möchten etwas wissen und wenden sich mit ihrer Anfrage auch an einen (vermeintlichen) Spezialisten, von dem sie sich eine sachkundige Beratung und Hilfe versprechen. Doch leider geraten sie an den Kollegen Halbtagsjobber, der sich in dieser Hinsicht als Niete erweist, der schlicht und ergreifend nicht informiert ist, der seine Hausaufgaben nicht gemacht hat. Was würden Sie von einem Arzt halten, der nach jedem zweiten Satz von Ihnen erst einmal das Internet bemüht, um sich schlau zu machen? Und wie windet sich Herr Halbtagsjobber aus der Situation? Ihm bleibt nichts anderes als der Versuch, heiße Luft zu erzeugen und über sein Nichtwissen hinwegzutäuschen. Das ist so, als würde der Arzt Ihren Erkältungssymptomen mit den Worten begegnen: »Wenn ich mir Sie so anschaue, kann ich nur sagen: So richtig gut geht's Ihnen nicht; denken Sie nur an all die Beschwerden, die Sie mir gerade beschrieben haben. Ich kann Ihnen nur raten: Tun Sie das Richtige! Ob's hilft? Das hängt ganz davon ab, wie sich das alles entwickelt...« Völlig klar, was Sie von einem solchen Arzt halten würden, oder? Einfach daneben!

Verpfuschte Beratungssituationen dieser besonderen Art kommen an Elternsprechtagen leider viel zu oft vor. Dabei scheint es doch so einfach zu sein: Die Lehrer müssen bloß über die Schüler Bescheid wissen, die sie unterrichten. Und genau hier wird es brenzlig, schließlich kann Lehrer A Mutter B nur dann vernünftig informieren, wenn er Kenntnisse über Schüler C hat, den Sohn von Mutter B. Das klingt banal, oder? Ist es auch! Aber, und das geben wir gern zu, diese Kenntnisse fallen nicht einfach vom Himmel und dem unorganisierten Lehrer nicht einfach so in den Schoß. Das weiß Herr Halbtagsjobber aus eigener Erfahrung; der erlebt sich beim Elternsprechtag so: Er hat die 6 D doch erst zu Beginn des Schuljahres übernommen, und dazu fünf weitere neue Lerngruppen. Das sind alles in allem 150 neue Schüler, also 150 neue Gesichter, zu denen er sich die Namen merken muss. Eine echte Aufgabe für Halbtagsjobber, der natürlich auch erst dann Notizen zum Leistungsstand seiner Schüler machen kann, wenn er sie kennt, also jedem Gesicht einen Namen zuordnen kann. Bis Halbtagsjobber so weit ist, kann's nun mal dauern. Und er hat noch eine weitere Ausrede auf Lager, denn zwei seiner sechs neuen Lerngruppen sieht er nur einmal pro Woche. »Ein fotografisches Gedächtnis hab ich leider nicht. Kein Mensch kann sich so schnell so viele Namen einprägen!«

Genug der Ausreden! Lehrer müssen an Elternsprechtagen im Bilde sein, da beißt die Maus keinen Faden ab. Und wir wissen natürlich, dass Sie kein Halbtagsjobber sind und bei Elternsprechtagen wissen, wovon und von wem Sie reden. Aber vielleicht möchten Sie die Namen der neuen Schüler noch schneller auf die Reihe bekommen? Prima, dann schauen Sie doch mal in Situation 10 nach, welche Tipps wir dazu für Sie auf Lager haben. Und wenn Sie schon mal dabei sind zu blättern: In Situation 13 finden Sie einige nützliche Hinweise zum Thema »Dokumentieren«, und dazu passt wiederum Situation 38 ganz hervorragend, die Ihnen Anregungen zur Benotung und Bekanntgabe von Schülerleistungen gibt.

Wenn es darum geht, Eltern zu informieren, gibt es neben dem Elternsprechtag noch einen weiteren Klassiker. Ahnen Sie's? Richtig, wir sprechen vom Elternabend! Man könnte meinen, Elternabende sind doch im Gegensatz zu Elternsprechtagen ein Klacks – schließlich weiß man als Klassenlehrer genau, welche Eltern dort auflaufen und um welche Klasse es geht. An Elternsprechtagen muss man auf die gesammelte Mannschaft aller (!) Schüler gefasst sein, die man unterrichtet. Hinzukommt, dass es bei Elternsprechtagen meist um Noten geht, und da hört bekanntlich die Freundschaft auf und fangen hitzige Diskussionen an. Wie entspannt hingegen der Elternabend daherkommt: Der Klassenlehrer überlegt sich in aller Ruhe eine Tagesordnung – zu Hause, versteht sich, und garantiert rechtzeitig; er bereitet die Präsentation der Tagesordnungspunkte vor und navigiert schlafwandlerisch sicher durch die Agenda, frei nach dem Motto ObV – Ohne besondere Vorkommnisse. Doch Vorsicht! Elternabende sind mehr als Lehrervorträge, die bloß dazu dienen, Informationen in die Köpfe der Eltern zu trichtern. Klar, der

Klassenlehrer spricht über unterschiedliche Belange, die die Klasse angehen, aber auch hier muss er umfassend informiert, flexibel und spontan sein. Wer weiß schon, welche Rückfragen die Eltern stellen oder welche Themen unter dem Tagesordnungspunkt »Sonstiges« auf den Tisch kommen? Manches davon kann brisant werden, vielleicht sogar Konflikte auslösen. Moderieren ist angesagt, gar nicht so leicht bei Erwachsenen, die noch dazu immer eines ganz fest im Blick haben: das Wohl ihrer Kinder.

Elternabende sind eine Form des Kontakts zwischen Lehrern und Eltern, und Kontakte wollen bekanntlich gepflegt werden, denn erst dann führen sie zu Vertrauen und Verbindlichkeit. Hier ist also Beziehungsarbeit gefragt, die zum Beispiel die folgenden Fragen Ernst nimmt: Was ist den Eltern wichtig? Welche Sorgen haben sie? Wie ist die Beziehung der Eltern untereinander? Und wie lassen sich die Anliegen des Klassenlehrers beziehungsweise die Interessen der Schule mit denen der Eltern vereinbaren? Sie wissen: Nicht nur die Lerngruppen werden immer heterogener, sondern mitunter auch die Klassenpflegschaften. Grund genug, das Phänomen Elternabend mal genauer unter die Lupe zu nehmen. Wir schlagen vor, fünf Punkte zu bedenken, wenn es um die Vorbereitung und Durchführung eines Elternabends geht. Aufgepasst, lieber Kollege Halbtagsjobber:

1. Schritt: Lang- und mittelfristig vorbereiten

Die Frage aller Fragen: Worum soll es inhaltlich gehen? Nehmen wir als Beispiel Halbtagsjobbers ersten Elternabend in Klasse 6 D. Wer eine Klasse neu übernimmt, sollte den ersten Elternabend besonders gewissenhaft planen, denn bekanntlich gibt es für den ersten Eindruck keine zweite Chance. Halbtagsjobber nimmt daher all das in den Blick, was im Laufe des Schuljahres für die Klasse wichtig werden wird: Termine wie bewegliche Ferientage, Klassenfahrten, Exkursionen, Schulfeste und Tage der offenen Tür. Daneben geht es um Informationen zu neu einsetzenden Fächern, Veränderungen der Raumsituation, um die Klassenkasse, außerunterrichtliche Angebote oder die Nachmittagsbetreuung. Und nicht zu vergessen: Jeder erste Elternabend des Schuljahres ist aus formaler Sicht etwas Besonderes, denn es muss gewählt werden! Ein Elternpflegschaftsvorsitzender samt Stellvertreter muss her, ebenso ein Schriftführer und Interessenten für schulische Mitwirkungsgremien wie etwa die Fachkonferenzen. Sie sehen: Kollege Halbtagsjobber sollte Zettel und Stift bereithalten und notieren, was am ersten Elternabend Sache sein soll – und in welcher Reihenfolge. Was er braucht? Richtig: eine Tagesordnung. Schließlich muss er nicht nur für sich Klarheit schaffen, sondern auch den Eltern seiner Schüler eine Einladung samt Tagesordnung zukommen lassen, und das mindestens eine Woche vor dem Elternabend. Übrigens: Datum, Uhrzeit, Raum und ungefähre Dauer machen sich auf der Einladung gut! Auch klar, dass man einen Elternabend nicht nachmittags durchführt – daher Eltern*abend*. Und ganz nebenbei: Dreistündige Elternabende sind nur etwas für Leute mit besonderem Sitzfleisch. Und das hat nicht jeder.

2. Schritt: Kurzfristig vorbereiten

Halbtagsjobber hat den ersten Elternabend an einem Dienstag für 19 Uhr angesetzt. Wo soll er stattfinden? Natürlich im Klassenraum der 6 D. Und wie macht man das, wenn man Besuch erwartet? Genau, man räumt zuerst einmal die Bude auf. Und das kann manchmal etwas Zeit in Anspruch nehmen; denn schließlich ist auf den Ordnungsdienst der Klasse 6 D nicht immer Verlass. Halbtagsjobber nimmt sich also nach Unterrichtsschluss den Klassenraum vor, putzt die Tafel und schreibt schön groß »Elternabend 6 D« darauf; dann beseitigt er die Überreste der Frühstückspause und macht insgesamt klar Schiff im Klassenraum. Um einem Mediendesaster vorzubeugen, prüft er gewissenhaft die Medien, die er nutzen möchte, also den OH-Projektor mit der Birne, die fast ihren Geist aufgibt, und den Beamer, der noch gut im Saft steht. Danach stellt er eine geeignete Sitzordnung her: Er löst die Gruppentische auf und stellt Tische und Stühle hufeisenförmig; so hat jeder freie Sicht nach vorn und kann gleichzeitig alle anderen Eltern sehen – sehr kommunikationsfreundlich. Und wer es ganz transparent machen möchte, bereitet Namensschilder vor: eins für Halbtagsjobber und eins für jede Familie der Klasse. Sie wissen doch: Nichts geht über eine persönliche Ansprache! Was gehört noch zur kurzfristigen Vorbereitung? Zum Beispiel Folien, Informationsmaterialien als Kopien, Kreide und Folienstifte sowie, ganz wichtig, in großen Lettern gut positionierte Hinweisschilder, die auch den neuen Eltern den Weg zum Klassenraum weisen. Es wäre doch schade, wenn sich die Eltern im Oberstufentrakt der Schule verlaufen, ohne jemals den im benachbarten Unterstufengebäude versteckten Klassenraum 046/A zu finden.

3. Schritt: Begrüßen und einsteigen

»Ja hallo erst mal, ich weiß gar nicht, ob Sie es wussten... Tach, ich bin der Halbtagsjobber!« Unser lieber Halbtagsjobber findet Rüdiger Hoffmann klasse. Soll er ruhig, aber mit dieser Begrüßung schießt er wahrscheinlich eher ein Eigentor. Wir haben nichts gegen Humor und eine lockere Atmosphäre einzuwenden, aber wir halten es für ungünstig, sich auf direktem Wege zum Hampelmann zu machen. Wir sehen es eher so: Eine Begrüßung sollte herzlich sein, aber nicht gekünstelt daherkommen. Wie das geht? Indem Halbtagsjobber eine für alle Eltern sichtbare und aufrechte Position einnimmt, laut und deutlich spricht und, ganz wichtig, zu so vielen Eltern wie möglich Augenkontakt aufnimmt. Natürlich nicht gleichzeitig, sondern langsam nach und nach. Eine Prise freundlichen Lächelns gehört natürlich auch noch dazu, dann erweist sich der clevere Halbtagsjobber als guter Beziehungsmanager und hat damit ein erstes, sympathisches Signal in Richtung Eltern gesandt. Gut so! Und dann folgt der obligatorische Überblick: Worum wird es heute gehen? Transparenz, Sie wissen schon. Und die ebenso obligatorische Frage, ob den Eltern etwas unklar ist oder ob sie etwas ergänzen möchten. Halbtagsjobber weiß Bescheid: Nicht nur die Schüler ernst nehmen, sondern auch die Anliegen der Eltern! Ach ja, eine Kleinigkeit noch: Im Eifer des Gefechts vergisst man schnell, die Anwesenheitsliste herumzureichen. Daher schnell auf den Weg damit, am besten schon zu Beginn des Elternabends! Auch formal soll ja alles stimmen.

4. Schritt: Durch den Elternabend führen

Jetzt muss Halbtagsjobber nur noch schnell die Tagesordnung durchnudeln, fertig! Nun, so einfach hätte es sich wohl der alte Halbtagsjobber gemacht, nicht aber sein Update Halbtagsjobber 2.0! Der geht nämlich strukturiert vor, nutzt verschiedene Medien, um seinen Informationsinput zu unterstützen, fasst die wichtigsten Ergebnisse am Ende der einzelnen Tagesordnungspunkte zusammen. Er hat sich gut vorbereitet, verzettelt sich nicht, bleibt »in time«. Und er ist ein wahres Moderationswunder! Dieser Elternabend ist kein langweiliges Selbstgespräch, sondern ein echter Austausch! Halbtagsjobber hört den Eltern genau zu, geht auf deren Beiträge ein, sammelt Standpunkte, holt Meinungen ein – und er hält sich auch mal zurück, wenn es angebracht ist. Zum Beispiel, wenn die Eltern unter Tagesordnungspunkt »Sonstiges« eine Lokalität und einen Termin für den Elternstammtisch suchen. Wenn es passt, wird er schon vorbeischauen; aber es geht halt nicht nur um ihn, sondern vor allem um alle (!) Eltern der Klasse. Deshalb hält Halbtagsjobber den Ball flach und mit seiner Lieblingskneipe hinterm Berg, moderiert vielmehr das Gespräch, strukturiert die Beiträge und organisiert die abschließende Abstimmung. Ist Ihnen nach weiteren Anregungen zum Thema Moderieren? Dann schauen Sie sich mal in Situation 31 um; dort geht es zwar vor allem um die Moderation von Unterrichtsgesprächen, aber Sie werden überrascht sein, wie viel Sie davon auch bei Elternabenden nutzen können. Übrigens: Auch Eltern dürfen gern mal in Gruppen arbeiten, und Halbtagsjobber 2.0 kann in der Zeit ein wenig entspannen. Alles eine Frage der Methoden; ein wenig Vielfalt kann da nicht schaden.

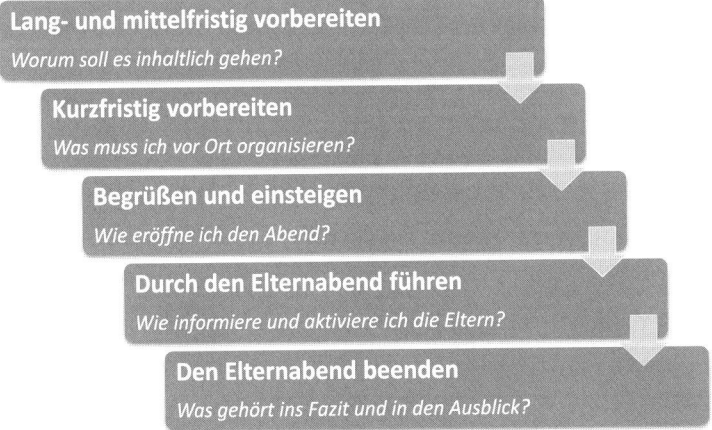

5. Schritt: Den Elternabend beenden

Den Elternabend beenden – nichts leichter als das! Oder vielleicht doch nicht? Klar, es ist nicht besonders kompliziert, den Satz »Das war's, schönen Abend noch und Tschüss!« auszusprechen und die Eltern aus dem Raum zu scheuchen. Aber Sie können sich vorstellen: Das ist nicht der Abschluss, den sich Halbtagsjobber 2.0 vorgenommen hat. Er will mehrere Fliegen mit einer Klappe schlagen: Er möchte (1) die wichtigsten Ergebnisse bündeln, (2) einen Ausblick geben und (3) sich zugleich für das Kommen und die rege Mitarbeit der Eltern bedanken. Klar: all das immer noch freundlich und aufrecht. Und Halbtagsjobber achtet auf seine Körperspannung. Solange er die hat, ist auch produktive Spannung in der Bude. So leicht geht das! Dadurch gewinnt er in vielerlei Hinsicht: Indem er den Eltern die Quintessenz des Abends in wenigen Worten serviert, holt er diese Ergebnisse nochmals ins Bewusstsein der Eltern zurück – und so werden die sich wahrscheinlich auch beim Frühstück noch daran erinnern, wann die Klassenfahrt stattfinden und wohin es gehen wird. Zweitens, und das ist Halbtagsjobbers Spezialität, formuliert er eine Hausaufgabe: »Liebe Eltern, Sie wissen: Wir müssen beim nächsten Elternabend eine Entscheidung über Sache xy treffen; und darüber hinaus könnten Sie ja noch mal nachdenken, wie Sie sich beim Tag der offenen Tür einbringen können.« Drittens macht sich Halbtagsjobber ganz zuletzt einen kleinen psychologischen Trick zunutze: Er bedankt sich für die engagierte Mitarbeit der Eltern, natürlich auch dann, wenn die Eltern eher reserviert bei der Sache waren. Denn so schafft er eine angenehme Atmosphäre zum Ende des Elternabends, die die Eltern dann mit nach Hause nehmen. Jemand, der soeben gelobt wurde, ist wohl eher dazu bereit, beim Tag der offenen Tür Waffeln und Kuchen zu verkaufen, oder?

Das können Sie tun

»Gut Ding will Weile haben!« – Nur eine abgedroschene Stammtischparole? Oder steckt darin vielleicht doch ein Fünkchen Wahrheit? Eltern über einen Sachverhalt zu informieren, zum Beispiel bei einem Elternabend, das können viele. Eine vertrauensvolle Beziehung zu ihnen aufzubauen, ist eine ganz andere Herausforderung. Bei jedem Elternkontakt geht's letztlich um diese Frage: »Wie können wir gemeinsam für Ihr Kind optimale Lernvoraussetzungen schaffen, es hinreichend fördern und fordern?« Und schon wird aus der Weitergabe von Informationen ein gemeinsames Projekt, nämlich das aktive Gestalten von Beziehungen. Was das für Ihren nächsten Elternabend bedeutet? Ganz einfach: Seien Sie für die Eltern ansprechbar! Und das nicht nur während des Elternabends, sondern auch noch für eine halbe Stunde im Anschluss – vielleicht liegt dem einen oder anderen Elternteil noch etwas am Herzen oder auf der Leber, das nicht vor der versammelten Mannschaft verhandelt werden soll. Wenn Sie etwas Zeit investieren und für Eltern ein offenes Ohr oder ein offenes E-Mail-Postfach haben, wird man es Ihnen danken. Klar, Vertrauen entsteht nicht von heute auf morgen, aber Sie wissen ja: Gut Ding...

Sicher haben Sie das schon mal erlebt: Die Biostunde zum Thema Zellteilung, die Sie im letzten Schuljahr in der Klasse 8 A gehalten haben, war eine echte Sternstunde! Alle Schüler waren bei der Sache, die Gruppenphase hat prima geklappt, und die Ergebnisse waren mehr als überzeugend. Besser geht's nicht! Aber in diesem Schuljahr war irgendwie alles anders und der Wurm drin. Sie haben zwar die gleiche Stunde unterrichtet, diesmal mit Klasse 8 C, aber es lief einfach drunter und drüber – Lichtjahre entfernt von der perfekten Stunde. Und die Moral von der Geschichte? Die perfekte Stunde gibt es nicht! Mit Betonung auf dem ersten Wort. Denn es gibt sehr wohl gute Stundenplanungen, doch muss man die ständig an die Voraussetzungen der Lerngruppe anpassen, die man gerade unterrichtet. Sie ahnen schon: Gleiches gilt für Elternsprechtage und Elternabende. Auch dort müssen Sie stets überlegen, mit wem Sie es zu tun haben – und dann gilt es, Inhalte anzupassen und den richtigen Ton zu treffen. Und das fängt beim Grundsätzlichen an, zum Beispiel bei der Sprache: Haben Sie es mit vielen Eltern zu tun, die nicht so perfekt Deutsch sprechen und verstehen? Gibt es dabei auch kulturelle Besonderheiten zu beachten? Oder haben Sie es mit sozial schwachen Familien zu tun, die für die nächste Exkursion nicht so viel Geld aufwenden können wie andere? »Variatio delectat«, das wussten schon die alten Lateiner. Abwechslung bringt's.

Passen Sie also Ihr Vorgehen an die Umstände an, und man hält Sie für einen Meister.

Uns fällt gerade noch eine Binsenweisheit ein: »Immer schön die Kirche im Dorf lassen!« Und wieder ein Volltreffer, wenn es um die Gestaltung und Moderation von Elternabenden geht. Stellen Sie sich dazu folgende Situation vor: Elternabend der Klasse 6 D, Kollege Halbtagsjobber informiert die Eltern gerade über den Tag der offenen Tür und fragt an: Welchen Beitrag kann die Klasse zum diesjährigen Motto »Eine Reise um die Welt« leisten? Und plötzlich geht's los, die Eltern überbieten sich gegenseitig, möchten zum Beispiel einen Stand mit frischen Brezeln, Weißwurst und Kartoffelsalat auf die Beine stellen; als Ergänzung würde sich doch ein Cocktailstand à la Karibik gut machen, und dazu bräuchte man lediglich eine Eismaschine, mehrere Kilo exotischen Obstes, Fruchtsäfte, Sirup und natürlich fantasievoll dekorierte Becher. Das Auge trinkt bekanntlich mit. Und sonst? Die Baufirma von Steffens Vater würde sogar den Sand anliefern, um das Karibikfeeling perfekt zu machen; es wäre nur noch zu klären, woher man eine Palme bekommen könnte. Und im Nu ist aus einer bescheidenen Idee ein gigantisches Luftschloss geworden – und Halbtagsjobber ist gefragt. Eltern informieren bedeutet auch, die Grenzen des Machbaren aufzuzeigen. Halbtagsjobber ist völlig klar: Einiges von der anfänglichen Euphorie der Eltern wird auf der Strecke bleiben, denn der Weg bis zum Tag der offenen Tür ist lang. Moderieren heißt eben manchmal auch mäßigen und auf das Maß des Verträglichen bringen. Aber niemals wirsch, niemals ablehnend, sondern immer fördernd und wertschätzend.

Wir können es einfach nicht lassen... Hier kommt schon das nächste Sprichwort: »Wer A sagt, muss auch B sagen!« Manchmal übrigens auch C. Wenn Halbtagsjobber im Laufe des Elternabends Notizen macht, sich Ergebnisse aufschreibt, Entscheidungen protokolliert und Planungen festhält, dann hat das erst einmal einen Sinn: die wichtigsten Punkte am Ende des Abends ins Fazit und in den Ausblick zu packen. Aber erst danach wird es wirklich spannend; denn Halbtagsjobber muss zeigen, dass seine Dokumentation nicht nur heiße Luft war. Er will ja klären, welchen Raum Klasse 6 D am Tag der offenen Tür gestalten darf, muss noch herausfinden, wie viele Steckdosen es dort gibt und ob ein Kühlschrank in der Nähe ist. Auf geht's, lieber Halbtagsjobber, immer am Ball bleiben, Infos einholen und zügig an die Eltern weitergeben. Nur so kann man gemeinsame Vorhaben realisieren und gemeinsam gesteckte Ziele erreichen, und nur so macht sich Halbtagsjobber bei den Eltern einen Namen, und zwar nicht als Halbtagsjobber, sondern als zuverlässiger Kooperationspartner!

Das lassen Sie lieber

»Liebe Eltern der Klasse 8 B, ich begrüße Sie zum Elternabend und steige direkt ins Thema ein: die Lernstandserhebung! Die Grundidee dieser zentralen Vergleichsarbeit rekrutiert sich aus dem Ideenspektrum der empirischen Unterrichtsforschung, die den Kompetenzstand einer Lerngruppe auf valide und zugleich reliable Weise zu erfassen versucht. Das Ergebnis der Lernstandserhebung erhalten Ihre Kinder in quantifizierter Form, also nicht in Form einer Ziffernnote, denn... und die einzelnen Kompetenzbereiche... daher könnte man sagen: Quod erat demonstrandum!« Sehen Sie auch die Fragezeichen über den Köpfen der Eltern aufsteigen? Klar, Sie sind ein echter Experte auf Ihrem Gebiet, aber wenn Sie mit Eltern sprechen, sollten Sie auf solchen Fachjargon verzichten. Man munkelt sogar, dass einige »Experten« absichtlich so sprechen, dass es niemand versteht – das suggeriert Kompetenz. Oder vernebelt Inkompetenz, ganz wie Sie es lieber mögen. Wir sehen es eher so: Der wahre Experte zeichnet sich dadurch aus, dass er auch dem Laien eine komplizierte Sache mundgerecht darbieten kann. Eben verständlich. Das ist nicht immer einfach, das wissen wir. Da müssen Sie einsteigen in den Zug – nein, nicht in den nach Nirgendwo, sondern in den Zug zur Verständlichkeit: »Wer denkt wie?« Ein Zug, der Sie bestimmt auf eine spannende Reise mitnimmt. Sie werden bald merken: Mehr über die Menschen zu wissen, mit denen Sie umgehen, wird Ihnen helfen, sich verständlich zu machen. Tappen Sie also bitte nicht in die Verneblungsfalle! Sie schnappt schneller zu, als Sie glauben.

Vieles ist einfach nur eine Frage der Zeit. Das gilt auch für Elternsprechtage und Elternabende, denn bei beiden Gelegenheiten müssen Sie die Zeit fest im Blick behalten. Die Taktung bei Elternsprechtagen sieht oft eine Sprechzeit von mindestens fünf und höchstens zehn Minuten vor. Wer da lange Small Talk betreibt und um den heißen Brei herumredet, gerät schnell in Zeitnot und würfelt seinen Zeitplan durcheinander. Dann heißt es: Überstunden machen und auf genervte Eltern gefasst sein! So ähnlich ist es auch beim Elternabend – wer zu sehr ins Detail geht, Diskussionen laufen lässt und einfach nicht zum Punkt kommt, wird den Eltern*abend* schnell zu einer Eltern*nacht* aufpusten. Und das ist bestimmt nicht im Sinne des Erfinders! Besonders liebe und sozialkompetente Lehrer geraten ganz besonders leicht in die Zeitfalle. Man will ja niemandem wehtun und es allen recht machen. Aber Sie wissen doch: Es jedem recht zu tun, ist wohl eine Kunst, die niemand beherrscht. Oder so ähnlich...

23. Small Talk

Der erste Tag nach den Sommerferien. Mögen Sie den Tag? Viele Kollegen laufen dann mit ganz tollen Geschichten auf. Kollege Restauranttester zum Beispiel: »Ich war auf Mallorca, und da gab's dieses Mal das wohl beste Essen, das wir je hatten.« Und Sie denken: Was interessiert mich das? Und Kollegin Reiseführerin: »Ach, weißt du, unser Urlaub in Griechenland. Diese wunderbaren antiken Ruinen. Das muss man einfach gesehen haben.« Und Sie sagen sich: Das erzählt die jedes Jahr, mein Gott. »Mir gefällt so ein kultureller Quatsch eigentlich gar nicht. Ich möchte mich im Urlaub richtig entspannen. Und dazu brauche ich Sport. Unser Tauchkurs, der war wirklich eine Wucht.« Klar, der Sportler unter den Kollegen lässt grüßen. Schaulaufen der Konsumgesellschaft, werden Sie vielleicht sagen. Und was haben Sie am ersten Schultag zu bieten, was die illustren Erzählungen Ihrer Kollegen noch toppen könnte? Eigentlich nichts, denn Urlaub auf Balkonien kommt jetzt wohl nicht so gut. Sie möchten viel lieber sofort zur Tagesordnung übergehen, also rein in den Unterricht, alles möglichst schnell, genauso wie immer. Spüren Sie die seltsamen Blicke Ihrer Kollegen, die eigentlich etwas anderes von Ihnen erwarten? Was denn eigentlich? Dass Sie wie selbstverständlich bei diesem Small Talk mitmachen! The same procedure as every year.

Das sollten Sie wissen

Small Talk nervt Sie? Da sind Sie nicht allein! Small Talk finden Sie so richtig unter Ihrem Niveau? Alles eine Frage der Perspektive! Der Reihe nach: Was genau ist eigentlich Small Talk? Ein unverbindliches Gespräch ist gemeint, ein Alltagsgespräch ohne Tiefgang, ein Gespräch, das spontan entsteht und assoziativ geführt wird. Also nichts mit gehobenem Anspruch und völlig unvorbereitet. Small Talk ist keine Debatte, keine Diskussion, Small Talk tut niemandem weh, regt aber manchen auf. Small Talk ist ein Schwätzchen, unverbindlich und nebenbei. Small Talk kann einfach jeder, der ein bisschen sozialkompetent ist. Und jeder tut es – häufiger, als mancher denkt, und viel häufiger, als mancher zugibt. Für Könner und Aktivisten sicher ein Unding: auf der Stelle treten und dabei nicht einmal in die Tiefe bohren. Schrecklich unproduktiv. Doch wie das immer so ist: Jede Sache hat eine andere Seite. Und mancher Schrecken hat einen besonderen Sinn.

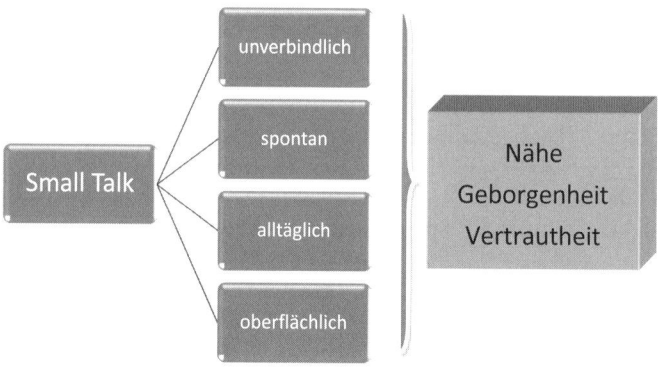

Tatsächlich entsteht Small Talk aus der Situation heraus. Warum? Weil es eigentlich nichts zu sagen gibt, nichts Wichtiges zumindest, und weil nichts zu sagen für die Gesprächspartner noch schlimmer wäre als Small Talk. Anschweigen? Nein, unmöglich! Das ist ja körperlicher Stress, das geht nicht. Aber sofort mit der Tür ins Haus zu fallen, das Wesentliche gleich auf den Tisch zu legen, das geht nun gar nicht. Vor allem, wenn außer Mallorca, Griechenland und dem Tauchkurs auf den Malediven nichts richtig Wichtiges ansteht. Jetzt in die Tiefen der Pädagogik und Psychologie abzutauchen, na, das würde alle verschrecken, die Aussicht auf sozialen Erfolg beachtlich schmälern und das körperliche Unbehagen ungemein erhöhen. Der Start muss anders laufen. Also sucht man sich Gesprächsthemen aus dem Alltag, Themen, die jeder kennt, Themen, die jeder so oder so, aber eben nicht besonders beschäftigen. Besonders beliebt ist in diesem Zusammenhang das Wetter. Es eignet sich hervorragend als Thema für einen Small Talk. Man muss das Wetter nicht suchen – es ist einfach da und betrifft jeden – irgendwie zumindest. Ganz leicht hat man so ein gemeinsames Thema. Und was bringt das? Das Reden darüber schafft ein Gefühl der Gemeinsamkeit, man teilt etwas mit seinem Gesprächspartner. Diese Erfahrung schafft Sympathie, schafft das Gefühl von Nähe. Oberflächlich zwar, ganz oberflächlich sogar, aber immerhin!

Themen für Small Talk sind Alltagsthemen. Wie geht es dir? Wie geht's deiner Familie? Was machst du gerade? Mann, ist das Wetter heute nicht wieder...? Ja, wie ist es denn überhaupt? – Fragen, die man stellen darf und die zu nichts verpflichten. Wer antwortet, darf entscheiden, wozu er überhaupt etwas sagen möchte – und natürlich, wie viel er sagen möchte. Die Unverbindlichkeit der Situation hat zwei Seiten: Wissenschaftliche Haudegen fühlen sich eher gelangweilt, kognitiv unterfordert und überhaupt auf der falschen Party. Menschen mit viel emotionaler Intelligenz mögen Small Talk. Das Intuitive spricht sie an, und der sanfte Duft sozialer Geborgenheit umschmeichelt sie. Es ist wie dieses Lagerfeld-Parfüm: Es riecht angenehm. Aber hat es sonst noch eine Bedeutung? Zu anspruchslos, das Ganze? Ja, sicher, aber trotzdem enorm wirkungsvoll! Denken Sie nur an die vielen tollen Gespräche über die Taktik des Fußballbundestrainers. Das verbindet...

Nach sechs Wochen Sommerferien muss so mancher erst einmal wieder reinkommen und prüfen: Ist da noch alles wie immer? Habe ich noch dieselbe Rolle wie vorher? Mögen mich die anderen noch so, wie ich bin? Ist alles beim Alten? Nähe und Vertrautheit werden abgetastet und neu kalibriert. Fremdeln nennt man das bei Kleinkindern und jungen Hunden. Der Sprung ins Professionelle ist da ungeeignet: Er käme viel zu schnell, und er berücksichtigt nicht genug das Bedürfnis nach sozialer Nähe und Geborgenheit. Daher brauchen viele Kollegen am ersten Schultag nach den Sommerferien eine gewisse Anlaufzeit, Zeit, um miteinander warm zu werden. Der Griff in die Trickkiste des Small Talks liegt dann nahe. Themen wie die Mahlzeiten im Urlaub, die kulturellen Highlights des Urlaubslandes oder alles, was man so sportlich unternommen hat, sind wunderbare Themen für Small Talk. Und ganz nebenbei kann man damit noch angeben: Wie teuer war das Ganze? Wer war am weitesten weg? Und wer ist wohl am tiefsten getaucht? Am besten, man wartet dann gar nicht erst, bis man gefragt wird. Am besten, man drängt den Mitmenschen und Kollegen das Thema des Small Talks gleich auf. Im Zweifel darf es auch das Wetter am ersten Schultag sein. Sie wissen ja: Das passt immer. Und wenn Sie Glück haben, wurde in den Sommerferien Ihr Schulgebäude neu angestrichen.

Das können Sie tun

Machen Sie aus dem Small Talk eine Kunst, die Sie sozial weiterbringt. Geben Sie Ihren Kollegen das Gefühl, dass Sie sie ernst nehmen: »Wie geht es dir?« »Was machen deine Kinder?« »Wow, das Fußballspiel gestern war klasse. Findest du nicht auch?« So oder so ähnlich können Sie immer starten – morgens kurz vor acht am Kopierer, um halb zehn im Sekretariat oder nachmittags vor der Konferenz. Wundern Sie sich nicht, wenn Ihr Kollege dann auch wirklich antwortet. Das hatten Sie doch hoffentlich so beabsichtigt. Für Sie heißt es dann: mitreden, damit es auch wirklich ein kurzes Gespräch wird. Hier ein paar Tipps dazu:

Hören Sie hin, wenn Ihnen jemand antwortet. Wie wichtig ist Ihrem Gesprächspartner das Thema? Wenn es ihn interessiert, wird er nicht nur antworten, sondern begeistert antworten. Gehen Sie darauf ein. Und immer daran denken: Small Talk ist inhaltlich belanglos, wichtig ist nur die Funktion. Small Talk ist die soziale Schmiere des kommunikativen Alltags. Und was haben Sie zu bieten: vor allem Aufmerksamkeit! Wenn der Fußball im Gespräch ausgedient hat, lenken Sie ganz sachte zum nächsten Belanglosthema: Vielleicht jetzt zum Wetter? Übrigens: Um Fußball geht fast immer...

Besonders nützlich: Small Talk mit Ihren Schülern. Worüber? Über deren Interessen natürlich. Über die wissen Sie noch nichts? Dann wird's aber höchste Zeit. Sprechen Sie mit Ihren Schülern in den Pausen oder auf dem Schulhof. Hören Sie zu und heraus, was Ihre Schüler in ihrer Freizeit so machen, was sie spannend, aufregend oder cool finden. Und natürlich auch, was sie so ganz und gar nicht antörnt. Ein paar Beispiele: »Sarah, warst du am Wochenende wieder in einem Club?« »John, was macht eigentlich dein PC? Hast du die Festplatte schon erneuert?« »Jeremy, spielst du auch bei dem Musikfestival, das nächste Woche stattfindet?« Und immer wieder wichtig: Hinhören, was die Schüler zu sagen haben. Der Small Talk ist nicht zu Ende, wenn Sie eine Antwort bekommen haben. Zwei-, drei-, viermal muss der Gesprächsball schon hin und herfliegen, bevor Sie zur Tagesordnung übergehen können. Solche Gespräche können Sie übrigens überall führen. Also nicht nur während des Unterrichts – kurz und bündig, versteht sich –, sondern auch auf dem Schulhof, in der Pausenhalle und überall sonst, wo Sie Ihren Schülern begegnen. Immer daran denken: Sozialschmiere verbraucht sich nach und nach; also immer mal wieder nachölen.

Manche Schüler lassen sich beraten, manche müssen beraten werden. Die Themen sind dabei nicht immer angenehm. Nehmen Sie den Schülern unnötige Sorgen vor der Beratung, indem Sie mit Small Talk langsam in die Beratung hineingleiten. »Linda, ich hab' dich gestern wieder mit deinem Smartphone gesehen. Kann das eigentlich mehr als das Modell XY?« »Henry, du hattest letztens bei *Jugend forscht* mitgemacht. Erzähl doch mal.« Ein paar Ihrer Schüler sind Sportcracks. Wenn die sich beraten lassen, wissen Sie jetzt, womit Sie starten. Lassen Sie die Schüler sprechen, fragen Sie noch einmal nach, bestätigen Sie und erzählen Sie ruhig auch eine persönliche Erfahrung, wenn es denn passt. Und dann geht's los mit der Beratung. »Lass uns mal so langsam mit der Beratung starten. Einverstanden?«

Das lassen Sie lieber

Small Talk ist eine super Sache, zu viel Small Talk ermüdet und lässt Sie sehr oberflächlich dastehen. Also überstrapazieren Sie Ihre Mitmenschen nicht mit einem sozialen Touch, den die vielleicht gar nicht wollen. Manche Menschen möchten in manchen Situationen einfach schnell zur Sache kommen.

Small Talk heißt nicht ohne Grund *Small* Talk. Gemeint ist eben nicht die unendliche Geschichte aus tausendundeiner Nacht, sondern ein kurzes Gespräch über ein unverbindliches Alltagsthema. Schade nur, dass Small Talk mancherorts zum Longdrink verkommt. Das sollten Sie unbedingt verhindern. Viel hilft hier keineswegs viel. Also: Alles eine Frage der Dosis. Wenn die stimmt, wird sich Ihr soziales Umfeld bei Ihnen sehr wohlfühlen – und Sie sich auch, schon wegen des Erfolges.

Literatur

Aff, R.-D. u. a. (2014): Klasse Stimmung! Mülheim / Ruhr

Balliet, M. (2012): Hilfe zur Selbsthilfe. In: Balliet, M. / Kliebisch, U. (Hrsg.): LehrerHandeln. Kompetent, effizient, kongruent. Baltmannsweiler

Balliet, M. / Kliebisch, U. (Hrsg.) (2012): LehrerHandeln. Kompetent, effizient, kongruent. Baltmannsweiler

Balliet, M. / Kliebisch, U. (2013): Kein Stress mit dem Staatsexamen! 22 Tipps für einen erfolgreichen Abschluss des Referendariats. Hamburg

Balliet, M. / Kliebisch, U. (2014): Vision of Competence. In: Heyse, V. (Hrsg.): Aufbruch in die Zukunft. Erfolgreiche Entwicklungen von Schlüsselkompetenzen in Schulen und Hochschulen. Münster

Bandler, R. (2011): Veränderung des subjektiven Erlebens. 8. Aufl. Paderborn

Bandler, R. u. a. (2009): Unbändige Motivation. 3. Aufl. Paderborn

Bandler, R. / Grinder, J. (2010): Reframing. 9. Aufl. Paderborn

Budde, J. / Thon, C. / Walgenbach, K. (Hrsg.) (2014): Männlichkeiten (Jahrbuch Frauen- und Geschlechterforschung in der Erziehungswissenschaft 10). Leverkusen

Budde, J. / Siedebiedel, C. / Theurer, C. (Hrsg.) (2014): Lernen und Geschlecht. Immenhausen

Bueb, B. (2009): Von der Pflicht zu führen. München

Csikszentmihalyi, M. (2013): Flow. Das Geheimnis des Glücks. 16. Aufl. Stuttgart

Csikszentmihalyi, M. (2014): Flow und Kreativität. Wie Sie Ihre Grenzen überwinden und das Unmögliche schaffen. Stuttgart

Dilts, R. (2010): Die Veränderung von Glaubenssystemen. 5. Aufl. Paderborn

Eichhorn, C. / Suchodoletz, A. v. (2013): Chaos im Klassenzimmer. Classroom Management. Damit guter Unterricht besser wird. Stuttgart

Ellis, A. / Jacobi, P. / Schwartz, D. / Hemmer, B. (2011): Coach dich! Rationales Effektivitätstraining zur Überwindung emotionaler Blockaden. Würzburg

Engel, A. / Wiedenhorn, T. (2010): Stärken fördern – Lernwege individualisieren. Portfolio-Leitfaden für die Praxis. Weinheim

Gordon, T. (2012): Lehrer-Schüler-Konferenz. Wie man Konflikte in der Schule löst. München

Grewe, I. (2012): Neue Medien – Gefahren und Grenzen. Hamburg

Hattie, J. (2014): Lernen sichtbar machen für Lehrpersonen. Baltmannsweiler

Helmke, A. (2012): Unterrichtsqualität und Lehrerprofessionalität – Diagnose, Evaluation und Verbesserung des Unterrichts. Seelze

Heyse, V. / Erpenbeck, J. (2007): Kompetenzmanagement. Methoden, Vorgehen, KODE® und KODE®X im Praxistest. Münster

Heyse, V. / Erpenbeck, J. (2009): Kompetenztraining. 2. Aufl. Düsseldorf

Heyse, V. / Erpenbeck, J. / Ortmann, S. (Hrsg.) (2010): Grundstrukturen menschlicher Kompetenzen. Münster

Hillebrecht, R. (2010): Klasse(n-) Fahrt – Organisationshilfen, Projektideen und Spiele für Klassenfahrten und Freizeiten. Mühlheim an der Ruhr

Hoegg, G. (2012): Gute Lehrer müssen führen. Weinheim

Hoegg, G. (2010): SchulRecht! 4. Aufl. Weinheim

Hubrig, C. (2010): Gehirn, Motivation, Beziehung – Ressourcen in der Schule. Systemisches Handeln in Unterricht und Beratung. Heidelberg

Hüther, G. (2013): Bedienungsanleitung für ein menschliches Gehirn / Die Macht der inneren Bilder. Biologie der Angst. Göttingen

Hüther, G. (2013): Was wir sind und was wir sein könnten. 3. Aufl. Göttingen

Iacoboni, M. / Kuhlmann-Krieg, S. (2011): Woher wir wissen, was andere denken und fühlen. Das Geheimnis der Spiegelneuronen. München

James, T. (2010): Time Coaching. 6. Aufl. Paderborn

Kliebisch, U. (2011): Lehrer*Ziele*. Kompetenzen haben – Kompetenzen vermitteln. Baltmannsweiler

Kliebisch, U. (2012): Glauben versetzt Berge! Überzeugen Sie sich selbst. In: Balliet, M. / Kliebisch, U. (Hrsg.): Lehrer*Handeln*. Kompetent, effizient, kongruent. Baltmannsweiler

Kliebisch, U. (2013): Feedback – Motor der Selbstentwicklung. In: Seminar 2. Baltmannsweiler

Kliebisch, U. (2014): Referendare erfolgreich coachen. Coaching-Werkzeuge speziell für die Lehrerausbildung. 2. Aufl. Hamburg

Kliebisch, U. / Balliet, M. (2012): Licht ins Dunkel – Die erhellende Wirkung der Transparenz. In: Balliet, M. / Kliebisch, U. (Hrsg.): Lehrer*Handeln*. Kompetent, effizient, kongruent. Baltmannsweiler

Kliebisch, U. / Meloefski, R. (2013a): Auffordern und Herausfordern. Wie man Schülern im Unterricht konstruktiv Rückmeldungen geben kann. In: PÄDAGOGIK 7-8

Kliebisch, U. / Meloefski, R. (2013b): Lehrer*Sein* 1 und 2. Erfolgreich handeln in der Praxis. 6. Aufl. Baltmannsweiler

Kliebisch, U. / Meloefski, R. (2012): Lehrer*Sein* 3. Erfolgreich handeln in der Praxis. Baltmannsweiler

König, E. / Volmer, G. (2012): Handbuch Systemisches Coaching. 2. Aufl. Weinheim

Kunter, M. / Baumert, J. u. a. (Hrsg.) (2011): Professionelle Kompetenzen von Lehrkräften. Ergebnisse des Forschungsprogramms COACTIV. Münster

Mattes, W. (2011): Methoden für den Unterricht – 75 kompakte Übersichten für Lehrende und Lernende. Paderborn

Linderkamp, R. (2011): Kollegiale Beratungsformen. Bielefeld

Medienpädagogischer Forschungsverbund Südwest (Hrsg.) (2012): JIM 2012 – Jugend, Information, (Multi-) Media. Basisstudie zum Medienumgang 12- bis 19-Jähriger in Deutschland. Stuttgart

Meloefski, R. (2012): Zeitnot und Zeitmanagement im Referendariat. In: Balliet, M./Kliebisch, U. (Hrsg.) (2012): Lehrer*Handeln*. Kompetent, effizient, kongruent. Baltmannsweiler

Menzel, J. (2013): Feedback als Kommunikationsform. München
Migge, (2014): Handbuch Coaching und Beratung. 3. Aufl. Weinheim
Mohl, A. (2011): Der Zauberlehrling. Das NLP-Lern- und Übungsbuch. 10. Aufl. Paderborn (Kindle)
PÄDAGOGIK (2014): Schwerpunkt: Feedback im Unterricht. Heft 4. Weinheim
PÄDAGOGIK (2014): Schwerpunkt: Fordern und Fördern. Heft 3. Weinheim
Prenzel, M. u. a. (2013): PISA 2012. Münster
Rattay,C. (2013): Unterrichtsstörungen souverän meistern. Hamburg
Reich, K. (2010): Systemisch-konstruktivistische Pädagogik. 6. Aufl. Weinheim
Rogers, B. (2013): Classroom Management. Das Praxisbuch. Weinheim
Rogers, C. R. (2012): Entwicklung der Persönlichkeit. 18. Aufl. Stuttgart
Rothland, M. (Hrsg.) 2013: Belastungen im Lehrerberuf. 2. Aufl. Heidelberg
Schaarschmidt, U. (2012): Die Potsdamer Lehrerstudie im Überblick. In: Balliet, M. / Kliebisch, U. (Hrsg.): Lehrer*Handeln*. Kompetent, effizient, kongruent. Baltmannsweiler
Schaarschmidt, U. / Fischer, A. W. (2013): Lehrergesundheit fördern – Schulen stärken. Weinheim
Scheller, P. / Isleib, S. / Sommer, D. (2013): Studienanfängerinnen und Studienanfänger im Wintersemester 2011 / 2012 – Tabellenband. Hannover
Schulz v. Thun, F. (2011): Miteinander reden. Bd. 1: Störungen und Klärungen. Allgemeine Psychologie der Kommunikation. Bd. 2: Stile, Werte und Persönlichkeitsentwicklung. Differentielle Psychologie der Kommunikation. Bd. 3: Das »Innere Team« und situationsgerechte Kommunikation. Reinbek
Schumann, H. (2012): SWOT-Analyse. München
Schwartz, D. (2011): Vernunft und Emotion. Die Ellis-Methode. Dortmund
Schwartz, D. (2012): Vernunft und Kommunikation. Dortmund
Schweppe, R. P. / Long, A. A. (2014): Praxisbuch NLP. München
Seiwert, L. (2013): Lass los und du bist Meister deiner Zeit. München
Sinha, C. (2010): Wie finde ich mich als Lehrer? Rolle und Wirkung im Schulalltag gestalten. Weinheim und Basel
Stackelberg, B. (2013): Gut reicht völlig. Selbstbewusste Wege aus der Perfektionsfalle. München
Watzlawick, P. / Beavin, J. H. / Jackson, D. D. (2011): Menschliche Kommunikation. 12. Aufl. Bern/Stuttgart/Wien
Wehlinger, U. (2010): Eltern beraten, begeistern, einbeziehen. Freiburg
Wehrle, M. (2012): Die 100 besten Coaching-Übungen. 5. Aufl. Bonn
Winkel, R. (2011): Der gestörte Unterricht: Diagnostische und therapeutische Möglichkeiten. 10. Aufl. Baltmannsweiler
Winterhoff, M. (2008): Warum unsere Kinder Tyrannen werden. München
Winterhoff, M. (2013): Lasst Kinder wieder Kinder sein. München